I became a servant of this gospel by the gift of God's grace given me through the working of his power
Ephesians 3:7

테크니컬
미니스트리
핸드북
Technical Ministry Handbook 1st. Edition

테크니컬 미니스트리 앤드북 1st. Edition
Technical ministry Handbook 1st. Edition

ebook 초판 1쇄 펴낸날 2012년 6월 1일

종이책 1쇄 펴낸날 2016년 2월 27일

글/그림/표지/편집 디자인 장호준

교정 안민선, RK SOUND 안세운

펴낸이 김대희

펴낸곳 BIC 미디어북스 (출판사 신고번호 제 398-2009-000005호)
　　　　서울시 서초구 송동길 84
　　　　031-567-5680 팩스 031-567-5674

ISBN 978-89-962506-0-9-93560

정가 20,000원

Copyright Notice
Copyright © 2012, 2016 장호준 Hojoon Chang
저자와의 상의없는 무단 전제 및 복제를 금합니다.

모든 상표와 제품의 저작권은 각 회사와 저작권 소유자에게 있습니다.
ⓒ Copyrights for trademarks and pictures belong to each copyrights holders.

* 잘못 만들어진 책은 바꾸어 드립니다.

 facebook.com/groups/techministry
facebook.com/groups/SoundWorkshop
facebook.com/hojoon.chang

사랑하는 아내 민선, 아들 필립,
그리고 조용히 안보이는 구석에서
열심히 교회를 섬기는
사역자들에게 드립니다.

서문 *Preface*

미디어가 필요한 전문 공연장의 수보다는 훨씬 더 많은 수의 교회가 우리 주변에 있습니다. 그리고 이제는 전문 공간에 맘먹을 만큼의 미디어 시스템이 교회에 설치되고 운영되고 있습니다. 더러 전문 공연장으로 사용되는 교회 공간도 있습니다. 지난 10년정도 교회를 위해서, 교회안에서, 그리고 다시 교회 밖에서 교회의 사역을 같이 동역하면서 느낀 다양한 부분들을 이 책에 담아봅니다.

아직 미디어 미니스트리가 제대로 정리되어 있지 않다고 봅니다. 미디어에 대한 학문적 접근은 좋은 책과 많은 관련 학과를 통해서 배울 수 있겠지만, 실제 기술적인 부분에 기반을 두면서 특별히 교회, 예배, 목회에 해당되는 내용은 아직 초기 단계라고 생각합니다.

필자의 정식적인 교육은 음향이라는 한 분야에 국한됩니다. 하지만, 그동안 수 많은 공연과 실제 현장에서 경험하고 공부한 영상, 조명, 그리고 원래 전공이었던 컴퓨터에 근거한 네트워크까지, 다양하지만 현대적인 목회에 가장 필수적인 내용을 실어보려 노력했습니다. 그리고, 시간이 지나 전체 그림을 볼 수 있는 때가 되어 보니, 상호간의 연결성이 참 많다라는 것도 알게 되었습니다. 아울러 그냥 장비의 소개나 이론, 실기적인 접근 보다는 교회라는 특수 환경 가운데에서 목회의 중요한 도구로 사용되어야만 하는 미디어에 대해서 다루었습니다. 사실 이 책은 2000년대 초반부터 쓰기 시작했던 책입니다. 2006년부터 본격적으로 정리하고, 2012년 전자책의 형태로 먼저 선보였었습니다. 그리고 이번에 이렇게 종이책으로 펴내게 되었습니다.

본문을 통해서, 필자가 제시하는 테크니컬 미니스트리에 대한 가이드 라인을 보실 수 있으시길 바랍니다. 그리고 모든 것이 장비와 환경보다는 다루고, 활용하고, 그래서 설치되는 본연의 목적을 이룰 수 있는 사람에 대한 부분이 중요하다라는 점을 강조하려 노력했습니다.

책을 완성하는데 도움이 된 모든 자료의 저자와 제조사, 엔지니어들, 페이스북 장호준음향워크샵 회원들, 그리고 업계의 동료들에게 감사의 인사를 전합니다. 특별히 선배의 말 한마디에 군말없이 출판업계에 뛰어들어버린 대희와 가족들, 교정에 특별히 수고해준 RK Sound 안세운님에게 감사의 말을 전합니다.

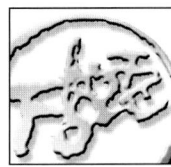

2016년 2월
장호준

차례 Contents

서문 ---------------------------------- 6, 7

1장. 테크니컬 미니스트리
   소개 ---------------------------------- 13
   1-1. 최고에 대한 문제점 ------------------ 14
   1-2. 전문성에 대한 문제점 ---------------- 17
   1-3. 컨설턴트, 공급, 시공의 문제점 ------- 20
   1-4. 조직상의 문제점 --------------------- 25
   1-5. 미디어 이해에 대한 문제점 ---------- 31

2장. 교회 건축
   소개 ---------------------------------- 43
   2-1. 교회 건축의 미디어 기술적인 문제점 43
   2-2. 업체와 교회건축 -------------------- 51
   2-3. 교회 미디어 설계/시공의 예 --------- 57

3장. 컨설팅과 설계
   소개 ---------------------------------- 69
   3-1. 미니스트리 분석 --------------------- 69
   3-2. 공간 ------------------------------- 73
   3-3. 건축 음향 설계 --------------------- 82
   3-4. 전기 설계 -------------------------- 86
   3-5. 전기부 음향/영상/
        조명/통합컨트롤 시스템 설계 ------- 91

4장. 음향 시스템
   소개 ---------------------------------- 97
   4-1. 음향 시스템의 구성 ------------------ 97
   4-2. 소리의 크기 ------------------------ 100
   4-3. 게인 설정 -------------------------- 104
   4-4. 음색 조정 -------------------------- 110
   4-5. 믹서의 기타 기능들 ----------------- 115
   4-6. 앰프와 스피커 ---------------------- 117
   4-7. 피드백 ----------------------------- 123
   4-8. 마이크 ----------------------------- 127
   4-9. 스피커 시스템 ---------------------- 133

5장. 영상 시스템
   5-1. 빛과 색 ---------------------------- 143
   5-2. 비디오 ----------------------------- 146
   5-3. 비디오 카메라 ---------------------- 151
   5-4. 카메라 렌즈 ------------------------ 159
   5-5. 비디오 스위처 ---------------------- 164
   5-6. 입출력 규격 ------------------------ 168
   5-7. 프로젝션 --------------------------- 170
        5-7-1 스크린 ----------------- 171
        5-7-2 프로젝터 --------------- 174
   5-8. 편집 장비 -------------------------- 182
   5-9. 기타 장비 -------------------------- 185
   5-10. 촬영의 실제 ----------------------- 187
        5-10-1 카메라 구도 ----------- 190
        5-10-2 카메라 이동 ----------- 193

6장. 조명 시스템
- 6-1. 예배 조명의 목적 -------------------- 199
- 6-2. 조명 용어 -------------------------- 201
- 6-3. 램프 ------------------------------ 203
  - 6-3-1 텅스텐 할로겐 램프 ---------- 203
  - 6-3-2 메탈 할라이드 램프 ---------- 204
  - 6-3-3 형광 램프 -------------------- 206
  - 6-3-4 실드 빔 램프 ----------------- 206
  - 6-3-5 제논 램프 -------------------- 207
  - 6-3-6 LED ------------------------- 207
- 6-4. 조명기 ---------------------------- 208
  - 6-4-1 파캔 ------------------------- 209
  - 6-4-2 일립소이달 ------------------- 210
  - 6-4-3 프레이넬 --------------------- 211
  - 6-4-4 스트립 라이트 ---------------- 212
  - 6-4-5 스캐너 ----------------------- 213
  - 6-4-6 무빙 헤드 -------------------- 214
  - 6-4-7 컬러 체인져 ------------------ 216
  - 6-4-8 팔로우 스팟 ------------------ 216
  - 6-4-9 키노 플로 -------------------- 217
- 6-5. 악세사리 -------------------------- 217
- 6-6. 디머 ------------------------------ 220
- 6-7. 조명 컨트롤 콘솔 ------------------ 222
- 6-8. DMX512 --------------------------- 226
- 6-9. 예배실 조명 설계 ------------------ 229
  - 6-9-1 기본 조명 -------------------- 231
  - 6-9-2 전문 조명 시스템 ------------- 233

7장. 네트워크 시스템
- 소개 ---------------------------------- 243
- 7-1. 네트워크 기초 --------------------- 243
- 7-2. 네트워크 연결 --------------------- 249
- 7-3. 네트워크 오디오 ------------------- 250
- 7-4. 비디오 스트리밍 ------------------- 252

8장. 조직
- 8-1. 조직의 필요성 --------------------- 255
- 8-2. 조직의 구성 ----------------------- 257
- 8-3. 헌신 ------------------------------ 268

9장. 음향관련 질문과 답변

*테크니컬 미니스트리란 교회의 본질적인 목적을 이루기 위해 사용되는 기술적인 부분의 사역과 관련된 목회라고 정의될 수 있겠다. 목회에 사용되는 모든 기술적인 부분을 다룬다는 것부터 실제 그 기술적인 목적을 이루기 위해서 헌신된 사역자들에 대한 목회의 방법까지 그 범주안에 들어간다고 본다. 사실 그 이상의 신학과 목회에 대한 부분은 어디까지나 해당 교육을 받지 않은 평신도 입장인 필자로서 다루기 어렵다. 거기에 커뮤니케이션, 미디어론 등의 학문에 대한 부분은 더 전문적으로 다루기 어려운 한계가 있으므로 각각의 해당 분야는 관련 서적을 참고하시기 바란다.

기본적으로 교회와 공연장은 엄연히 다르다. 기술적인 면에서 최종 결과인 장비와 시설은 같을 수도 있지만, 그 준비 과정과 활용에 대한 부분은 전혀 다르다. 요즘처럼 전문 공연장의 역할까지 추구하는 교회가 늘어나는 상황에서 쉽게 발견되는 어려운 부분들이 많이 있다. 먼저, 교회 미디어의 현주소에 대해 자주 발견되는 5가지 문제점을 살펴보면서 역설적으로 필자가 생각하는 테크니컬 미니스트리에 대한 정의를 다루어 보겠다.

*Technical Ministry

1. 최고의 것에 대한 문제점

최고의 것을 하나님께 드린다는 것은 별문제가 없는 내용이다. 거듭난 크리스천으로서 누구나 받은 은혜를 생각하면 당연 최고의 것으로 하나님께 드리고픈 마음이 있다고 본다. 문제점이라고 생각되는 부분은 그 최고라는 기준점이 어디냐라는 것이다.

이미 오랫동안 많은 분들의 강의와 서적에서 교회 건축의 역사적, 신학적인 의미를 다루고 있다. 신학적 측면에서 깊숙한 부분을 다루기 어려운 필자에게 제사장과 제단이 놓이는 성전으로서의 의미를 가지는 교회는 십자가 사건이 있을 때 발생한 제단의 *휘장이 찢어짐으로 인해서 먼 역사적인 부분으로만 넘어갔다고 생각한다. 그리고 그 의미가 지금에 와서는 눈에 보이는 건물에서 실제 행하여지는 예배의 본질적인 의미로 많이 해석되고 있다고 본다.

*누가복음 23:45

요즘 많은 교회의 모습을 보면 최고의 장비와 시설에 대한 관심이 많다. 일반 음향/영상/조명 업계에서도 무시 못할 시장으로 커진 것이 교회이다. 그렇다고 교회가 일반 업계를 먹여 살린다까지 말씀하시는 분들이 계신데, 실제 그렇지는 않다. 좀더 살을 붙이면 이미 교회 시장의 매력은 없어졌다라고도 업계에서는 이야기를 한지 오래다. 그래서 그건 일반 업계의 이야기가 아닌 교회

만을 중심 마켓으로 하고 있는 업계의 이야기일 뿐이라고 본다.

그 가장 큰 이유는 전문 공연장이나 일반 음향시장과 다르게 비전문가 집단이 전문적인 장비나 시설을 요구한다는 것에 있다. 고용된 전문 엔지니어들이나 공간을 임대하여 사용하는 외부 엔지니어들이 사용하는 일반 음향 공간과 달리, 비전문가 집단이라고 규정지을 수 있는 대부분의 봉사자들이 사용하면서 발생하게 되는 모든 운영과 관리의 문제까지를 설계와 시공업체, 심하게는 제조사가 감당하게 하는 일종의 모순을 가지고 있다는 이야기이다. 간혹 심하게 파는 사람이 그런 건 당연히 해주어야 하는 것 아니냐라는 이야기까지 한다.

교회라는 특수성에 의해서 일반 공연장과는 달리 설계, 시공/교육과 인건비 추가 같은 비용을 포함할 수 없다. 따라서 일반 업계의 교회 고객 관리는 늘 심각한 고충을 동반한다. 예를 들면, 시공이 끝나고 전문 엔지니어가 상주하는 일반 공연장에는 벌어지지 않을, 운영상의 문제로 반복 호출하는 출장과 같은 서비스 부분이 해당된다. 물론 그렇지 않은 경우도 있다.

웬만한 교회의 음향장비는 이미 억단위를 넘어서서, 쉽게 총예산의 15% 정도라고 잡으시는 경우도 많이 본다. 어떤 기준점에서 그렇게 나오는지는 잘

모르겠다. 아마, 몇 군데 견적을 받은 평균이 그렇다는 것이겠다. 어찌 되었건, 대형 교회의 경우에는 웬만한 지역 방송국 수준의 영상장비와 조명장비까지 더해지는 것이 요즘의 추세이다.

교회에서 자라고, 교회의 사역자로 사역을 했었고, 지금도 교회와의 동역을 주 목적으로 하는 일을 하는 필자로서, 당연히 최고의 퀄리티가 교회 내에 있기를 원한다. 하지만, 그 최고라는 퀄리티가 그냥 최고의 기기에서 자동적으로 나와주는 것이 아닌 것을 너무도 잘 알고 있기 때문에 최고를 만들기 위한 기준점에 더 중요도를 두게 된다. 이것은 또, 그 기기를 다루는 엔지니어가 최고라고 해도 그 한계가 있다는 이야기도 된다. 왜냐하면 교회 음향의 소스를 만들어내는 연주자, 성가대, 찬양팀, 그리고 그 소리를 듣는 교인의 최고라는 기준점이 일반 업계에서 말하는 기준점과 상당히 다른 경우가 많기 때문이다.

우스운 이야기로, 세상 음악에서 전문적으로 연주활동을 하는 연주자들과 진짜 잘하는 싱어들, 그리고 완벽한 사운드를 만들어내는 엔지니어가 있는 교회에서, 일반 전문가가 들어도 *야, 소리 정말 편하고 좋네* 이런 평가를 받는 환경을 교회 내에 만들어 놓았다고 해도, 일반 교인 몇 분이 본인이 싫어하는 음악의 형태이건, 음악이라면 무조건 싫어하시건 간에 *뭐 소리가 이러*

냐? 한마디 하시고 가시면 형편없는 음향으로 평가되는 곳이 교회이기도 하다.

자, *과부의 두 렙돈에 대한 예수님의 이야기에서 필자는 정답을 찾아본다. 좋은 음향은 좋은 연주자와 싱어에서 출발 한다. 좋은 장비와 엔지니어의 역할은 그 소스를 잘 조작해서 듣기 편하고 깔끔한 음향상태를 만드는 것이다. 무조건 세계 최고의 믹서, 앰프, 스피커 시스템이 있다고 해서 그냥 세계 최고의 사운드가 나오지 않는다는 것은 이미 수많은 교회를 보면 쉽게 결론을 내릴 수 있다. 각각의 교회 환경에서 각 예배와 행사에 가장 적합한 최선의 부분, 그것이 최고의 것이라고 생각한다.

*마가복음 12:42

2. 전문성에 대한 문제점

이미 우리의 삶에서 문화가 가지는 힘은 실제적인 물질적 가치에서부터 가치관의 중요한 부분에 이르기까지 상당한 역할을 하고 있다. 문화라는 것이 눈을 떠서 다시 눈을 감고 잠에 들기까지, 아니 꿈속에서도 이미 우리의 삶을 장악하고 있는 부분이라는 것은 현대를 사는 우리로서 부정하기 어렵다. 이것은 우리가 상대하는 문화라는 것이 이미 어느 정도의 *바로미터

*Barometer: 기압계, 추정(推定)의 기준으로 많이 쓰인다

를 가지고 있고, 또 그것을 통하지 않으면 커뮤니케이션이라는 문화 존재의 중요한 목적을 이루기 어려운 시대 가운데에 살기 때문이라고 본다.

   주관적으로 볼 때 아직 미개하다고 여겨지는 어느 원주민의 삶이건, 일주일 중 몇 시간 정도 겨우 옆집의 마루 건너서 봤던 옛 시절의 TV이건, 또는 요즘 상당히 복잡한 거리에서 바라보게 되는 대형 LED화면의 영상이든 모두 똑같은 가치의 문화라는 것이 존재한다고 생각한다. 그러나 그것보다 더 중요한 것은 그 각각 문화의 틀 안에서 그 틀에 맞는 방법으로 커뮤니케이션을 해야 중요한 메시지를 전달할 수 있다는 이야기가 되겠다. 서라운드 음향에 피부의 잔털까지 선명하게 보이는 HD급의 영상으로 완벽한 영화를 보여준다고 해도, 그 보는 삶의 문화라는 언어가 전혀 그 감동을 이해할 수 없는 부류라면 아무 영향이 없다고 결론 내릴 수도 있기 때문이다.

*포스터에서 볼 수 있는 CCC의 '예수'영화와 같은,

   이는 70년대 우리의 시골 학교에서 사람들을 모아놓고 영사기를 돌려서 보던 방법이, 오늘날 제3세계에서 복음 전파의 중요한 역할을 하는 선교단체의 영화 선교 방법으로 아직도 쓰이고 있다는 이야기에서 증명될 수 있다. 그 똑같은 방법으로 내일 저녁 서울 어느 초등학교 운

동장에서 그 영화를 상영한다면 어떤 결과가 있을까?

　교회 사역에서의 전문성에 대한 요구는 이미 80년대 이후부터 교회 내의 문화사역에 대한 가치가 높아져 가면서 점점 증가하고 있다. 물론 이것은 앞서 말한 사회 전반의 문화적인 진전과도 같은 흐름과 시간표를 가진다. 하지만, 일반적으로 교회터 내의 문화적인 수준은 교회 바깥의 그것과 상당한 차이를 가지는 경우가 많다. 당연한 이유로 문화라는 것은 그 틀의 퀄리티에 영향을 받는 부분이기 때문이라고 생각한다.

　물론 교회 내에서 만들어지는 문화가 세상의 것들을 추월하는 경우가 없는 것은 아니다. 아니 모든 부분에서 그렇게 되길 원한다. 그리고 그것은 일반 문화에 비해서 교회라는 조직 안에서 기회라는 것이 훨씬 많다는 장점이 있기 때문이기도 한다. 강의나 컨설팅을 하면 자주 진로에 대해 상담해주는 경우가 많다. 특히 교회 내에서 자라는 친구들에게 많이 해주는 이야기 중의 하나는, *일반인들은 장비를 구경하기조차 어려운 경우가 많다. 하지만, 교회 내의 친구들은 맘만 먹으면 얼마든지 조작도 하고 공부도 할 수 있는 기회가 있지 않으냐..*"라는 것이다.

TECHNICAL MINISTRY 테크니컬 미니스트리

교회가 문화의 출발점이라는 것은 문화사를 공부해 보지 않더라도 쉽게 알 수 있다. 신앙생활을 오래 한 사람이라면 쉽게 만들어낼 수 있는 4부 화음의 하모니도 일반인들에게는 상당히 익숙지 않은 부분이다. 이제는 교회 내부에서 자라난 인재들을 전문적인 사역자로 키워줄 수 있는 부분에 교회가 더 신경써야 한다고 본다. 장비와 시설에 들어가는 예산의 몇 퍼센트라도 그 장비와 시설을 제대로 운영할 수 있는 인재의 발굴과 교육에 썼으면 한다. 그냥 월급 주고 고용하는 직원에서 끝나지 말고, 정말 그들의 삶 가운데 교회의 사역이 주된 삶의 목적이고, 출근하고 퇴근하는 그들의 주업인 직업이 사역을 위한 *텐트메이킹의 자비량을 위한 직업으로 되는 것이 진정한 평신도 목회의 기본이라고 생각한다.

*Tent Making

3. 컨설턴트, 공급, 시공에 대한 문제점

실제 전문 컨설턴트를 통해서 미디어 시스템을 구축하는 경우가 상당히 적다. 물론, 검증된 컨설턴트가 적은 이유도 있겠지만, 그것보다는 아직 그 개념을 이해하지 못하고 있는 목회자, 당회, 교회가 대부분이기 때문이라고 본다. 월세집을 하나 구하려고 해도 직접 발품 팔아서 종일 돌아다니는 것보다는 원하는 동네의 복덕방이나 생활정보지/사이트라는 컨설턴트의 도움을 받게 된다. 왜냐하면, 당연히 본인보다 훨씬 그 동네 상황과 무엇보다 중요한 리스트, 그리고 필요한 지식과 자격이 있기 때문에 수수료를 내고 일을 의뢰하는 것이겠다. 하지만, 교회 건축, 그리고 거기에 현대 목회에서 중요한 부분을 차지하고 있는 미디어라는 부분에 대해서는 너무나도 비전문가도 많고, 또 기준에 미치지 못하는 나름대로 전문가가 교회 내에 많다는 것이 큰 문제점이라고 본다.

이제 다루는 부분은 문제가 되었거나 문제가 될 수 있는 부분만 다루고자 한다. 물론 기술된 방법들을 통해서 아무 문제없이 마무리가 된 교회도 있다.

자, 교회가 미디어 시스템이 필요한 상황에서 사업을 진행하는 방법은 대략 아래의 3가지 방법 가운데 하나라고 본다.

 1. 입찰 공고를 하고, 몇 개의 업체가 공개입찰을 하고, 날짜를 정해서, 완공되지 않은 본당 또는 체육관이나 창고에서 시연회를 하고, 전혀 비전문가 집단인 교인들이 제품을 선정하는 방식
 2. 건축회사와 연관된 업체에 일괄계약을 해서 진행하는 방법
 3. 아는 회사를 통해서 수의 계약식으로 진행하는 방법

TECHNICAL MINISTRY 테크니컬 미니스트리

어느 방법이 정확한 정석적인 방법이라고 말씀드리긴 어렵다. 하지만, 각각의 문제점은 쉽게 말씀드릴 수 있다. 1번의 경우, 방법적으로는 공개입찰의 정상적인 방법일 수 있지만, 어떻게 업체를 선정하느냐에 대한 부분은 대부분의 교회가 완벽한 객관성에 대해 자신할 만한 환경이 안된다고 본다.

실제 일정 수준 이상의 장비는 일반인이 그 기술적 성능의 차이를 구분할 수 없다. 똑같은 기기를 두 번, 세 번 사용해서 들려주어도 다른 결과가 쉽게 나타날 수 있다는 것은 업계에서 이미 알려진 비밀 아닌 비밀이다. A, B, C 세 회사의 D, E, F 세 교회에서의 입찰 결과가 늘 같지 않다는 것, 하물며 같은 A업체의 기기도 D, E, F 세 교회에서 다른 사운드가 나올 수 있다는 것은 충분히 가능한 일이기 때문이다. 거기에 실제 많은 교회에서 시연회를 통한 심사라는 부분도 비전문가 집단이라는 일반인의 심사 기준이라는 문제도 있겠다. 물론 요즘 들어 많은 전문가 뺨치는 이론과 실력을 지니신 교회의 사역자분들도 많이 계시지만, 진짜 정확한 기술적 판단력까지 가지고 계신 분들은 별로 없다고 본다.

아울러, 실제 인테리어가 완공되고, 가구까지 배치되지 않은 공간에서의 시연은 어떻게 보면 전혀 의미 없는 일이 되어버릴 수 있다. 한가지 더하면, 여러 업체가 사용하는 안 좋은 방법 가운데, 일단 시연회에는 필요한 몇 배 이상의 장비로 시연해서 말도 안 되게 압승을 해버리고 실제 계약에는 아래 기종으로 계약한 후, 뒤에 교회로부터 정정 요구가 있으면 계약 변경으로 추가 예산이 필요하게 만들어 버리는 심각한 경우도 발생한다.

요즘 많이 벌어지는 부분 중의 하나가 **건축 회사가** 하청 계약관계에 있는 회사들을 가지고 일괄계약으로 공사를 수주해서 진행하는 방법이라고 한다. 역시 좋은 회사가 일을 잘 진행한다면 교회로서도 참 좋은 방법일 수 있다. 좋은 건축회사가 책임지고 좋은 시스템을 같이 만들 수 있겠다고 생각되지만, 기술력에 비해서 상당히 높은 영업력으로 성공하고 있는 회사와 거기에 피해를 입었다는 교회의 이야기가 많은 것은, 역시 이 방법 또한 주의해야 할 방법 중의 하나라는 생각이 든다. 3번의 방법도 잘 되는 경우와 잘못되는 경우가 각각 있겠지만, 필자는 정확한 컨설턴트와 업체의 연결이 있다면 3번의 방법으로 하는 것이 가장 좋은 방법이라고 생각하기도 한다. 입찰에서 발생하는 불필요한 에너지의 낭비를 서로 줄이고, 상호간에 가장 좋은 방법을 직접 대화하면서 만들어가는 이상적일 수 있는 방법이라고 보기 때문이다.

TECHNICAL MINISTRY 테크니컬 미니스트리

문제의 해결방법으로 미디어 시스템이라는 것이 실제 그냥 전기 장치가 아니라는 것에서부터 출발해야 한다고 본다. 사실 목회의 중요한 도구라는 부분은 이미 많은 목회자와 교회가 알고 계신 부분이다. 필자는 그 미디어 시스템의 설계를 건축가의 설계에 앞서 교회와 같이 시작해야 한다고 보고 있다. 그 이유는 요즘 현대 목회에서 미디어 시스템을 통해 해결될 부분이 건축에서 해결해야 할 부분보다 더 크다고 보기 때문이다. 특히 음향만을 볼 때, 실제로 시대를 끌고 가는 현대적인 교회에서 쉽게 볼수 있는 것은 건축음향의 부분이 거의 무시될 만큼 압도적으로 전기 음향(음향보강시스템, Sound Reinforcement System)이 주가 되는 경우를 많이 본다. 건물 자체에 들어가는 비용은 그냥 창고처럼 간단히 시공하고, 미디어에 더 많은 비용이 들어가는 교회도 많다.

따라서 전문가 집단과의 정식적인 컨설팅과 디자인 작업이 우선되어야 한다. 목회 시스템에 맞는 미디어 시설을 디자인하는 것에서부터 실제 건축 공간을 디자인할 건축가와의 협의로 최적의 공간을 만드는 것이 좋다고 본다. 요즘 어떤 트랜드처럼 보이고 있는 원형, 타원형, 또는 직사각형 등의 음향적으로는 상당히 좋지 않은, 그래서 음향적으로 최적화 작업을 다시해서 공간을 변형해야만 최적의 음향조건이 나올 수 있는 건축을 너무나 많이 본다. 당연 예산도 추가로 들어간다. 벽면 도장공사 다 해놓고 음향 때문에 그 위에 음향 패널을 다시 덮어버리는 답답하지만 어쩔 수 없는 경우가 바로 그 쉬운 예가 된다.

바람직한 것은 교회가 외부 컨설턴트를 고용하고 그 컨설턴트가 설계, 구매, 시공, 감리, 교육에 대한 부분을 책임지고 알뜰하게 꾸려가게 하는 것이 훨씬 비용과 시간, 그리고 중요한 운영의 부분까지 교회에 맞추는 작업을 할 수 있다. 물론 좋은 컨설턴트를 만나는 것도 쉽지는 않은 일이다.

감리의 부분도 필요한 부분이다. 교회 입장에서 공사 자체를 감리한다는 것은 특히 전문 분야의 작업이기 때문에도 그렇다. 그리고 그것은 비단 믿지 못한다는 차원에서의 이야기가 아닌 헌금으로 지어지는 하나님의 전이 되어야 하기 때문에 더더욱 그럴 것이다.

4. 조직상의 문제점

많은 교회가 실제적으로 겪는 어려움 중에서 가장 큰 부분이 이 조직에 대한 부분이다. 물론 이미 웬만한 규모의 교회에는 몇 명에서 몇 십 명까지 조직이 갖추어져 있다. 그리고 그 조직이 문제없이 잘 운영되는 경우도 많이 있지만, 문제가 되는 경우를 몇가지를 뽑아보겠다. 그동안의 개인적인 경험과 바라본

교회의 모습들에서 정리한 내용들이다. 편향된 의견일 수도 있음을 먼저 밝힌다.

먼저, 조직의 책임자에 대한 부분이다. 장로교는 장로님이, 침례교나 다른 교단에서는 집사님(안수집사)이나 권사님 정도의 어른이 장을 맡으시는 경우가 대부분이다. 그리고 이 책임자의 임기가 정해져 있는 경우가 많다. 짧게는 1년에서 3년정도의 평균적인 기간을 책임자로서 해당 부서를 맡게 되는 경우가 많다. 교회에 따라서 그냥 감독자의 역할을 하는 경우에서부터 실무를 하나하나 책임 지시는 경우까지 다양한 모습으로 직분을 수행한다.

당회원들 가운데 전문 분야에 종사하시기 때문에 감당하시는 경우보다는 순번제처럼 돌아가면서 맡으시는 경우가 더 많을 것이다. 이 경우, 구체적인 대안 없이 전임자에 비해 보다 좋은 일을 감당하기 위해서 반복하게 되는 업그레이드 작업에 만만치 않은 재정과 노력이 소모된다는 목사님들의 답답함을 의외로 많이 듣는다. 게다가 일단 재정이 소요되는 공사의 실제적인 결과는, 책임에 해당하는 부분이기에 쉽게 평가되지도 못하는 것이 현재 교회의 모습이라고 본다. 실패한 부분에 대해 반복하지 않게 하기 위해서 정리하고 *치리해야 하는 부분에 누구도 쉽게 달려들지 못하는 환경이 지배적이라고 본다.

*교인으로서 교리에 불복하거나 불법한 자에 대하여 당회에서 증거를 수합/심사하여 책벌하는 일

물론, 아는 장로님 중에는 누구보다도 신기술과 실제 운영의 장단점을 열심히 공부하시고, 비교하시는 분들도 있다. 과연 책임자로서 어떤 자세와 방법이 교회를 위해서, 목회를 위해서 맞을까? 이 부분은 감히 결론을 내리기 어려운 부분이다. 그냥 좋은 방향으로 정리 되기만 바랄 뿐이다. 그저 바라기는 팀원을 잘 돌보고 교회나 목회에 맞는 방법에 대해 내부 팀원과 외부 컨설턴트의 조언에 대해 바른 결정으로 의견을 모아 당회나 교회가 정확한 결정을 내리게 도움을 주고, 팀원들이 신나는 목회의 사역자로서 참여하기 위해서 때로는 바람막이 역할도 해주시면 좋겠다는 생각이 있다.

자, 대부분의 교회에 음향에 대한 전문가가 없다는 것을 전제로 이야기를 시작해보겠다. 실제 전문가가 있다고 해도, 교회의 특성상 교인으로서 남들과 똑같이 1표의 권한을 가져 버리게 되기에 별 의미가 없을 수 있다. 필자의 경험이기도 하다.

전문적인 미디어 시설이 완성되는 교회에서, 자원봉사자들에 의해서 그 시스템이 운영되기 어렵다고 생각되는 시점에서 쉽게 고려되는 부분은 파트타임, 또는 풀타임의 전임 엔지니어를 구하는 것이다. 이렇게 채용된 미디어 파트의 간사가 실제 교회 조직상에서 아이러니하게 교회 일반 직원의 위치에 있는

경우가 대부분이 된다. 실제 해야하는 일이 100퍼센트 예배와 같은 목회의 부분인데 반해서 일반 직원의 입장에서 일을 하는 이 조직상의 문제가 상당한 어려움으로 발생하게 되는 경우를 자주 본다. 게다가 일정한 한계를 가지기 어려운, 교회 전임사역자의 한계를 정하기 위해서 [협조 공문]과 같은 틀에 의해 사역이 진행되는 경우 발생하는 장단점 또한 쉽게 말하긴 어렵다.

미국 교회들의 예를 보면 아예 처음부터 고용 광고와 계약서에 정확한 Job Description이 기록된다. 정확하게 어떤 어떤 예배, 몇 시간의 사무실 일,, 이렇게 정해져서 진행되지만, 아직 한국교회에서는 그렇게 이루어지기가 어렵다고 본다. 되려 심한 경우에는 돈 받고 사역하는 사람 취급을 돈 내면서 사역하는 사람의 입장으로부터 당하게 되는 경우도 흔하게 본다. 교회에서 일하는 것은 일반 회사에서 일하는 것과는 다른 사역의 범위에서 이해되어야 하는 것이 한국교회에 더 맞다고 생각한다. 그리고 그 사역자에게 지급되는 사례는 월급의 개념보다는 목회자들에게 지급되는 사례비의 개념이 더 정확할 것이라고 생각한다. 이 부분 역시 쉽지 않은 부분이다.

거기에 실제 음향엔지니어의 전문성에서 보면, 지불되는 월급이 의미할 수 있는 엔지니어의 퀄리티에 대한 부분은 앞서 말한 사역의 의미를 생각하지 않고 본다면 그 한계가 어디일지 바로 알 수 있다. 쉽게, 부교역자의 사례 이상의 사례가 어려운 한국 교회의 환경에서 일반 업계에서 통용되는 전문적인 장비를 효과적으로 사용해서 전문적인 음향 상태를 만들 수 있는 전문성에 대한 월급을 비슷하게라도 책정할 수 있는 교회는 아직 없는 것으로 알고 있다. 그와 반대로 실력에 기준을 두었을때 일반 업계에서는 말도 안되는 월급이지만 사역자의 개념에서 사역하는 전문 사역자는 더 많다고 본다. 실제 상당수의 전임 방송관련 사역자들이 그런 사역을 하고 있다. 필자가 사역했던 때도 그랬다.

어쩔 수 없이 생각하는 결론은 이렇다. 그리고 이 결론은 실제 여러 미국의 대형교회가 오랜 경험을 통해 취하고 있는 방법이기도 하다.

교회의 모든 전문 사역은 자원 봉사자를 기반으로 조직하길 권한다. 물론 전제 조건은 전체 교회 시스템에서 평신도의 헌신이 상당히 중요해야 하는 세팅이다. 누구나 헌신만으로 해결될 수 있는 시스템이 아니면 이 방법 역시 어려울 수 있다. 그리고 유급사역자의 부분은 전체 조직상 실제적인 권한과 지혜로운 결정을 할 수 있는 지위의 역할로 필요하다고 본다. 쉽게 말하면 디렉터급의 위치가 음향 간사의 위치보다는 더 중요하게 생각되며, 그 위치에서

TECHNICAL MINISTRY 테크니컬 미니스트리

감당해야 할 일의 범위가 절반은 평신도 봉사자의 관리, 그리고 남은 절반은 시스템의 관리나 목회쪽에서의 기술적인 지원의 부분이 되어야 한다고 본다.

주일 예배시, 미디어 디렉터는 실제 아무 사역을 안 하는 것 같이 앉아 있으면서도 모든 사역이 유기적으로 돌아가게 하는 것이 어떤 방법보다 더 바람직하다고 본다. 물론 디렉터 역할을 할 수 있는 사람이 얼마나 되겠냐 의문을 가지실 수도 있지만, 찾아보고, 또 못 찾으면 훈련할 수 있는 포지션이다. 아예 전문 엔지니어로 고용한 인력을 활용하시는 것도 좋은 방법이다. 실제적으로 교회에 고용되는 전문엔지니어가 2년 이상 한 곳에서 계속 사역하기 어려운 것을 본다. 물론 자원봉사로 열심을 다하는 청년들의 경우에도 그냥 지쳐서 사역을 포기해버리게 되기도 한다. 전문 엔지니어의 역할을 할 수 있다면 비전문가인 봉사자에게 오퍼레이팅(엔지니어링이 아닌)을 할 수 있는 만큼의 기술은 충분히 전수할 수 있다. 어짜피 요즘처럼 디지털 기기가 기본적으로 사용되는 환경에서는 모든 것이 정해진 큐(Cue)에 의한 운영이 우선이기 때문이기도 하다. 그리고 언급된 디렉터의 역할을 감당하게 하는 것이 더 효과적일 수 있다는 이야기이다.

자원 봉사자(Volunteer)라는 용어 자체가 가지는 한계점도 있다. 자원 봉사라는 의미가 본인의 의지에 직결되는 용어이기 때문이다. 따라서 본인이 어려울 경우에는 못할 수도 있다는 이야기가 되며, 그것은 사역이라는 교회내의 섬김 (Servant)에 대한 정의와 상반될 수도 있기 때문이다. 필자는 자원 봉사자라는 의미를 무급 사역자라는 의미로써 여기에 사용하였다.

물론, 가장 하고 싶은 이야기는 고정적인 인력에 대한 비용을 예산에 만들어 놓으시길 권한다. 때마다 비전문가인 사역자를 훈련할 수 있는 기회를 교회 내부에서나 바깥에서 만드시는 것이 장비보다 더더욱 중요한 부분임을 교회 가 알아야 한다.

에베소서 4장 12절 말씀을 적는다.
이는 성도로 온전하게 하여 봉사의 일을 하게 하며 그리스도의 몸을 세우려 하심이라.

5. 미디어 이해에 대한 문제점

언제부터인가 예배당 내부에 프로젝터와 스크린이 자리잡기 시작했다. 한국 교회의 지난날을 생각해보면 80년대부터 찬양예배때 사용했었던 오버헤드

프로젝터(OHP)가 그 출발점이 아니었나 생각된다. 찬송가에 안 실려있는 예배 찬양곡들이 교회 내에서 사용되게 되면서, 나름 복음성가집이라는 이름으로 책을 만들거나 구입해서 써오다가 투명 필림에 유성펜으로 쓰거나 복사해서 사용하게 된 것이 소위 교회 미디어 장비의 출발점이라고 생각한다.

음향도 분명 미디어의 한 부분이지만, 일반적으로 미디어라고 하면 다분히 시각적인 부분을 더 생각하게 된다. 일일히 복음성가집을 보면서 찬양하다가 예배단 앞의 스크린을 보면서 찬양하기 시작하면서, 예배자(교인)의 예배에 대한 참여도 변하기 시작했다고 본다. 단순히 무릎 위의 책을 보면서 들리는 피아노나 오르간 소리에 찬양하던 것을, 어떻게 보면 개인적이라고도 말할 수 있는 시간들이, 전체의 시선을 모은다는 의미에서 회중의 모습으로 변하기 시작했다는 생각도 든다. 마치 야구를 TV 중계로 보면서 보는 것하고 실제 야구장에서 참여하면서 보는 것하고의 차이라고도 생각된다.

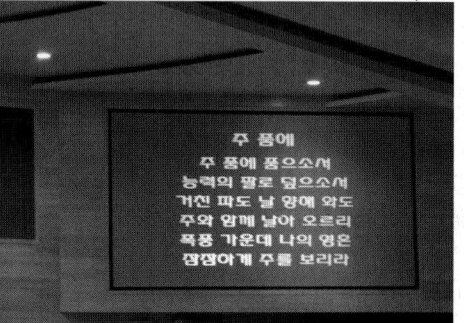

20여년이 지난 후에도 대부분의 교회에서 같은 방식으로 미디어를 사용하고 있다. 단지 컴퓨터가 사용되고, 프로젝터에서 풀컬러의 화면과 큰 글자들, 그리고 필요한 그림과 도표까지 나오면서 목회를 돕고 있다.

미디어에 대한 부분을 이야기하면서, 많이 느끼는 것은, 실제로는 그렇지 않음에도 불구하고 목회의 틀을 침범한다라는 느낌을 가지고 계신다는 것이다. 미디어 사역이 목회에 상당한 도움이 된다는 것을 알고 있지만, 어쩔 수 없이 변해야 하는 목회의 틀에 대한 부분을 차라리 그 부분에 대해 더 공부하고, 잘 활용해야하는 쪽으로 변했으면 좋겠다는 생각이 든다. 그래서, 대형화면을 사용하고, 정리된 음향과 조명 시스템이 있는 것이 미디어 목회가 아니라, 그것들을 잘 활용해서 좋은 도구로 만들어 하시는 목회의 오른팔로 사용했으면 좋겠다는 생각이다.

마샬 맥루한

미디어가 예배의 많은 좋은 도구로 어느새 자리잡았다. 하지만, 미디어라는 것이 별안간 등장한 것이 아닌 것임은 조금만 공부해도 알 수 있다. *미디어는 메시지이다* 라고 정의한 마샬 맥루한(최고의 미디어 이론가라고 불리는)의 이야기에서 나오는 것처럼, 이미 문명은 미디어를 제한하는 부분에서 시작된 것이다. 그것이 이제야 다섯 개의 감각 중에서 듣는 것과 보는 것의 두 부분만을 제공하고 있는 것이다. 잘 알아듣지 못하는 수 많은 청중들 앞 들판에 서서, 들에 핀 꽃을 보라, 나르는 새를 보라 말씀하시던 예수님의 미니스트리가 어떠했는지 그려보시면 좋을 것 같다. 해 아래 새것이 없는 것처럼 첨단 미디어는 다 하나님의 창조를 조금씩 다시 회복하는 도구일 뿐이라고 생각한다.

TECHNICAL MINISTRY 테크니컬 미니스트리

이미 문명 가운데 있는 모든 사람들은 Box화된 틀에 적응되어 있다. 눈으로 보이는 가시각의 틀보다 훨씬 적은 크기의 화면에 더 집중하게 적응되어져 버렸다. 마치 모니터에서 바라보는 그림이 배경의 실제와 전혀 달라도 그게 전혀 이상하지 않은 시대가 되어버린 것이다. 되려 반대로 그 틀에 무엇을 어떻게 넣어서 보다 강하게 메시지를 전달할까에 대해 수 많은 사람들이 엄청난 비용을 들여서 연구하고 활용하고 있다. TV광고가 그렇고, 영화가 그렇고, 3D에 이제는 촉각이나 후각까지 더해진 4D의 상황을 만들어서 돈을 버는 테마파크의 놀이시설이 그런 예가 된다.

미디어는 실제 활용하는 사람과 대상의 기준에 따라서 자유롭게 설정할 수 있다고 생각한다. 이미 예배당 회중석에 퀴즈쇼에서 보는 버튼을 달아서 목회자의 주제에 따른 회중의 반응을 같이 활용해서 설교를 하는 쌍방향 형의 방식도 활용하고 있다고도 한다. 실제 사회적으로 문제가 될 수 있는 주제를 던지고, 그것에 반응하는 교인들의 의식구조에 대해서 정확히 분석하고 나름대로의 해결책을 전달해, 세상에 나가서 바로 설 수 있게 하는 틀안에서 본다면 너무도 중요한 변혁이라고 생각한다. 주일 설교의 본문도 기억못하고 예배당 문을 나가는 교인이 상당수인 요즘의 목회에서 한 번쯤 시도해 볼 수 있는 방법이 아닐까?

미디어는 활용하는 사람에 따라 그 결과가 엄청나게 차이가 난다. 음향에 대한 부분에서도, 문외한이기에 우문처럼 보일 수 밖에 없는 이야기를 목회자들을 통해서 자주 듣게 된다. 아무 기준 없이 무조건 A메이커의 제품으로 해달라고 명령하시는 목회자분들도 계신다. 또 그것들을 악용해서 원하는 이익을 챙기는 업체도 있다. 이미 앞서 4번의 주제에서 어떤 것이 교회 음향과 미디어에 필요한 부분인가를 아셨으리라 본다. 보다 전문적인 미디어의 활용을 위해서 좀 더 연구하시고 관련 사역자들과의 동역을 통해서 원하는 목회의 그림을 만들어 가셔야 하는 것이 미디어 목회의 중요한 출발점이라고 생각한다. 그건 그냥 **파워포인트**를 어떻게 하면 잘 만드냐에 대한 부분은 절대로 아니겠다.

대표적인 대형교회의 하나인 미국 시카고 소재 윌로우크릭 교회의 다리에 대한 이야기를 미디어의 활용에 대한 예로 들겠다. (옆 그림이 실제 무대위에 만들어져 사용된 다리이다)

2002년 부활절 장식을 준비하면서 빌 하이벨스 목사님이 낸시 비치 목사님에게 모든 계획을 위임을 하고, 예정된 집회 투어를 떠나셨다. 한달 가량의 집회를 마치고 부활절 전날 돌아온 빌 목사님은 본당 단 위쪽에 크게 만들어진 다

TECHNICAL MINISTRY **테크니컬 미니스트리**

리를 보게 된다. 준비해온 설교와 달라져야할 필요를 느낀 목사님은 다리를 통한 사람과 하나님의 관계를 의미하는 부활에 대한 설교를 준비하고 3부까지 예배를 마쳤다. 예배에는 이혼한 부부와 성장해버린 아들, 양육비만 지원하다 불쑥 커버린 아들과의 오랫만의 조우등 일상에서 벌어지는 관계에 대한 드라마가 공연되고, 바로 목사님의 관계라는 의미에서 부활을 설교하셨다.

전혀 예측하지 않은 상황이 3부예배가 끝나고 벌어졌다. 할머니 한 분이 목사님에게 저 다리 위를 한번 걸어봐도 되겠느냐고 물었다. 빌 목사님은 할머니의 손을 이끌고 그 다리 위를 지나갔다. 그 후 모든 예배가 끝나고 거의 모든 교인이 그 다리를 지나가면서, 혹은 그 위에서 껴안거나 손을 마주 잡고 부활의 의미와 생명을 같이 기도했다.

*Northpoint교회는 1995년도에 창립하여 현재 대형교회로 성장한 미국 죠지아주에 있는 교회. 담임목사인 Andy Stanley목사는 미국 44대 오바마 대통령 취임식 다음날 열린 미국 기도예배의 4번째 설교자로 서기도 했다

또, 하나의 예는 2009년 방문한 미국 조지아주 North Point교회에서 들어본다. Andy Stanley목사님의 부활에 대한 설교였다. 부활을 그냥 성경에 쓰여 있는 내용이니까 그냥 믿지 말자라는 내용의 설교로 시작을 했다.

무대 옆에는 옆 페이지 그림처럼 대형 성경책 모형이 있었는데, 성경책을 돌리니까 아래 그림처럼 책장이 되었다. 그리고 그림에서 색깔이 다르게 꽂혀

있는 7권의 책에 대해 이야기 하기 시작한다. 부활의 증인인 마태, 마가, 누가, 요한, 베드로, 야고보, 바울, 이 7명의 시대적 배경과 그들이 증거하는 부활에 대해 설명했다. 자세한 내용은 아래의 웹 주소에서 전체 설교를 볼 수 있다.

http://goo.gl/j4yJRb

옆의 두 그림이나 동영상을 보면, 화려한 조명이나 영상이 없지만, 그냥 떡하니 무대 위에 서 있던 모형이 어떻게 설교의 도구로 쓰이는지 보실 수 있다. (실제 Northpoint교회는 HD기반의 상당한 영상시스템과 특수조명을 보유하고 있는 교회이다) 설교 내용으로 보면 굳이 소품을 저렇게 크게 만들고, 저 많은 책도 모형으로 만들어서 설교를 하셔야 했을까 생각이 들 수도 있겠지만, 실제 현장에서 몇천의 성도와 함께 경험한 설교는 그동안 들었던 부활설교 중에 가장 좋은 설교 가운데 하나였다고 생각한다. 이게 미디어의 힘이라고도 생각한다. 중요한 것은 메시지와 그걸 전하는 방법이라는 것이겠다.

앞서 열거한 문제점들을 통해서 테크니컬 미니스트리가 어떤 것이고, 또 어떻게 바라보아야 하는지를 다루어보았다. 대략 어떤 부분에서의 결론을 필자가 내리고 있는지 아실 것 같다. 사실 필자가 평신도임에도 2년 정도 실제 팀 목회의 일원으로 전임 사역을 해보고, 또 미디어 목회에 대해서 나름 연구하면

TECHNICAL MINISTRY 테크니컬 미니스트리

서 정리한 부분 가운데 가장 중요한 부분은 목회자의 입장에서 바라봐야 하는 미디어에 대한 이해의 부분이다. 그 부분에 대해서 이야기 해보자.

목회의 가장 중요한 부분 가운데 목자와 양의 관계가 있다고 본다. 목자의 입장에서 교인 한 명과의 관계가 그래야 한다고 보며, 그 부분에서 중요한 것은 당연히 친밀감의 부분이겠다. 문제는 이 친밀감이라는 부분이 1:1이라는 전제가 이루어져야 하지만, 이미 수백, 수천 명의 교인과 마주하게 되는 설교현장에서 그 부분은 당연히 이루어지지 않게 될 것이다.

필자가 미디어 시스템을 설계하면서 중요하게 보는 부분이 이 부분인데, 현재 개발된 미디어 시스템의 기술로 그 부분이 상당 부분 해결될 수 있기 때문이다. 즉, 실제 목사님이 서 계신 설교단과 각 교인이 앉아있는 실제적 거리 자체를 미디어 시스템을 이용해서 바로 앞에서 1:1로 대화하듯 만들 수 있다는 이야기가 된다. 그리고 그 과정에서 실제 목사님의 위치와 소리의 위치도 일치시키고, 그러면서 대형화면에 보일 목사님과 실제 목사님의 위치도 가급적 일치 시키는 작업이 필요하게 된다. 그래서, 앞서 언급한 목회의 친밀감이라는 부분도 미디어 시스템의 큰 도움을 받을 수 있다는 이야기이다.

그리고 이 부분은 실제 우리 뇌의 각 신경 부분에서 부딪히게 될 방향성의 충돌을 예방할 수도 있다. 우리의 청각과 시각은 각각의 방향성을 인지하고 그 방향에 자동으로 집중하게 되어 있다. 소리가 들리는 쪽으로 자연스럽게 머리가 돌아가지 않는가? 간단히 예를 들어, 귀에 들리는 소리는 3시쯤에 위치한 스피커에서 나오는데, 실제 목사님은 12시쯤에서 말씀하고 계시고, 대형화면에 보이는 목사님의 모습은 10 방향의 스크린에서 보인다면, 이미 뇌에는 인지 감각들이 충돌을 하고 있는 것이다. 그래서 쉽게 피곤해질 수 있다고도 본다.

자, 이제 테크니컬 미니스트리에 대해 생각해보면서 실제 교회를 건축하는 과정에서 벌어지는 일들과 필자가 생각하는 바람 또는 방법을 한번 열거해보겠다.

TECHNICAL MINISTRY 테크니컬 미니스트리

CHURCH CONSTRUCTION
교회 건축

2-1 교회 건축의 미디어 기술적인 문제점

교회의 목회적 이유로 건축이 계획되면, 그것에 필요한 신학적, 건축사적인 의미나 기타 일반적 내용에 대해서는 다른 훌륭한 분들의 좋은 글과 방법들이 많이 있다. 자, 일단 테크니컬 미니스트리에 국한된 부분의 이야기만 해보자.

본당의 설계는 교회 건축에서 가장 중요한 부분 가운데 하나이다. 대체적으로 성경적인 근거와 목회의 비전에 기준을 두면서 규모와 방향을 정하게 된다. 요즘의 시대에서, 앞으로의 시대를 같이 나눌 세대들과 함께 예배하고 축복하고 번영할 공간의 설계는 참 중요할 수밖에 없다. 미디어 차원에서 생각할 부분은 먼저 목회의 방향에 대한 철저한 분석이 우선돼야 된다고 생각한다. 그것은 건축가의 설계적인 비전보다 더 중요할 수 있다고 본다. 그리고 많은 건축가분들도 날로 변하는 미디어 기술과의 효율적인 접목에 많은 연구를 하고 계신다. 물론 반대의 경우도 있다. 더러 작품성이 중요한 건축물로 완성된 공간이 실제 활용 면에서는 전혀 아니거나 불편한 경우가 종종 있다.

건축은 패션처럼 유행을 따라 설계되는 경우가 많다. 성전 내부의 구조 또한 많이 변해간다. 계란형이나 박스형의 건축물에서 좋은 음향 환경을 기대하는

CHURCH CONSTRUCTION 교회 건축

것은 어려울 수 있다. 그렇다고 무조건 방사형의 건물이 유리한 것 만은 아니다. 벽면의 자연채광과 시각적 효과를 위해 설계된 유리창 자체가 음향/영상/조명 부분에 대해 만들어내는 기본적인 문제점에 대해, 각각의 미디어 시스템에서 해결하기에는 한계가 있다는 것을 교회와 건축가 또는 설계자가 알아야 한다고 본다.

*미국의 대표적인 미디어 컨설팅회사의 CEO가 직접 언급했던 부분이다

2층 발코니 끝에서 무대 맨 앞줄이 안 보이는 교회도 많이 본다. 그냥 대형 스크린으로 커버해 버리겠지만, 무대 공간을 만드는 데 가장 기본적인 원칙조차 생각하지 않는 건축물이 되어버린다고 생각한다. 게다가 수직적인 건물 형태가 주를 이루는 한국 건축물에서 본당 위/아래에 위치할 수 밖에 없는 다른 소/중 예배실과의 음향적 분리(Isolation)의 결여는 서로 간의 방해 요소로 작용할 수밖에 없는 것이 현실이겠다.

발코니 앞 또는 유행처럼 한쪽 벽을 유리로 멋지게 마감하여 디자인 했는데, 음향 시스템의 강한 사운드에 계속해서 떠는 소리가 나고, 엄청난 예산을 들여서 설치한 파이프 오르간 역시 음향 시스템의 음압과 주파수 대역의 영향으로 계속 공명효과에 의해 공진해서 소리를 만든다. 은색 파이프 자체의 조명 난반사가 예배실간 내 엉뚱한 곳에 나타나고, 무대 쪽의 공조시설이 독립이 안되

어 있어서 교인은 시원한데 목사님은 땀 흘리면서 뒤에 선풍기 켜놓아야 된다. 일단 유명 메이커의 스피커를 어레이로 걸어놓기로 했는데 구조 설계상 미리 중량 계산이 전혀 안되어있고, 대형 스크린을 사용하는데 무대 바닥을 광택이 아주 좋은 고급 나무 마루로 만들어 무대 조명을 켜면 그 반사광이 스크린에 그대로 투영되어 스크린의 밝기 자체를 더 밝혀서 정작 중요한 그림의 선명도가 떨어져 버리게 되어서 다시 비용을 들여서 광택을 깎아내고, 페인트를 칠한 교회도 있다(이 교회의 경우, 광택 마루를 지정 헌금으로 헌금하셔서 무조건 설치할 수 밖에 없었던 경우였다).

본당 이외에 예배에 관련된 공간은 성가대 연습실, 찬양팀 연습실 밖에 만들어 놓지 않아서 보면대, 악기를 연습실이나 통로에 쌓아놓게 되고, 영상과 음향이 한꺼번에 들어가 있는 좁은 방송실, 애초에 디자인부터 안되어 있는 앰프룸, 조명 디머랙 바로 옆에 놓이는 앰프, 심지어 업자도 정확히 왜 설치해야되는지 모르지만 일단 폼내기 위해서 끼워놓은 장비들도 있다. 이와 같이 너무나 많은 요소들이 건축 계획 단계에서부터 의논되고 디자인되지 않기 때문에 발생하게 되는 실수가 된다.

좀 더 이야기해보면, 주로 미디어 시스템을 생각하고 디자인하는 차원에서

CHURCH CONSTRUCTION 교회 건축

바라고 싶은 것은 건축을 생각할 때 먼저 건물을 생각하지 말고, 진짜 실제적인 내용을 생각하고, 계획하고 정리해서 그것이 설계되는 그런 교회를 만들게 되는 것이다. 그리고 그 부분에서 필요한 컨설턴트의 비용은 열 배, 스무 배 이상의 효과가 당연히 나온다.

컨설팅을 준비해 가는 중간에 담당자들과 많이 의논하는 부분이 실제적 컨설팅에 대한 교회의 인식에 대한 부분이다. 이것은 이미 앞 장에서 언급되었다. 담당자가 외부 컨설턴트의 고용에 대한 당위성을 아무리 기술적, 목회적, 그리고 그것이 실제 교회 예산의 활용에 있어서도 충분히 값어치를 한다고 제안서를 만들고 보고서를 만들어 교회에 올리지만, 실제 쉽게 돌아온 대답은 전문가를 쓰면 비싸지지 않느냐? 설계사가 추천하는 건축음향 업체는 왜 믿지 못하냐? 컨설턴트를 얼마나 믿을 수 있느냐? 대략 그런 결론이 내려지는 경우가 많다.

정확히 말하면 아직 한국에 필자가 이야기하는 교회 미디어의 전문 컨설턴트라고 말할 수 있는 회사나 컨설턴트가 적은 것은 사실이다. 그리고 그 가장 중요한 이유가 업계의 구성요소 가운데, 반드시 필요할 컨설턴트나 설계 전문 회사의 부재도 있다. 필자가 생각하는 미디어 컨설턴트의 기본적 자격요건은,

실제 목회팀에서 목회에 대한 경험, 미디어 기술에 대한 충분한 이론과 실기, 업계의 기술적 흐름과 교회의 시대적 흐름에 대한 분명한 통찰력, 그리고 업계와의 일정 수준 이상의 신용 등이라고 생각한다. 불행하게도, 자격증이나 수료증이 이야기해줄 수 없는 부분이기도 하다. 미국의 경우에도 관련 기관에서 멤버쉽 또는 교육 프로그램의 수료증 등으로 그 역할을 감당하기는 하지만, 교육 이상의 실제적인 업무에 대한 어떤 보증도 해줄 수 없는 한계점을 가지고 있다.

 문제는 컨설턴트가 있건 없건, 교회에는 스피커가 달리고, 믹서가 들어가고, 카메라에 무빙 헤드 같은 특수조명이 들어간다. 통합 컨트럴로로 리모콘 하나, 또는 컴퓨터에서 모니터와 조작을 다 하고 있는 시대에, 아직도 리모콘 7~8개로 예배를 시작하고 끝내는 상황이 허다하다. 유능한 현장소장이 있는 교회의 건축현장과 그냥 아무나라고도 말할 수 있는 분이 현장소장을 맡고 있는 교회의 건축현장이 같을 수 있을까? 건축 설계를 왜 유명한, 또는 유능한 건축 설계사에게 맡겨야 할까? 그런데 왜 아무 전문가의 도움이 없이도 그냥 스피커 달고, 믹서 설치하고, 카메라, 특수 조명 달면 다 될 것이라고 생각할까?

 가장 많이 쉽게 생각하는 것 가운데, 아! 자기 집을 지을때도 비전문가 불러서

CHURCH CONSTRUCTION 교회 건축

뚝딱거려 지으실까? 아니, 자기 돈이라면 그렇게? 비단 필자의 생각만은 아닐 것이다. 간혹 읽게 되는 일종의 양심선언같이 평신도의 교회 건축 후기들을 통해서 밝혀지는 교회 건축의 어두운 모습들을 볼 때마다, 필자의 경험들이 다른 분야에서도 다르지 않다는 것을 확인하게 되어 씁쓸한 마음이 들기도 한다.

모든 건물은 용도에 맞게 건축되어야 하겠다. 그 용도가 무엇인지를 잘 연구하고 모든 의견을 수렴해서 좋은 건물이 만들어져서 실제 활용에 불편함보다는 너무나 편하게 사용될 수 있는 건물이 만들어져야 할것이다.

출애굽을 한 이스라엘 백성에게 모세를 통해서 하나님이 말씀하신 성막의 세부 지시사항들이 있다. 심지어 촛대 하나의 모양과 누가 만들 것인지, 누가 책임을 지고 관리해야 하는지 하나하나 적혀있다. 일종의 매뉴얼을 만들어 주신 것이다. 400년 종살이로 일하고, 먹고 사는 것에 익숙해 있는 애굽에 있던 백성들에게 성막의 의미와 예배의 방법에 대해 깊숙이 말씀하신 것이다.

구약의 시대와 달리 신약의 시대, 그리고 요즘처럼 포스트 모더니즘의 시대에서 예배의 모양과 성전의 역할은 본질은 같지만, 방법과 모양에서 차이가 난다. 되려 율법적인 요소들이 제외된, 그래서 본질에 더욱 더 충실할 수 있는 요소들이 많아졌다는 생각도 든다. 그리고 그 방법에 앞서 많이 이야기한 기술적인 요소들이 필요한 것이다.

일반적인 건축에 대한 매뉴얼은 누구보다도 건축가와 관련 엔지니어들이 잘 알고 있다. 그리고 건축법과 규정에 의해서 각각 필요한 위치와 규격이 정해져 있다. 하지만, 실제 용도에 의한 기술적인 제반 사항들이 무시되어있는 부분이 많이 있는 것을 본다. 그중, 가장 많은 부분이 전기에 대한 부분이다. 요즘의 음향이나 영상 시스템은 예전의 소리만 들리면 되는 수준의 장비들이 아니다. 꽤 수준 있는 하이파이 홈 오디오 수준의 음향을 보여주는 장비들이 많다. 따라서 그 장비의 소리에 대한 해상력에 주어진 제반 사항에서 발생하는 환경적인 잡음 역시 그대로 재생될 수밖에 없다. 영상 역시 아무리 비싼 카메라와 프로젝터로 HD급의 영상을 투사한다고 해도, 일반적인 전기 엔지니어의 개념에서 설계되는 전기에서 그 문제점을 해결하기 어려운 상황이 자주 발생한다.

전기의 설계에 있어서 음향과 영상에는 독립된 전원의 필요성 자체는 알고

있다해도 그것이 그냥 따로 분전반 하나 사용해서 설치해버리는 것 이상의 결과가 아니라면 실제 분리의 의미가 없게 된다. 음향과 영상시스템의 전원에 대한 독립성(Isolation)은 가장 기본적인 사항 중의 하나이다. 좋지 않은 전기의 접지와 공급의 문제는 그냥 앞서 말한 잡음의 문제로만 끝나지 않는다. 조금 비약해보면, 구약의 제사장 아론의 두 아들이 지키지 않아 죽음을 맞이한 예배의 원칙처럼, 이 전기의 문제 또한 아주 심각한 결과를 초래할 수도 있다는 점도 고려해야만 한다.

2005년 미국 텍사스 University Baptist교회의 33세된 젊은 Kyle Lake목사님(사진)이 침례식 도중에 감전사 하는 사고가 있었다. 침례탕에 들어가셔서 800여명의 교인이 참여하는 가운데, 침례식을 주관하시려 마이크를 잡는 순간 감전당하신 것이다. 교인가운데 의사들이 있었지만, 역부족이었다. 조사 결과 결정적인 문제는 침례탕의 물을 데우던 보일러의 전원 케이블 중 접지선에 문제가 생겨서 접지되어야만 하는 전기가 전기 시스템 중에 떠 있다가 제대로 접지가 되어있던 음향시스템의 마이크를 통해서 방전되면서 목사님이 감전되신 결과가 발생하게 되었다. 물론 음향 시스템의 설치 회사나 관계자는 전혀 잘못한 것이 없는 것이고, 보일러 설치 회사의 책임자가 소송을 당했다.

일반인에게도 잘알려진 것이 80년대 초에 있었던 모 가수의 감전 사고 역시 같은 접지의 문제이다. 음향과 영상의 관계자로서는 접지문제에 의한 잡음 그 자체도 지나치기 어려운 부분이지만, 실제 인명사고의 발생에 까지 관련된 중요한 부분의 문제이기 때문에 제대로 설계되어야만 한다.

2-2 업체와 교회건축

업계의 비밀(?)을 폭로하겠다는 것은 아니다. 그렇게 비밀이 많지 않는 곳이기도 하겠지만, 어쨌든 비밀이라고 해야 하는 대부분의 내용은, 기술적인 Know-how와 제조사와 업체 간의 내부 제품 및 가격에 대한 계약 정도이다. 전자는 업체의 생존과도 관련된 중요할 수 있는 부분이기에 업체나 고객이나 다 그 가치를 인정해야만 하는 것이고, 후자는 누구도 어떻게 할 수 없는 부분이다. 제조사는 제조 원가에 개발비와 기타 비용을 당연히 계산해서 가격을 책정할 것이고, 업체는 그 비용에 다른 추가 비용이 더해져서 가격을 정하여져서 고객에게 서비스와 제품을 공급하고 비용을 청구해서 살아남아야 하는 것이 원칙이겠다.

문제는 고객의 입장에서 제품 자체만을 바라볼 경우에 생긴다. 예를 들면,

국내에서 12~3만 원에 판매되는 어떤 마이크가 있다. 업체들을 아무리 쪼개서 감사를 해봐도 5,000원 마진 장사밖에는 결론이 안 나오는 품목이다. 그래도 수요와 구매에 관련해서 발생되는 부가비용이 없는 상태의 품목이기에 업체 입장에서는 팔고 잊어버리는 것, 고객의 입장에서는 싸게 사고 잘 쓰는 것으로 결론이 내려져 제조사나 고객이나 업체가 다 윈-윈 할 수있는 제품이 된다. 물론 거기에 엄청 싼 원가의 짝퉁이 끼어들어서 난리가 나는 경우도 있다. 이 상황에서 문제라고 이야기 한 부분은, 그렇게 제품 자체로만 해결이 안 되는 품목이 전체 시스템의 대부분이라는 데에 있다. 그냥 앰프하고 프로젝터만 샀다고 소리를 내고, 영상을 비추어 주는 것이 아니다.

경제용어나 경제에 대한 부분을 전문적으로 알지는 못하지만, 어쨌든, 시장 원리라는 것은 수요와 공급의 두 축에 의해서 존재한다. 어떤 때는 수요자 중심의 시장(Buyer's Market)일 경우가 있고, 반대의 경우가 있겠다. 공급이 많은 경우에는 소위 무료 견적의 상황이 벌어진다. 거기에 더해서, 무료 시연의 조건까지 요구하는 교회가 많다. 공개 입찰의 방식을 취하는 것 역시 반대할 이유는 없다. 하지만, 그 조건을 들여다보면 잘 이해가 안 되는 부분들이 많은 것을 본다.

업체의 입장에서 교회를 거래처만으로 보는 업체도 당연히 있다. 물론 안그런 경우도 있다. 요즘 젊은 엔지니어들 사이에 그 부분에 대해서 본인들이 경험한 상당한 경험을 토대로 진짜 교회를 돕고 같이 동역하는 그림을 그려나가려는 모임들이 있는것을 알고 있다. 그런데, 중요한 것은 교회 자체에서 보는 업체에 대한 시각은 오로지 거래처, 공사에 입찰하거나 일을 따가려는 업체만의 시각으로 보시는 경우가 대부분이라는 것이다.

만일 미디어에 대한 부분 말고, 보일러, 토목, 전기, 엘리베이터,, 등, 건축의 일반적인 부분에 해당되는 항목들에 대해서 어떤 미니스트리적인 요구를 누군가가 언급한다면 참 이상한 이야기가 될 것이다. 그냥 단지 신앙인이 운영해서 정직한 영업과 정직한 기술의 서비스를 제공하는 것 이상의 부분이 공사 상황에서 요구될 것 같지는 않기 때문이다.

하지만, 미디어에 대한 부분은 그렇지 않은 부분이 더 많다고 본다. 최근 지어지는 교회 건축물의 사진을 보면 진짜 다른 나라 어디에서도 찾아 볼 수 없는 예쁘고 아름다운 교회의 모습들이 보인다. 그런데 안타까운 것은 내부의 모습을 보고, 또 거기에 설치된 장비들의 위치나 종류, 내부 건축의 형태를

CHURCH CONSTRUCTION 교회 건축

보면 실제 음향이나 영상, 조명에서 필요로 한 부분들이 많이 빠져 있거나 번지를 잘못 찾은 것들이 있음을 발견한다. 그건 앞서 언급한 일반적인 법규나 규정에서 정해져 있는 항목들이 아니기 때문이기도 한다.

말이 나온 김에, 현재 음향과 영상에 대한 업무에서 자주 요구하는 자격요건은 정보통신기사와 정보통신공사업이다. 2009년 3월 25일 시행령으로 되어 있는 법규의 2조 1항에 의하면 정보통신설비란 유선, 무선, 광선, 그 밖의 전자적 방식으로 부호 · 문자 · 음향 또는 영상 등의 정보를 저장 · 제어 · 처리하거나 송수신하기 위한 기계 · 기구 · 선로 및 그 밖에 필요한 설비를 말한다 라고 규정지어져 있다. 실제 본 서적에서 언급하고 있는 미디어, 또는 공연장이나 스튜디오와 같은 시설의 음향 시스템과 영상 시스템에 이 법규의 조항이 적용되기 어렵다는 것은 이쪽 일을 조금이라도 안다면 쉽게 판단할 수 있는 내용이다. 법규 자체의 목적과 또 그 기준에 적합한 인력의 교육, 자격 조건, 업무 내용 등이 소리를 만들고 영상을 만드는 업계와는 극단적으로 아무 관계조차 없다고 말할 수 있기 때문이다.

옆의 내용이 정보통신기사 수험서적의 차례 부분이다. 음향이나 영상쪽의 엔지니어로서 차례와 같은 내용을 알고 있는 것이 좋을 수 있겠지만, 반대로

제1편 디지털 전자 회로
제1장 전원 회로
제2장 증폭 회로
제3장 발진 회로
제4장 변/복조 회로
제5장 펄스 회로
제6장 논리 회로
제7장 응용 논리 회로

제2편 정보전송공학(개론)
제1장 PCM
제2장 디지털 변복조
제3장 전송 매체
제4장 디지털 데이터 전송
제5장 전송 제어

제3편 정보통신기기
제1장 정보통신의 개념
제2장 정보단말기기
제3장 정보전송기기
제4장 음성 및 화상통신기기
제5장 무선 및 위성통신기기

제4편 정보통신시스템
제1장 정보통신망 개요
제2장 프로토콜과 아키텍쳐
제3장 정보통신망의 구성
제4장 시스템 계획과 관리

제5편 전자계산기 일반
제1장 전자계산기의 기본 구조와 기능
제2장 자료의 구성과 표현 방식
제3장 전산 시스템의 운영체제
제4장 소프트웨어의 개념과 종류
제5장 마이크로프로세서의 구조와 기능

제6편 정보통신 설비 기준
제1장 정보통신설비의 관장과 경영
제2장 정보화 촉진 관계법의 규정
제3장 정보통신망 이용촉진에 관한 법률
제4장 정보통신 기술 기준
제5장 정보통신 전송기준
제6장 정보통신공사업 관련 기준
제7장 정보통신설비의 유지 및 보관

이 내용의 공부를 하고 자격시험을 통과한 뒤에 음향 믹서 앞에 앉아서 페이더를 만지고, 영상 편집을 한다는 것은 아예 교육 과정 안에 없는, 그래서 불가능한 내용이기 때문이다. 운영하는 방법조차 문제가 있는데, 그 시스템을 설계하고, 설치하고, 문제를 해결 하는 등의 일은 마치 전기기사에게 토목공사를 맡겨야 한다고 주장하는 것과 같다고 본다.

그리고, 실제 전기를 다루는 조명도 전기공사업이나 기술사를 요구하는 것 역시 잘못된 것이라고 본다. 조명의 시공 부분은 전기 면허나 자격이 있는 분들이 해야 하는 것이 맞다. 그러나 조명 설계나 디자인 업체 자체를 전기 업체로 보는 것은 아닌 것 같다라는 이야기이다. 조명회사에서 시공을 할 경우에는 회사 내에 자격 있는 기술사나 면허를 가져야 하는 것이 원칙이지만, 미국이나 다른 나라의 경우에도 흔한 방법이 조명 디자인과 세팅의 부분은 면허나 자격이 관련 없는 조명을 아는 엔지니어나 디자이너의 몫인 것이고, 그 설계에 의해 전기 설계를 하고 시공을 하는 것이 전기회사의 일이기 때문이다.

좀 더 정확히 말을 해보면, 교회의 목적에 따른 조도 설계나 조명의 디자인에 대한 자격은 전기기사나 전기공사업 면허와는 상관이 없는 부분이다. 조명 디자이너에 의해 조도 설계와 조명 디자인이 나오면 자격이 있는 전기엔지니어

가 용량과 회로 설계를 하고, 면허가 있는 업체에서 공사를 한다. 이 부분은 건축회사에서 정해진 전기업체가 일괄 수주해서 공사하는 것이 교회 측이나 작업적으로도 훨씬 효과적이다. 음향, 영상, 조명 각각 업체가 배관에서 부터 필요한 전기 작업까지 각기 진행하게 되면 작업이 중복되고 불필요한 물량도 투입될뿐더러 심지어 공간적 문제점까지 발생하게 된다. 그래서 발생하는 가장 흔한 문제가 공사중인 현장에 가보면 관할 관청의 허가 도면에도 안 나타나는, 그래서 설치한 업체외에는 누구도 모르는 배관이 자주 나타나는 경우가 있다.

어쨌든, 전기 업체에서 벽면이나 천정에 콘센트 갱박스까지 마무리 해놓으면 거기에 조명등 달고, 전기 업체가 설치해놓은 디머를 프로그래밍하고, 목적에 맞게 조명을 세팅하는 것이 조명 업체라야 한다는 것이다. 음향도 마찬가지이다. 물론 그 부분의 일이 미디어 업체로서는 수익의 중요한 부분일 수도 있어서 포기하지 못할 수도 있지만 필자가 생각하는 원칙은 그렇다는 이야기이다. 그리고 가장 중요한 부분은 앞서 언급된, 안전사고 예방이라는 전기 공사의 가장 중요한 원칙을 지켜야 하기 때문이기도 하다.

제목으로 돌아가서, 업체의 입장에서 바라보는 교회 건축이, 그 건축을 통해 건축 관련 업체의 비신앙인까지 전도가 되는 건축이었으면 진짜 좋겠다는 생각이 많이 든다. 교회 잘 다니던 신앙인이 교회 건축에 관련되었다가 회사도 망하고 교회도 떠나는 경우를 심심치 않게 본다. 어떤 교회는 교회 완공 후, 30여개의 업체가 망하거나 손해를 봤다는 이야기도 듣게 되어 씁쓸하기도 하다. 그냥 교회가 모르기 때문에 우기시거나 주장하시는 것들이 있음도 본다. 어련히 알아서 전문가가 잘 설계해서 설치 해놓았을까…… 이렇게 생각하시면 되는데, 나름대로 연구에 연구를 해서, 이렇게 엉망으로 해놓을 수 있느냐 라고 벼락처럼 별안간 따졌다가 사실 확인하고 아! 그래서 전문가가 있구나 이렇게 사과 하시는 경우도 있다. 개인적으로는 교회 건축 만큼은 진짜 목적을 같이 하는 업체가 같이 은혜롭게 마무리해서 모든 이들에게 은혜를 나눌 수 있는 것이 되길 원한다. 교회가 교회 건축을 전문으로 하시는 설계사나 업체를 찾으시는 이유가 있을 것이다. 그리고 그것이 미디어 쪽도 같은 이유가 되길 바란다. 교회는 공연장처럼 전문공연자와 엔지니어들, 그리고 표를 사서 공연을 보려고 좌석을 채우는 것이 목적이 아니기 때문이다.

2-3 교회 미디어 설계/시공의 예

대형 교회의 대표적인 예가 되는 미국 휴스톤의 Lakewood 교회(Joel Osteen 목사)의 16,000석 성전 건축에서 중요한 몇 가지를 알아보겠다.

미국 NBA농구팀인 Houston Rockets의 경기장으로 쓰였던 Compaq Center가 Houston시로 부터 임대 간판을 달고 시장에 나온 뒤, 이미 신축을 계획하고 있던 교회와 건축설계팀에서 계약을 하고 공사를 시작하게 되었다. 신축 공사가 개보수의 방향으로 틀면서 교회는 3천5백만달러 정도의 신축 비용을 절약하게 되었다고 한다. 우리가 관심이 있는 미디어에 대한 부분을 교회와 건축 팀은 외부 전문회사에 의뢰하기로 결정하고, 그 기본적인 인테리어에 대한 설계 부분을 TV방송계의 아카데미상이라고 할 수 있는 Emmy상 총 12회 수상의 경력을 지닌 전문 미술팀(프로덕션 디자인)에게 의뢰한다.

이 부분에 우리가 볼 수 있는 것은, 건축 방향의 중요한 출발점을 어떻게 시작하고 있나라는 것이다. 외부 업체에게 무조건 의뢰 했다라는 것이 아니고, 어떤 일을 어떤 역할이 해야 하는지를 정확하게 알고 있다는 이야기가 된다.

Joel Osteen목사의 이전 경력이 아버지가 목회하시던 Lakewood교회의 방송담당으로 오랫동안 사역했다는 내용을 알면 별로 신기하지 않는 내용이기도 하겠지만, 애

초 설계 단계에서부터 2천만 명 이상의 TV네트워크 시청자와 16,000석의 거대한 공간을 생각하면서 디자인하였기에 전문 방송과 영화에서의 경력을 지닌 미술팀이 참여하게 되었다고 한다.

왼쪽 윗 그림이 디자이너 Rene Lagler가 첫 미팅을 하고 돌아가는 비행기 안에서 냅킨에다가 그린 초안이라고 한다. 그리고 아래 그림이 완공되어 사용되고 있는 공간의 모습이다. 별 차이가 없을 정도의 완성도를 보인다.

첫 미팅에서 얼마나 중요한 디자인 요소들이 교회, 건축설계팀, 그리고 디자인팀에서 이야기가 되었고 그게 완성되었는지를 보여준다.

디즈니랜드와 같은 테마파크의 설계와 Lakewood교회의 예에서 등장하는 중요한 역할을 비져너리(Visionary)라고 불린다. 미디어의 기술적인 부분과 예술적인 부분, 그리고 고객의 요구를 종합적으로 시각화하는 기능을 담당하는 일이다. 이 비져너리의 밑그림을 가지고 면허가 있는 각 부분의 설계사와 엔지니어들이 그 내용을 도면화 하기 시작하는 것이 좋은 방법이라고 생각한다. 반드시 미술담당 팀이 맡을 필요는 없다고 본다. 되려 기술적인 차원에

서의 밑그림을 가지고 그것의 시각적인 미술과 인테리어 부분을 따로 담당자에게 맡기는 것도 좋기 때문이다.

한국의 모 교회 이야기를 해보자. 어느 특정 교회의 예라고 생각되겠지만, 실제 이런 줄거리의 이야기는 자주 반복되는 케이스이다. 물론 당연히 사실관계를 진짜 정확하게 판단할 방법은 없다고 본다. 자신의 입장에 맞는 이야기만을 각각 담당자가 할 것이고 그것들이 모이면 전혀 앞뒤가 안 맞는 다른 이야기가 되어버리기 때문이다. 다분히 필자가 바라보는 시야에서 종합한 내용으로 이야기를 모아본다. 그리고 그것은 이런 케이스가 다시는 반복되지 않아야 되겠다는 관점에서 정리한 것이다.

교회는 건축을 결정하고 설계 회사를 공모했다. 건축 위원회가 설치되고, 설계사들의 건축가적인 작품들 가운데 건축 위원회와 실행 위원회, 그리고 당회의 협의를 거쳐 투표로 한 회사를 선정했다. 기간내에 설계 도면 작업이 이루어지는데, 당연히 전기 설계와 도면 작업도 이루어졌다. 건축회사의 선정 역시 같이 이루어졌는데, 건축설계사의 의견에 의해서 턴키(Turn-key)로 통칭되는 건축 관련 일괄 계약으로 계약을 했다.

이와 같은 과정 가운데, 건축 음향의 부분은 건축 설계에 함께 묶여서 의뢰가 되어버렸는데 문제는 건축 음향의 부분을 따로 외주했던 설계회사의 선정 결과에 교회 내 실무팀에서 문제 제기를 하였다. 교회 내부에서 업체의 선정과 설계 내용에 문제가 있을 것 같다는 의견이 모여져 교회가 따로 외부 컨설턴트에게 의뢰해보기로 결정을 하고 유보를 설계회사에 요구했다.

문제 제기를 한 구체적인 부분은 건축 설계회사에 의해서 완성되어 교회에 전달된 도면에 공간 음향은 물론 전기 음향적인 구체적 사양과 방식, 그리고 견적서까지 첨부되어 있었다는 것과 이것이 예상했던 방식이나 해결책에 기술적으로 문제가 있는지 교회 자체적으로 감수하지 못한다는 결론이 나왔기 때문이었다.

예상대로 외부 컨설턴트는 내용을 보고 여러가지 오류와 문제점을 발견하여 보고서를 제출했고 건축 설계사는 교회 측의 의견을 수렴하여 교회 측 추천 회사와 제3의 회사에서 컨설팅과 설계에 대한 추가 선정 작업을 시작하게 되었다. 여기에서 발생한 또 하나의 문제점은 건축 설계회사 나름대로 일괄로 청구해진 설계 용역비내에서 건축 음향 설계만을 포함해서 해결한다는 계획 자체에 문제가 발생하게 된 것이다. 건축 설계회사 나름대로 외주 용역을

주는 건축 음향 설계 용역비는 거의 기본 인건비 정도의 지출로 잡고 설계에 응하는 음향 설계업체는 거기에서 발생하는 적자를 음향 장비의 판매와 시공에서 해결하려는 계획을 내부적으로 가지고 있었는데 그 자체가 어려워지게 되어버린 것이다. 따라서 건축 설계회사는 교회가 추천한 컨설팅 회사에도 같은 설계용역비에 설계가 가능한지를 물어보게 되었다. 어쨌든, 다시 설계 용역업체를 정한 건축 설계회사는 위에 언급된 본연의 계획대로 전체 도면 작업을 마무리하게 되었는데 정작 폭탄 급의 문제는 전혀 다른 곳에서 발생해 버렸다.

건축 위원회의 위원 한 분이 임의로 음향, 영상, 조명의 미디어에 대한 부분의 공개 입찰 공고를 교계 일간지와 교회 사이트를 통해서 발표해 버리셨다. 당연히 내부적인 조율이 있었을 것이라고 생각은 되지만 실무자들과 협의는커녕 사전 인지조차도 못했다고 한다. 건축 위원회 자체에서 건축계획의 구성상 교회가 직접 계약하게 되어 있는 미디어 관련 업체의 선정에 대한 기본적인 방침의 실행이라는 점에는 전혀 문제가 없지만, 이미 앞서 진행된 여러 부분을 그냥 무시하는 결과가 발생하게 되었다. 그리고 중요한 것은 뒤에 업체 선정에 대한 결과가 건축 위원회에서 해당 위원의 의견으로 받아들였다는 형식의 이야기가 건축 위원회에서 전해진 것으로 보면 석연치 않은 부분이 있다는 결론이 내려진다.

 점점 문제는 더 커져가게 되는데, 선정 과정에서 일반 건축업계나 조달업무에서 발생한다는 스펙 맞추기와 같은 안 좋은 방법이 사용되었다라는 정황이 나타났다. 그 결과에 의해서 누가 봐도 음향/영상/조명업계 상위의 위치에 속하는 중대형 회사들이 탈락되어 버리고 특정 회사가 선정되었다. 나름대로 그 위원께서 외부 전문가들을 심사 위원으로 위촉하여 심사를 진행했는데, 위촉된 심사 위원장과 선정된 특정 업체와의 커미션에 의한 협력 관계 자체가 업계에는 이미 여러 공사를 통해서 비밀 아닌 비밀로 알려져 있었다. 게다가 해당 심사위원장이 업체의 시공을 감독할 감리까지 맡게 되어있다고 한다.

 현재 해당 교회는 공연과 같은 이벤트 행사에는 외부에서 렌탈 장비가 들어와서 진행하고 있고, 또 공간 음향적으로도 문제가 많은 공간으로 완공되어 있다.

 무슨 소설과 같은 이런 이야기가 실제 벌어진 이야기이다. 물론 이런 모든 내용은 극소수의 사람들만이 아는 가려진, 그리고 가려지게 되는 이야기라는 데 안타까움이 크다. 스펙 맞추기란, 입찰과 같은 방식에서 이미 내정되어있

CHURCH CONSTRUCTION 교회 건축

는 회사에 유리한 스펙(사양)으로 심사과정을 진행하는 것을 의미한다. 가장 많이 사용되는 것이 앞서 언급된 면허나 자격의 유무, 또는 특정 제품과 관련된 기술등을 기준으로 놓고 진행하는 것이 된다. 물론 구체적인 부분에서 가격경쟁과 같은 이유로 업체가 선정되는 것이 입찰의 고유한 의미가 되지만 이것 역시도 타 업체들이 공통적으로 선정하는 방식의 솔루션을 사용하지 않고 그보다 낮은 기술의 방식으로 전체 금액을 낮추어서 입찰하여 낙찰을 받은 후, 뒤에 교회 측의 요구가 있으면 변경의 추가 계약을 요구하는 경우도 많다.

예를 든 교회의 경우에도 실제 입찰에 참여한 다른 회사들에 비해서 규모나 실적이 적음에도 불구하고, 그 규모와 실적에 의해서 매겨진다는 점수 결과의 발표에서 상위 업체들 보다 더 좋은 점수를 받았다고 한다.

업체들의 실적에 대한 소개 역시 문제점이 있다고 본다. 업체의 프로필에 보면 구체적인 내용이 없이 20XX년 0000교회 시공' 이렇게만 등장하게 된다. 그것이 대형교회일 경우 여러 회사의 프로필이 같이 등장하는 경우가 많게 되는데, 설계만 담당한 것인지, 판매만 담당한 것인지, 아니면 소예배실의 업그레이드만 담당한 것인지, 아니면 하청에 하청을 받은 회사인지 전혀 알 수 없다. 이런 상황에서 어떻게 실적으로 그 내용을 판단할 수 있을지 모르겠다.

물론, 해당 교회의 담당자에게 직접 그 내용을 확인해볼 수도 있겠지만, 그 답변이 주관적일지 객관적일지도 역시 모를 수 있기 때문이다.

또 하나의 예는 건축 회사와 함께 움직이는 음향 회사의 이야기가 되는데, 물론 이 부분도 긍정적인 측면이 많이 있는 방법이지만, 책의 서두에서 언급되었던 기술력보다는 영업력이 더 우수한 회사의 경우에는, 발생하는 기술력 부족에 의한 문제점들에 대해 아무 대책없이 그냥 당해야만 하는 경우가 자주 발생한다. 법정에까지 가는 경우도 심심치 않게 발생하고, 소위 블랙리스트에 오를 만한 회사들을 교회측에서 일괄계약 자체를 취소하고 수정해서 교회가 진행하는 경우까지도 발생한다. 더러 업체의 입장에서 수주하고 시공하게 된 감사의 의미로 교회 측에 헌물하는 의미 외에 리베이트를 공공연히 요구하는 경우도 있다고 한다. 대놓고 밀어줄 테니까 대신 차 한대를 사달라고 요구한다는 교회 내 방송담당자들도 있다는 이야기도 듣는다. 이 책에서 전반적으로 다루는 사역이라는 단어와는 전혀 맞지 않는 이야기일 것이다.

자, 그냥 스피커 하나 다는 것보다 엄청나게 복잡하고, 실제적 기술력과 업계의 동향에 이르기까지 정확한 판단이 필요한 이 부분에서 그 부분을 잘 아는 외부 전문 컨설턴트가 진짜 필요하지는 않겠는지 반문해 보게 된다.

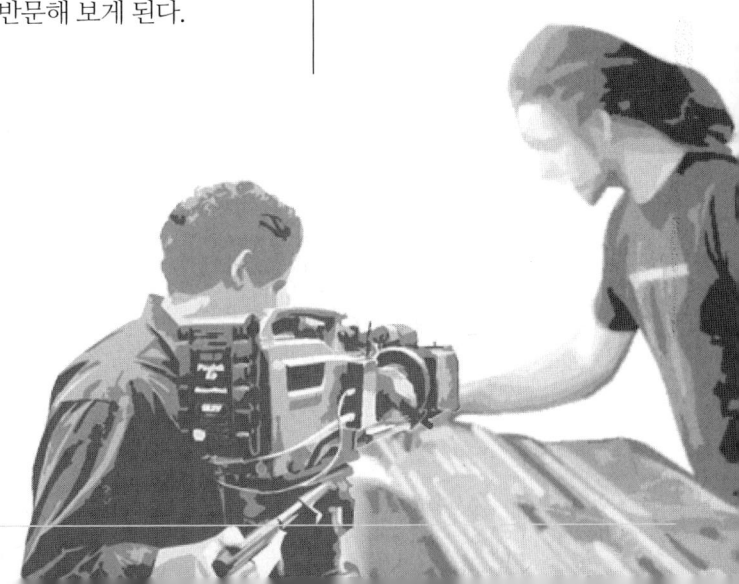

CHURCH CONSTRUCTION 교회 건축

CONSULTING & DESIGN
컨설팅과 설계

테크니컬 미니스트리를 어떻게 분석하고, 방향을 정할 것인가에 대한 부분을 알아보자. 한가지 염려되는 부분은 이 장에서 다루는 내용을 모두 암기하고, 그대로 실무에 적용한다고 해서 뛰어난 컨설턴트와 디자이너가 되지는 않는다는 것이다. 하지만, 절차에 대한 부분, 그리고 교회의 입장에서 고려해야 하는 부분을 중심으로 연구해 보길 바란다.

컨설턴트의 입장에서 교회의 요청을 받으면, 먼저 준비된 미니스트리 질문서를 발송한다. 대략 70개의 항목으로 작성된 필자의 질문서에는 공간의 크기에 대한 구체적인 내용, 예배의 형태, 목회자의 설교방식, 찬양팀의 구성형태, 각 예배의 순서…… 등등의 문항이 있다. 이것을 통해서 교회의 목회, 특히 예배에 대한 부분을 컨설턴트가 예상할 수 있다.

3-1. 미니스트리 분석

테크니컬 미니스트리라는 관점에서 필자가 생각하는 가장 중요한 부분이 이 미니스트리 분석이다.

CONSULTING & DESIGN 컨설팅과 설계

1. 목회팀의 예배, 문화사역, 사회참여…… 등에 대한 분석

2. 예배, 성가대, 찬양팀, 청년목회, 방송사역팀의 현재 사역 모델 분석

3. 교회에게 알맞은 미디어 사역에 대한 지향점 제시, 방향 설정

대략 이 세가지 부분의 내용을 교회 측과 협의해서 방향을 정하게 된다. 더러 이 방향성에 대한 개념 자체를 교회와 함께 만들어야 하는 경우도 있다. 차근차근 목회팀, 기술팀, 찬양팀, 예배팀, 그리고 성가대에 이르기까지 토론과 의논을 통해 현재 교회가 처해 있는 현주소와 목적하는 곳의 모습을 그려보는 것이 중요하다.

1번 내용을 통해서 공간에 대한 용도 또는 활용 방향을 정할 수 있다. 요즘처럼 문화공간으로의 활용이 많아지는 교회의 모습에서 이유를 찾을 수 있겠다. 2번은 실제 시스템의 설계와 운영 방법에 대한 중요한 요소가 되며, 3번에서는 컨설턴트의 입장에서 교회의 미디어 미니스트리 자체에 대한 방향성 확립에 이르기까지의 컨설팅을 할 수 있다.

컨설턴트의 입장에서 무리하게 컨설턴트의 비전만을 주장하는 것도 실제 완공된 후 전혀 교회와 관련 없는 시스템으로 남게 되는 경우가 있다. 이것은

필자의 쓸쓸한 경험이기도 하다. 아무리 좋은 시스템이라도 활용할 소프트웨어적 목회적 방법이 없다면 그것은 잘못된 것으로 끝나기 때문이다.

컨설턴트 혹은 설계자의 입장에서 기술이나 제품의 활용에 대한 부분은 얼마든지, 어떤 조건에 맞추는 그림이든지 만들어 드릴 수 있겠지만 교회라는 곳의 활용도(Application) 자체가 상당히 제한적일 수 있기 때문에 해당 교회의 목회에 대한 인식이 우선되어야 하는 것이다.

필자가 오래전 사역했던 모 교회의 경우에도 필자의 전공인 음악 프로덕션을 설립하여 좋은 문화 사역의 방향을 정하기로 하고 목회팀과 함께 설계를 해서 옆 그림처럼 5.1 서라운드 믹스까지 가능한 시스템을 완성했지만, 같이 동역을 했던 목회팀의 변동과 그 후 필자의 변동으로 인해서, 지금은 필자의 고집에 의해 설치된 것으로만 현재 스텝들과 교인들이 알고 있다고 들었다. 이렇게 교회라는 특수성을 감안해야 하는 컨설팅과 설계는 좋은 결과를 가지기 참 어렵다.

반대로, 실제 교회의 봉사자들이 100퍼센트 기술적인 배경이 없는 교회의 경우에도 완공한 후 봉사자들이 교육과 실습을 통해서 첫 예배부터 성공적으로

CONSULTING & DESIGN 컨설팅과 설계

큰 문제 없이 예배를 마친 경우도 있다. 가장 큰 이유로는 역시 교인들의 참여 의식과 헌신, 그리고 목회팀의 의지에 있다고 본다.

이 목회적인 분석이 끝나고, 또 제안의 방향이 정해지면 구체적인 컨셉 구상의 단계로 들어간다. 사용 가능한 기술 중에서 정해진 예산 범위 안에서 가능한 몇가지 제안을 가지고 교회와 협의를 하게 된다.

미국이나 호주 등지의 대형교회 탐방 프로그램을 통해서 좋은 모델을 찾으려는 목회자들의 모습을 자주 본다. 미국 설계회사와 미디어 컨설팅 회사를 고용해서 교회를 완성한 예도 볼 수 있다. 몇 년 전 실제 한국의 모 대형교회 설계와 공사에 참여했던 회사의 CEO와 한 시간 이상 전화 통화를 했던 적이 있었는데, 많은 이야기 가운데 교회와 설계 회사간의 의견 조율 문제, 그리고 목회적으로도 개념이 잡히지 않은 공간 활용에 대한 부분들의 문제점들에 대한 이야기를 많이 했었.

*앞서 잠시 언급했었다.

많이 들었던 광고 문구 중에 약은 약사에게, 진료는 의사에게 라는 문구가 있다. 다들 전문 분야가 있고, 그 전문 분야의 의견이 가장 우선적으로 고려되어야 할 사항이라는 생각이 있다.

3-2 공간

먼저, 공간적인 부분을 파악한다. 기존 건물을 개보수하는 경우이건, 신축의 경우이건 간에 이미 만들어진 공간, 또는 만들어질 공간이 있을 경우에(대부분의 경우) 가능하면 그 공간의 설계 도면을 구하든지, 앞서 언급된 질문서에 기록되는 구체적인 치수에 의해서 공간을 이해해야만 한다.

바람직한 방법이지만, 만약 건축설계사가 정해지기 전에 컨설턴트가 참여하게 된다면 컨설턴트의 입장으로서 훨씬 더 좋은 디자인을 교회에 제공할 수 있다. 특히 건축음향이나 앞서 언급된 비져너리의 입장에서, 교회의 목회를 돕는 정도에 그치는 것이 아닌 어떤 경우에는 교회의 목회 방향을 결정할 수 있는 중요한 요소를 교회에게 제공할 수 있다는 것이다. 그래서 때로는 미디어가 미니스트리를 끌고 가는 현상까지 나타날 수 있다는 점이다.

*물론 무엇이 중요한지 아는 것이 더 중요하겠지만,

건축 음향의 입장에서 보는 공간은 당연히 공간 내에 존재하게 될 음향적인 요소를 예측하고 공간 자체에서 불필요한 음향적인 방해요소가 발생하지 않게 만들어야 한다는 점이다. 아울러, 공간감과 같이 공간을 음향적으로 표현하게 되는 잔향같은 요소를 필요한 만큼 존재하게 만들어야 할 필요도 있다.

CONSULTING & DESIGN 컨설팅과 설계

자연 음향(Acoustics)을 컨트롤 하는 의미의 건축 음향과 전자 음향기기에 의한 그 설계와 시공이 잘 조화 되어야 한다. 전자 음향기기에 의한 음향 시스템은, 우선되는 자연 음향을 보강하는 역할을 주 목적으로 하기 때문에 먼저 그 공간 내의 자연 음향을 얼마나 잘 조절하는가 하는것이 음향 시스템의 설계에 우선되어야 한다. 물론, 반대로 전자 음향기기 사용을 중심으로 한 공간을 위한 건축 음향 설계를 하는 경우도 있다. 어쨋든, 대부분 건축 음향을 이야기 하는 회사의 이야기는 여기에서 끝난다. 하지만, 필자는 건축 음향 자체가 공간의 이용 목적에 의해서 그 설계 기준 자체를 변경해야 한다고 보기 때문에 미니스트리의 미디어적 컨설팅 자체에서 건축 음향과 전자 음향시스템의 조화 정도를 규정지어야 한다고 본다.

교회 자체에 찬양팀과 같은 밴드 구성이 없는 교회에서 공간의 잔향 상태를 줄이는 흡음 위주로 설계를 해버리면, 성가대나 성악, 클래식 음악 형태의 연주 자체가 어려운 상황을 만들어 버릴 수도 있다. 반대로 성가대, 성악, 클래식 음악 형태 위주로 울림이 좋은 공간을 만들었는데, 드럼이나 전자악기 등의 연주가 진행되어 버린다면 이것 역시 울림이 많아서 명료도가 떨어지는 음향 조건을 만들어버리는 결과가 나온다.

실제 이 부분을 완벽하게 해결하는 건축 음향 설계는 나오기 어렵다. 그 이유는 대부분의 교회에서 주일 여러차례 드리는 예배의 형태 자체가 언급된 성가대와 찬송가 위주의 전통적 예배와 찬양 예배로 말할 수 있는 현대적 예배의 형태를 각각 가지고 있거나, 하나의 예배에 같이 어우러져서 드리는 용도적 다양성이 있기 때문이다.

필자가 경험한 사례를 보면, 신축 교회 건물에 파이프 오르간과 현대적 예배의 시스템을 같이 설치해야 하는 경우가 있었는데, 필자가 제안한 솔루션과 달리 대부분의 업체는 일반 대규모 공연장에서 사용하는 가변 음장 시스템과 같은 방식으로 이 문제 해결을 제안했다. 옆 그림은 로스엔젤레스 필하모닉의 상설 공연장으로 사용되는 디즈니홀이다. 주로 클래식 전용 공연장으로 설계된 이와 같은 공간에서 대중음악이나 뮤지컬과 같은 상업적 공연을 할 경우에 공간 자체의 음향적 요소를 흡음과 반사의 이중벽을 만들어 주었다 필요한 목적에 따라 기계적으로 벽 자체를 바꾸게 해서 조절하거나, 공간내의 소리를 마이크로 흡수하여 리버브와 같은 효과기를 이용해서 인공 잔향을 만들어 공간내에 더해주는 방법을 사용하게 된다. 하지만, 교회에서 1시간에서 1시간 30분 정도의 예배 중간에 기계 작동으로 공간성을 한, 두 차례라도 바꾼다는 것도 적당치 않은 해결책이라고 본다.

CONSULTING & DESIGN 컨설팅과 설계

필자가 제안했던 방법은 소리가 만들어지고 전달되는 경로 자체를 두가지로 나누어서, 파이프 오르간처럼 공간내의 울림 자체가 필요한 소리가 객석으로 전달되는 통로와 전자 음향시스템에 의해서 만들어지는 다른 모든 소리가 객석에 전달되는 통로를 하나의 공간에 다르게 만들게 하고, 벽의 마감재 자체의 흡음과 반사 비율을 조정하여서 원하는 두 조건을 가능한 비슷하게라도 맞추는 방법을 제안했었다.

공간에 설치되는 영상 시스템을 위한 설계 역시 중요하다. 특히 무대 위 대형 화면을 통한 프로젝션이 중요한 도구로 사용되는 요즘의 교회에서, 그 프로젝션의 방식과 위치에 대해서 이미 설계 이전부터 원하는 목적에 맞는 방식이 정해져야 하기 때문이다. 공간의 크기가 5천석 이상의 공간이 되고, 예산 자체의 여유가 있을 경우에는 옆 그림의 Willowcreek교회와 같이 실내용 LED Video Wall로 물리적 공간의 한계를 무시할 수 있는 방법도 있다. 요즘 한국 교회에 많이 대중화되고 있는 방식이기도 하다. 그래도 아직 많이 사용되는 것이 프로젝터와 대형 스크린의 조합이 되는데, 투사되는 빛을 사용하는 방식인 만큼 빛 자체의 손실과 스크린 크기에 따른 프로젝터의 위치, 그리고 프로젝터 자체의 고열을 식히기 위해 사용되는 팬의 노이즈에 이르기까지 여러면에서 고려해야 할 부분들이 있다.

무대 조명과 전체 공간의 조명이 밝을 경우에 권하게 되는 방식이 후면 투사 방식(Rear Projection)이 되는데, 이것은 옆 그림처럼 스크린 뒷면에 따로 다크 룸(Dark Room)을 만들어서 프로젝터를 그 안에 두고, 마치 예전의 브라운관이 있는 TV 형태로 만들어서 사용하는 방법이다. 이 방법의 장점은 일단 교회 내부 조도의 영향을 받지 않는다는 점과 언급된 팬 노이즈의 감쇄 등을 들 수 있는데, 건축 설계상 따로 공간을 만들어야 하고 중앙부에 발생하는 핫 스팟(Hot Spot) 현상이 나타나는 단점이 있기도 하다.

미디어 미니스트리가 활발해지면서 필요한 공간 역시 늘어나게 된다. 전문용어로 FOH(Front Of House) 라고 불리는 음향 조절 공간의 위치도 점차 그 중요성이 인식되면서 회중석 중앙의 가장 좋은 위치를 선정해서 설계하기도 한다. 옆 그림 가운데 하얀색 박스로 표시된 공간이다.

가장 큰 이유는 그 위치에서 듣는 소리를 기준으로 음향을 만들어서 공간내에 참석하는 회중들이 같은 음향 조건을 가질 수 있게 하는 것인데, 실제 설계를 위해 교회와 협의를 해보면 대부분의 경우에 좋은 위치를 포기해야 하는

CONSULTING & DESIGN 컨설팅과 설계

경우가 많이 있다. 목회 입장에서는 좋은 음향도 중요하지만, 대략 20석 정도의 좌석을 포기해야 한다는 점에서 쉽지 않은 선택이라는 것이다. 이런 경우 독립된 방송실 내부에서 음향을 만들어 예배실 내부로 보내야 하는데, 이 경우 순간적인 대응이 불가능하다는 점이나 실제 회중석과 방송실 내부의 음향 조건의 차이 등과 같은 점으로 인해 좋은 음향을 만드는데 불리한 조건이 되기도 한다.

요즘 유행하는 디지털 믹서의 경우, 실제 크기 자체가 작기 때문에 이전 FOH 공간의 절반 이하에서도 충분히 설치하고 운영할 수 있기도 하다. 물론 디지털 믹서의 원격조정 기능을 활용할 경우에 노트북 한대로도 원하는 음향 조절을 위치에 관계없이 조정할 수도 있다.

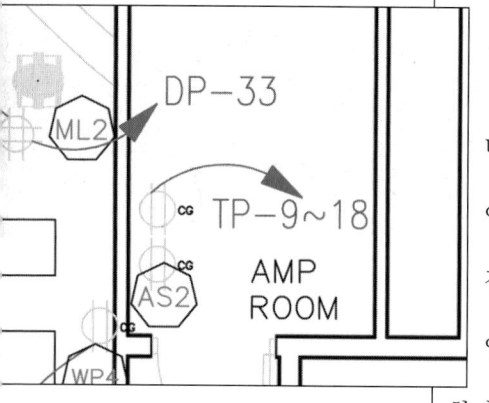

무대에 가까운 곳에 설치되는 공간 중의 하나가 옆 그림과 같은 앰프룸이다. 이름 그대로 음향기기 중 하나인 앰프를 설치하는 것이 주 목적인 공간이지만, 실제 무대에서 입력되는 신호들과 FOH로 전달되는 신호, 반대로 전달되는 출력신호, 프로젝터나 카메라 등 무대쪽에 관련된 신호들을 모아 연결해주는 중추적인 역할을 한다. 장비들이 있는 공간이기에, 에어컨, 환기, 보안 등의 추가 시설이 필요하겠다. 설치해놓은 장비의 문제점은 관리의 문제가 가장 큰데, 이 관리의 문제 가운데 환경적인 요소가 무시 못 할 만큼을 차지한다.

앰프와 같은 장비의 뒷면 또는 앞면에는 내부에서 발생하는 열을 식히기 위한 옆 그림과 같은 팬(Fan)이 설치되는데 많은 공간에서 이 팬이 먼지에 의해서 막히는 현상이 자주 발생한다. 정기적으로 청소를 해야하는데, 일주일에 대략 1번 정도 가게 되는 교회와 사역자의 스케쥴 상 거의 몇 년을 점검 안 하여 먼지로 가득한 경우가 많다. 관리의 문제이지만, 이 문제로 팬의 송풍구가 막혀서 송풍이 되지 않아서 내부의 온도가 상승하게 되면 자연스럽게 부품에도 영향을 끼치고 다른 고장의 원인이 되기도 한다.

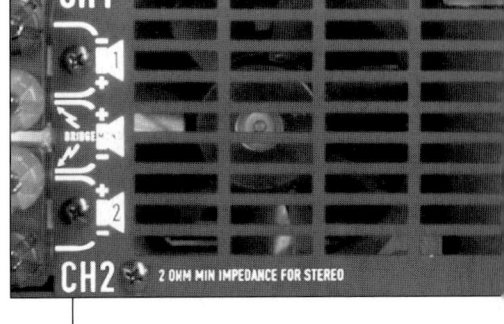

무대 설비를 위해서 선택되는 시설 중의 하나가 옆 그림과 같은 캣워크(Catwalk)이다. 천정 마감재 위의 공간에 설치되어 사람이 걸어다니면서 필요한 조명과 장비를 직접 조정할 수 있는 장점이 있다. 물론, 기본적으로 추가 비용 부담의 부분과 그 만큼 천정의 높이가 낮아진다는 단점도 있다.

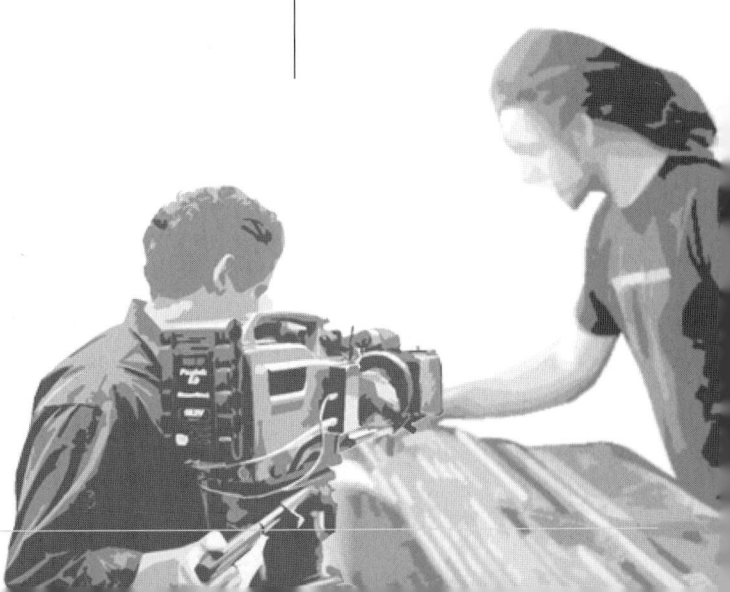

CONSULTING & DESIGN 컨설팅과 설계

무대 뒷쪽으로 접근되는 동선을 따라서 성가대실, 찬양팀 연습실, 창고, 대기실 등의 공간이 목적에 맞게 설계되어야 한다. 천정이 8미터 이상되는 공간을 가진 교회의 설계에서 무대 뒷벽 후면의 공간을 그냥 비워두는 경우가 있었는데, 그 경우에도 중층을 하나 만들면 대기실 또는 창고의 용도로도 사용 할 수 있겠다.

영상이 미디어 미니스트리의 중요한 요소가 되기 시작하면서 별도의 영상조정실이 필요해진다. 이 영상 조정실은 예배실과 거리가 있는 다른 공간에 설치하는 것이 가능하다. 일단 쉽게 생각할 수 있는 이유는 영상 제작의 작업 환경이 봉사자들 간에 대화가 필요하고, 또 예배실로부터 독립되어 객관적인 입장에서 결과물을 모니터 할 수 있는 공간이 필요하기 때문이라고 볼 수 있다. 그러한 이유로 골방 같은 장소에 설계되기도 한다. 단, 신호 저하의 위험이 있기 때문에 일정 거리 내에서 위치를 잡는 것이 좋다.

영상 제작 목적이 아닌 예배를 돕기 위한 자막 파트의 경우에는 FOH의 위치에 조명과 함께 자리를 잡는 것이 원칙이겠다.

교회 내에 자체 방송 시설을 만드는 경우이다. 방송용 스튜디오가 되는 경우인데, 대부분 자체 제작 뉴스나 방송용 설교 녹화에서 부터 드라마 제작까지 함께 하는 경우가 있다. 이런 경우 독립적으로 다른 공간을 사용하는 것보다는 바로 앞에 언급된 영상 주조정실과 이어지게 설계하여 추가 영상 장비나 인력의 수요를 줄이는 것도 좋은 방법이다.

거기서 한 걸음 더 나아가, 일반 업계에서 부르는 포스트 프로덕션, 혹은 레코딩 스튜디오의 시설까지 갖추는 경우도 있다. 이 경우에도 독립적인 공간을 확보하는 것보다는 대예배실과 함께 더빙이나 녹음이 가능한 공간을 통역실과 같은 용도로 활용할 수 있게 하는 것도 지혜가 된다. 왜냐하면 실제 건축을 지켜볼 경우, 교회에서 필요한 공간이 생각하는 것 이상으로 늘 부족한 것을 보기 때문이다.

조명의 경우 반드시 필요한 공간이 조명기기를 위한 디머시스템을 설치하는 공간이다. 대부분 전기실을 이용하긴 하지만, 가능하면 예배실 가까이 설치되는것이 경제적으로, 실제 성능적으로도 효율적일 수 있다.

3-3. 건축 음향 설계

공간이 정해지면 그 공간이 필요한 목적에 적합한 자연 음향상태를 만들어야 한다. 이 부분은 음향학에 기초를 두고 있는데, 원칙적으로 앞서 언급된 것과 같이 건축 설계시 같이 이루어져야만 한다. 왜냐하면 건축 음향적 접근이 무시된 건축 공간에서 건축 음향적으로 원하는 목적을 이루기에는 그 한계가 분명히 있기 때문이다. 따라서, 기초 건축 설계 작업 때부터 음향 전문가가 참여하여야 하는 것이 원칙이다.

음향 조건은 비단 공간의 모양에 의해서만 정해지는 것은 아니다. 소리는 공기를 매체로 해서 전달되는 에너지이기 때문에 공간내에 채워질 공기의 온도나 습도에도 영향을 받게 된다. 따라서 공간내 열과 자연광 유입에 대한 부분도 고려되어야 한다.

좋은 건축 음향 설계에는 미적 감각 역시 필요해질 필요가 있다. 소리의 전달과 반사, 흡수 등의 부분은 다분히 물리적인 정답이 있는 부분이지만, 그것이 실제 공간에 어떻게 보일 수 있는가도 중요한 부분이 되기 때문이다. 흡음도가 아무리 좋은 재료라도, 가공이 어렵거나 관리의 어려움이 있다면 설치를 고려해봐야 하기 때문이겠다.

건축 설계와 같이 진행되지 않는 대부분의 경우에 먼저 건축 음향적으로 공간 음향을 보정하기 위한 중간재와 마감재를 선택해야 한다. 이 경우 EASE와 같은 시뮬레이션 프로그램으로 실제 공간에서 벌어질 음향적 현상을 예측해보기도 한다. 벽체나 마감재, 좌석…… 등 많은 변수를 정확하게 구현해서 예측을 하기가 사실상 어렵기 때문에 참조만 하는 경우가 많다.

주어진 공간에 대한 음향적 분석은 가장 기본적인 출발점이다. 먼저 공간의 형태에 따른 문제점을 확인하는 것이 우선이다. 소리는 다분히 물리적인 개념이기에 어려운 공식이나 공학을 사용하지 않아도 대강 기본적인 내용을 짐작할 수 있다.

가장 쉬운 출발점은 평행이 되는 벽이 있는지를 먼저 확인한다. 평행이 되게 마주보는 벽은 주어진 소리 에너지가 벽에 반사되어 불필요하게 많은 상호간의 반사가 만들어내는 **공명 현상**(Resonance)을 일으키는 주 요인이다. 음향적으로 **정재파**(Standing Wave)라는 해당 공간의 거리에 의해서 다른 주파수 대역보다 특정 주파수 대역의 공명 현상이 더 크게 발생하는 것이 있는데 이것을 피하는 것이 가장 쉬우면서도 중요한 출발이 된다. 이러한 이유로 전문 공연

CONSULTING & DESIGN 컨설팅과 설계

장이나 스튜디오의 사진을 보면 평행이 되게 마주보는 벽이 없다.

가끔 설계된 건축 음향의 예를 보면 공통적으로 발생하는 실수가 있는데, 그것은 공간을 그냥 공간만으로 보고 예측해서 설계하기 때문에 발생하는 실수이다. 무슨 이야기냐 하면, 공간에서 음향은 소리가 만들어져서 전달되는 방향 자체를 무시하면 어렵다는 이야기이다. 어디에 음원이 놓일지, 어디에서 청중이 듣는지, 또 어디에 반사가 필요하고, 흡수가 필요한지를 파악해야만 한다.

요즘처럼 음원 재생의 힘이 강해지는 때에, 즉, 스피커 시스템의 음압 재생 능력이 강한 때에, 그 소리가 전달될 때 공간에 의해서 변하거나 부적절하게 활용되는 것을 미연에 예측하고, 그것에 맞는 건축 음향 설계를 해야만 한다는 것이다. 따라서, 전기 음향 시스템이 필요한 공간에서의 건축 음향 설계는 반드시 사용될 전기 음향 시스템에 대한 설계가 같이 병행되는 것이 바람직하다.

무지향성이 대부분인 서브 우퍼(Subwoofer)를 천정에 매달을 경우, 그 천정

---

*최근에는 기술적으로 단일 지향성을 가지게 세팅하는 서브우퍼 방식도 있다.

위의 공간이 울림통이 되는 것도 미리 계산해서 흡음에 대한 방법을 마련하여야 불필요한 음향조건을 막을 수 있다. 특히 그 에너지가 무대 뒷벽을 타고 무대로 내려와서 전체 무대를 채울 수도 있기 때문에, 전기 음향 시스템만의 설계가 아닌 건축 음향적 마감까지 같이 설계해야만 한다. 서브 우퍼를 무대에 매립하는 경우에도 서브 우퍼의 진동과 소리 자체가 무대쪽에 간섭을 주지 않게 설계해야만 한다.

잠깐 언급된 진동에 대한 부분도 건축 음향 설계에서 반드시 고려해야만 하는 부분이다. 음향은 진동에 의해서 전달이 되기도 한다. 3층 대예배실에서 드리는 설교 중에 2층 고등부 예배실의 드럼소리가 쿵쿵 진동으로 들리는 경우가 바로 방진에 문제가 있기 때문이다.

공간에 따른 소음과 진동의 기준을 정하는 부분도 상당히 중요하다. 건물내에 구조적인 진동을 만들어 내는 엘리베이터, 에어컨과 같은 장비 또는 연습실과 다른 예배실 등이 반드시 있기 때문에, 이들 진동에 대한 방지책도 건축 음향에서 다루어야 하는 항목이 된다. 교회 내부에서 만들어진 소리와 진동이 바깥으로 나가는 것 역시 중요하다. 교회가 항의 받는 가장 큰 민원 중의 하나가 소음에 대한 부분이기 때문이다. 자주 언급되는 것처럼, 요즘 예배와 행사

에서 사용되는 기본 음압이 공연장 못지않은 음압의 소리이기 때문에 설계 때부터 이 차음에 대한 부분이 반드시 고려되어야 한다.

　기본 설계안이 나오고 시공 도면이 나오게 되면 건축 일정에 따라 여러가지 작업이 진행되게 된다. 항상 건축의 마무리 단계까지 건축 음향은 같이 진행되어야만 한다. 흡음판 열심히 설치해 놓은 후에 페인팅 작업에서 흡음판의 구멍들을 진하게 막아놓아 흡음판을 반사판으로 만들어 버리는 경우도 자주 본다.

3-4 전기 설계

　전기는 모든 미디어 시스템의 근간에 해당되는 부분이다. 아무리 뛰어나고 최고의 시스템을 설치한다고 해도 가장 기본적인 전기에 대한 부분에서 해결이 안 되면 잡음의 문제에서부터 크게는 앞서 언급된 안전사고의 위험까지 존재하게 된다.

　원칙적으로 전기에 대한 모든 설계와 책임은 면허가 있는 전기 설계회사에 있다. 하지만, 목적에 맞는 전기의 수요나 위치, 그리고 전기의 종류는 각가

시설을 설계하는 쪽에서 지정을 해야 하는 것이 당연한 방법이 된다. 따라서, 공간에 대한 설계가 끝나 그 공간에 맞는 시스템의 설계가 끝나면, 각각 위치에 적합한 용량과 종류의 전원을 도면에 표시하여 전기 설계회사에 전달해 주어야 한다. 그러면 전기 설계에서 전체 전기의 인입량과 종류 구분에 따라 도면화 작업을 하고, 관할 관청에 허가를 맡아 공사를 진행하게 된다.

한국의 경우에는 아직 저전압 공사 면허 제도가 없는 것으로 알고 있다. 미국에는 주에 따라 Low Voltage License라는 면허 제도를 운영하는 곳이 있어서 91볼트 이하의 전압을 다루는데 필요한 케이블 설치 작업에 대한 면허를 요구하는 도시들이 있다. 물론 대부분 별문제 없이 공사가 진행되기도 한다.

전기의 종류라고 말한 내용은 미디어 파트 중에서 음향과 영상 쪽에 공급되어야 하는 전기 자체가 다른 일반 전기와 다른 구분을 가져야 한다는 것이다. 전문적인 이야기는 당연히 전기 전문가와 업체에서 처리해야 할 부분이지만, 기본적인, 반드시 고려해야 하는 기본적인 이야기만 언급하겠다.

요즘 대부분의 신축 공사 전기 도면을 보면 음향/영상 쪽에 독립적으로 변압기를 설치하게 지시되어있는 경우가 많다. 그만큼 미디어 쪽에서 필요한 내용

CONSULTING & DESIGN 컨설팅과 설계

을 설계사나 전기업체가 알고 있다라는 이야기이다. 음향과 영상 쪽에서만 전기가 독립적인 변압기를 통해서 공급되어야 하는 이유는 건물내에 설치되는 전기가 필요한 음향, 영상 외의 모든 장비와 다른 종류의 전기가 공급되어야 하기 때문이다. 이 다른 종류의 전기란, 전압 자체가 다른 것이 아닌 전기 자체가 같이 연결되어 있지 않아야 한다는 것이다. 이유는 모든 전기 제품이 목적에 맞는 기능만 하는 것이 아니라, 공급되는 전기 자체에 원하지 않는 노이즈를 만들어내기 때문이다. 만들어진 노이즈가 다른 전기기기에도 그대로 전달이 되는데, 대부분의 전기기기가 전기를 공급받아 다른 일을 하는 장치들인데 비해서 음향과 영상장비들은 공급 받은 전기 자체의 일이 중요한 장비이기 때문이다.

쉽게 설명해보면, 전기 밥통은 전기를 공급받아서 물과 쌀을 통해 일을 하여 밥을 만들어내는 기기이지만, 만약 물이 오염된 경우에는 같은 전기와 좋은 쌀을 사용해도 먹기 곤란한 밥이 된다는 것이다. 전기를 물처럼 기본 소재로 사용해야 하는 음향과 영상에서 오염 안된 전기의 공급은 상당히 중요한 사전 작업이 된다.

이때 사용되는 것이 옆 그림과 같은 **차폐 변압기(Isolation Transformer)**라는 것인데, 입력과 출력의 서로 다른 회로의 전자기 유도현상에 의해서 전기 에너지만을 전달하는 장비이다. 쉽게 정수 필터의 역할을 한다고 이해할 수 있는 이 장비는 공급되는 전기 자체만을 물리적으로 연결되지 않은 상태에서 다음 단으로 공급하기 때문에 음향/영상과 같은 장비에서 순수하게 필요한 전기만을 공급받을 수 있는 기본적인 방법이 된다.

의료 장비나 정밀 기기에도 필수적으로 사용되며, 고주파 변압기(Harmonic Transformer)라고도 불리기도 한다. 이 변압기에 연결되는 배전반을 *테크니컬 패널이라고 따로 부르기도 한다. 그것은 여러개가 설치될 일반 배전반과 구분하기 위해서 부르게 되는 것인데, 이 전원부는 예배실과 관련 공간에 설치될 전원 콘센트 자체도 구분해서 표시하여 설치하게 하여야 한다.

Technical Panel

앞서 언급된 것처럼 기본 전기 도면의 변전실내에 이 장비가 포함된 경우라면 다행이지만, 포함이 안되었을 경우에는 반드시 포함해서 모든 음향/영상 장비만을 위한 전기 공급원으로 만들어야 한다. 특히 공사를 진행하다보면, 비용을 들여서 기껏 이 변압기를 설치해놓고, 그 뒤에 전열기나 조명기를 연결해

CONSULTING & DESIGN 컨설팅과 설계

*시스템에서 발생하는 노이즈와 전기의 불량에서 발생하는 노이즈는 쉽게 구분이 된다. 여기서 언급되는 노이즈는 전기노이즈를 의미함

서 마치 이미 정수해 놓은 물을 오염시키는 경우와 같은 경우가 발생한다. 방송실에서 덥거나 추워서 사용하게 되는 전열기나 선풍기, 복사기, 커피 포트 등의 전기 제품이 독립해놓은 테크니컬 패널의 전원에 연결될 경우도 역시 노이즈가 발생할 수 있다.

가장 빈번한 경우가 조용하다가 엘리베이터가 운행될 경우 잡음이 나거나, 특정한 때에 잡음이 들리는 경우가 있다. 전부 다 전기에 관련된 부분이고, 이 부분의 책임 소재는 미디어 업체가 아닌 전기에서 해결해야만 하는 사항이 된다. 법적으로도, 도의적으로도 미디어 업체가 어떻게 할 방법이 없는 부분이기기 때문이다. 음향과 영상에 공급되는 모든 전원은 독립된 변압기를 통해서 공급되는 깨끗한 전기이어야만 한다.

이미 완공된지 오래되었거나, 변압기 자체의 설치가 어려울 경우 선택되는 것이 음향/영상 장비 앞단에 앞 페이지 그림에서 본 변압기보다는 훨씬 적은 용량(30A나 20A)의 정전압 장치를 연결해서 비슷한 효과를 볼 수 있다. 하지만, 원칙적으로 전기실내에 음향과 영상만을 위한 독립된 차폐 변압기와 독립된 배전반을 설치하는 것이 바른 방법이다.

전기에 대해서 또 하나 중요한 것이 접지에 대한 부분이다. 접지는 안전이라는 가장 중요한 이유가 있으니까 전기업체에서 기본적으로 설계하고 시공하는 부분이다. 미디어 쪽의 접지 역시 중요하며 공통 접지를 권한다. 전문가들 사이에 독립 접지의 이야기도 많이 나오는 것이 사실이지만, 잡음이 나는 것보다 안전이 더 중요한 부분임으로 공통 접지를 통해서 모든 기기가 같은 접지의 전위차를 가지게 하는 것이 중요하다.

3-5 전기부 음향/영상/조명/통합컨트롤 시스템 설계

이 부분의 각각 항목은 세부적으로 뒤에 다루어지겠지만, 컨설팅과 설계 부분에서 다루는 내용만 살펴보자.

공간별 용도를 분석하는 작업이 먼저 필요하다. 앞서 미니스트리 분석과 건축 설계에서 작성된 공간을 분석하여 필요한 전기 음향/영상/조명/통합 컨트롤 시스템 구성을 위한 범위를 설정하는 것이 필요하다. 필자는 반드시 3D 형태로 공간을 CAD에서 만들어 각각의 위치에 따른 실제 모습을 예측해 본다. 대부분 업체의 제안서에 빠져버리는 것이 이 3D 입체도면에 의한 시뮬레이션인데, 필자는 아주 중요한 부분으로 생각한다.

그 후, 실제 활용도에 맞는 시스템 방식을 설정하게 된다. 음향, 영상, 조명, 통합 컨트롤의 부분별로 각각 기준 음압, 명료도, 잔향, 조도, 스크린의 크기와 밝기, 통합 컨트롤이 필요한 장비의 구성, 그리고 실제 운용자의 운용 기준까지 작성하게 된다. 이 운영기준이 필요한 부분은 교회이기 때문이고, 그 내용은 앞에서 다루었었다. 각 영역별 솔루션과 구체적인 시스템을 선정하게 되는데, 교회의 방침에 따라 공개 입찰이나 수의 계약 등의 방법으로 업체 선정 작업까지 병행하게 되기도 한다.

각 공간별, 각 시스템별 최적의 솔루션 선정과 통합 컨트롤 방식의 적합성 여부, 그리고 용도에 맞는 운용성의 적합성을 검토하게 된다. 필요한 추가 공간(앰프룸, 방송실, 조명디머, 스크린룸)등의 위치도 검토하게 되겠다.

전기 부분도 운용 전기의 공급 방식, 필요 용량 산정하여 전기 쪽과 협의해서 부족함이 없게 해야 하겠다. 선정된 장비의 운영상의 목적에 맞는 다각도의 시스템 세부 사항 들을 작성하여 그 활용도에 대한 방법들도 같이 정리하는 단계가 진행되어야 한다.

아울러, 녹음, 영상, 전관 방송, 인터넷 방송 등 부수적인 연결 방식도 반드시 검토하여 추가 작업이 발생하지 않아야 하겠다. 특히, 천정에 매달리는 장비들은 **구조 하중**을 검토하는 것을 원칙으로 해야만 한다. 그 이유는 대부분의 장비 자체의 중량이 건물에 구조적 영향이 갈 만큼의 중량이 아닌 것은 분명하다 해도, 기본적인 중량 계산에 따른 영향을 구조 엔지니어에게 검토 받아야 하는 것이 원칙이기 때문이다. 실제 건축 구조의 영향을 걱정하는 것보다는 장비 자체의 고정과 추락 방지와 같은 안전상의 이유가 더 크게 된다.

공간 내 공조 설비와의 음향적 조건 역시 검토해야 할 부분이다. 에어컨을 강하게 틀 경우에 물리적인 소리의 전달 자체도 영향을 받을 수 있다.

영상 시스템의 경우에도 대형 스크린의 위치, 크기, 프로젝션 방식을 검토하여 교회와 함께 결정해야 하고, 사용될 카메라 구성 방식, 갯수, 위치, 비디오 포맷, 운영 방식도 결정해서 설계해야 하겠다. 특히 타 공간과의 방송 전송, 광고방송(KIOSK), 인터넷 방송 등 부가 요소 역시 무시 못할 부분이 된다.

조명 시스템 설계에 들어가서 대부분 일반 전기 설계에서 다루어지는 각 공간 내 일반 조명 설계를 검토할 필요가 있다. 그 이유는 일반 조명의 설계가 대부분 가로나 세로와 같은 일률적인 지역 구성에 의해서 조명 회로를 설치

CONSULTING & DESIGN 컨설팅과 설계

하기 때문에, 특수 조명과 함께 원하는 조명 효과를 거두기 어렵다. 때로 무대쪽에서 부터 뒷면까지 Fade Out되는 일반 조명의 효과는 그냥 꺼버리고 켜버리는 조명보다는 훨씬 더 효율적이 되기 때문이다. 기도회의 경우에 따라 객석 중앙부의 조명은 40%로 꺼놓고, 양쪽 벽면과 뒷쪽의 공간만 80%로 해놓는 등의 여러가지 효과를 일반 조명에서도 거둘 수 있게 설계하는 것이 좋다.

조명은 통합 컨트롤에 흡수되기 좋은 부분이다. 버튼이나 터치 스크린에서 한번의 동작으로 원하는 효과를 충분히 만들 수 있게 미리 프로그래밍 할 수 있기 때문이다.

전관 방송이라고 불리는 구내 방송의 설계가 요즘은 전기 설계의 차원에서 이루어지는 것을 많이 본다. 이 부분 또한 통합 컨트롤이나 전체 음향 시스템과의 호환성이 필요할 수 있다. 역시 구내 폐쇄회로 TV 방송망도 많이 검토되는 항목이다. 유선 UHF 채널을 이용해서 여러 채널의 방송망을 내부적으로 활용하는 방법은 실제 각 TV 간의 음향과 영상의 연결이라는 복잡한 문제를 한번에 해결할 수 있는 방법이기도 하다.

음향 시스템에 대해서 일단 공부를 해보자. 전문적으로 깊게 들어가는 것보다는 운영자의 입장에서 가장 기본적으로 알아야만 하는 부분에 대해서만 다루겠다. 좀 더 상세한 부분은 필자의 저서인 음향 시스템 핸드북을 참조하시기 바란다.

교회에서 일반적으로 필요한 음향 시스템은 크게 두가지 목적을 가진다고 볼 수 있다. 첫 번째는 교회내의 어느 장소(예배당 전체, 유아실, 사무실, 필요에 따라서는 화장실까지)에서든 설교자, 예배 인도자, 찬양의 소리가 분명하게 들려야 한다는 것이고, 또 하나는 방송 또는 음반(또는 온라인 스트리밍)을 통한 선교를 위한 녹음일 것이다. 이것은 30평 정도의 개척교회에서부터 1~2만 명 또는 그 이상의 인원을 수용하는 대형 교회까지 현재 국내외에서 이루어지는 대부분의 음향 시스템 시설 공사의 대표적인 두 가지 목적이라고 본다.

한마디로 좋은 음향 시스템이란 이런 것이라는 것은 말할 수 없다. 왜냐하면, 각각 그 공간의 형태와 쓰일 기기, 그리고 사용하는 사람에 따라 그 결과가 많이 다르기 때문이다. 그리고 이 부분은 기성품이라는 것이 존재하지 않는, 100 퍼센트 맞춤으로 이루어져야 하는 작업이기 때문이다.

SOUND SYSTEM 음향 시스템

4-1 음향 시스템의 구성

음향 시스템(Sound System)은 크게 입력, 처리, 출력의 세 부분으로 그 구성을 구분해 볼 수 있다. 이것은 마이크(Mic), 앰프(Amp: 옆 그림에서는 믹서와 앰프), 스피커(Speaker) 라는 기기로 최소의 시스템이 구성될 수 있다는 이야기를 뜻하기도 한다. 이 최소의 시스템이 바로 소규모 교회에서 쉽게 볼 수 있는 구성이다. 입력기기에 해당하는 마이크는 소리, 공기를 진동시킨 하나의 에너지 -A-를 전기 신호로 바꿔주는 기능을 하고, 앰프는 마이크의 아주 작은 신호 출력을 정해진 크기만큼 증폭시켜주게 되고 스피커는 그 증폭된 전기 신호를 다시 원래의 소리 -A-로 바꿔 주는 기능을 한다.

이 출력에서의 소리는 입력에서의 소리와는 기본적으로 크기(볼륨: Volume)가 다르다는 것 외에 시스템의 상태를 표현하는, 시스템 운용자(엔지니어라고 불리는)에게 아주 중요한 사항을 말해 준다. 즉, 소리를 들어봄에 있어서 그 기기의 상태를 파악하는 관점을 가진다는 것은 단지 시스템을 설치하고 사용하는 것과는 다른, 같은 시스템을 보다 안정되고 효율적으로 사용할 수 있게 된다는 것을 의미한다.

  스피커에서 나오는 출력에서 첫 번째로 알 수 있는 것은 각 기기의 접속 상태이다. 대부분 전기로 변한 소리 신호의 접지 불량에서 나타나는 잡음의 있고, 없음으로 쉽게 현재의 접속 상태를 파악 할 수 있다. 앰프를 기준으로 그 앞단(입력에서 처리까지)의 연결에는 소리 신호와 접지가 독립되어 있는 *평형(Balanced) 연결이 원칙이다. 앰프의 출력에서 스피커의 입력까지는 케이블에 유입되는 잡음보다 전기 신호 출력이 훨씬 커서 그 잡음이 가려지기 때문에 접지는 필요가 없고 다만, 깨끗한 신호의 손실 없는 전달에 필요한 좋은 품질의 케이블이 필요로 할 뿐이다. 간혹, 스피커를 통해 라디오 소리가 들리는 경우, 정확히 말하면 특정한 주파수의 라디오 신호가 잡히는 경우가 있는데 이것은 접지의 불량으로 접지되어 사라져야 할 잡음이 신호에 포함되어 전달되어 발생 한다. 이 경우에 대한 자세한 내용은 조금 전문적인 내용이라 생략한다.

*XLR 처럼 +, - 그리고 그라운드의 3선이 연결되는 방식. 연결 중간에 유입되는 외부 잡음은 +와 -쪽에 같은 양으로 유입이 되게 되고, 이 것은 다음 단에 걸리는 기기에서 서로 소멸되게 됨

  두 번째는 각 기기의 특성이다. 동일한 조건의 상황에서 연결되어 있는 각 기기들의 기본적인 특성은 원래 입력되는 소리를 변화 시키게 된다. 예를 들어 저음이 강한 목사님의 설교 말씀이 저음보다는 고음의 반응이 더 좋은

SOUND SYSTEM 음향 시스템

마이크에 입력되게 되면, 그 마이크에 연결된 앰프에 입력되는 소리는 원래의 소리와는 다른 음색의 소리 신호가 되게 된다. 또, 이 소리 신호는 앰프와 스피커, 심지어 케이블에 의해서도 변하게 된다. 음향 시스템의 기본 목적은 원음의 증폭이 된다. 그래서, 그 음색이 변할 수밖에 없는 이 각각의 기기들을 잘 조작하여 원음에 가장 가까운, 그리고 크게 키워진 출력의 소리를 만드는 것이 이 음향 시스템의 기본 목적이 되겠다.

4-2 소리의 크기

소리의 크기에 관해서 한 가지 중요한 개념을 알아야 한다. 음향 시스템에서 소리의 크기는 두 가지로 구분된다. 하나는 공기 중에서의 소리의 크기에 관한 것이고, 다른 하나는 소리가 변환된 소리 신호로서의 크기이다. 앞에서 잠깐 소리와 신호에 관해 다루었었다. 전자는 공기를 밀고 당기는 물리적인 에너지의 압력인 음압으로 표시되고, 후자는 전기를 사용하여 같은 반응을 보일 수 있게 만든 전압으로 표시된다. 조금 어렵지만 같이 이해하면서 공부하자.

사람의 귀가 들을 수 있는 제일 큰 소리의 크기는 140 dB SPL(Sound Pressure Level; 음압 레벨) 정도이다. 흔히 소음이 심한 길거리에서의 크기가 대략 80

- 100 dB SPL정도이고 이해가 가능한 대화 소리가 60 - 70 dB SPL정도라고 보시면 된다. 아주 조용한 교회안의 크기는 대략 40 dB SPL이다. 여기서 말한 소리의 크기들은 앞에서 말한 두 가지 중 전자에 해당하는 공기 중에서의 소리의 크기이다. 소리의 크기라고만 표현해도 다음에 설명할 신호의 크기와 구분이 되실 것이다.

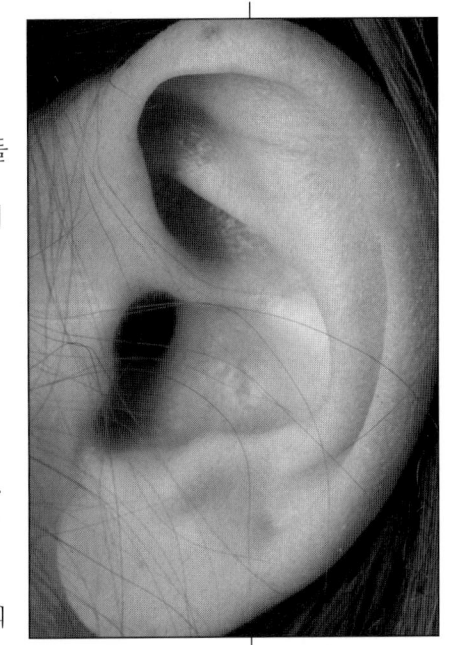

음향에서 소리란 사람의 귀에 들리는 것 만을 의미한다. 일단 140 dB SPL정도가 사람이 들을 수 있는 제일 큰 소리라는 것을 기억하자. 다이나믹 레인지(최고 크기에서 최저 크기(잡음레벨)를 뺀 그 기기가 소화할 수 있는 소리 혹은 신호의 크기로 기기의 특성을 나타내는 중요한 역할을 한다)라고 음향에서는 중요하게 쓰이는 용어가 있다. 이 0 dB SPL에서 140d B SPL까지 140 dB의 크기가 일반적으로 사람 고막의 다이나믹 레인지이다. 즉 아주 작은 소리(Threshold of hearing 고막이 진동을 느끼기 시작 할때의 크기; 0 dB SPL) 부터 큰 크기의 소리(Threshold of pain 고막이 손상을 입을 정도의 큰 소리) 의 차이가 140 dB이라는 이야기이다.

각각의 음향기기는 서로 다른 다이나믹 레인지를 가진다. 그리고 자연상태

SOUND SYSTEM 음향 시스템

140dB SPL
80미터 전방의 총소리

120dB SPL
비행기 이착륙시 활주로

100dB SPL
소음이 심한 혼잡한 거리

80dB SPL
도로변

60dB SPL
일상대화

40dB SPL
조용한 교회안

20dB SPL
굉장히 조용한 녹음실

0dB SPL

나 음향기기나 잡음 레벨이 존재 한다. 잡음레벨은 쉽게 말해 원하지 않지만 이미 존재하는 잡음의 크기이다. 우리 귀에 그냥 기본적으로 들리는 소리의 크기라고도 말할 수 있다.

　카세트나 릴 테입은 70 dB정도, CD는 96 dB, 대부분의 음향 기기는 80 – 100 dB정도의 다이나믹 레인지를 가진다. 이 다이나믹 레인지가 클수록 기기는 고성능이라 말할 수 있다. 옆의 표를 보시면 대략적인 소리의 크기를 알 수 있다.

　dB에 관해 하나 중요한 것은 dB는 비율로 표시 된다는 것이다. 즉, 10 dB과 20 dB의 차이는 숫자 10과 20의 두 배 차이가 아니라는 이야기이다. dB의 바른 설명에는 다분히 수학, 그리고 공학적인 설명이 필요하다.

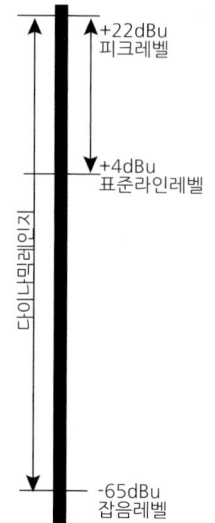

+22dBu
피크레벨

+4dBu
표준라인레벨

다이나믹레인지

-65dBu
잡음레벨

　두 번째로 신호의 크기에서는 앞서 다룬 dB SPL과 같은 dB 값이지만 뒤에 m, u, v 등의 기호가 더 붙는 단위들로 표현 된다. 이것은 각각 다른 기준점과 조건에서의 크기를 의미하게 된다. 물론 dB SPL과는 다르게 전기 신호로 표현되는 전기값의 크기를 음향적으로 표현하는 것이겠다. 옆 그림은 보편적인 전문 음향기기의 다이나믹 레인지를 그래프로 그려 본 것이다. 가장 큰 크기의 신호가 +22 dBu, 잡음 레벨이 -65 dBu, 즉 다이나믹 레인지가 87 dB(22+65=87) 인 기기의 레벨이다. 다이나믹 레인지가 크다는 것은 그만큼 잡음 레벨이 낮다는 것을 의미하기도 한다. 이 그림을 앞 페이지의 dB SPL그림과 같은 크기의 개념으로 보시기 바란다.

이 그림은 몇가지 중요한 개념을 담고 있다. 대략 전체 크기의 70%되는 점이 되는 +4 dBu를 음향기기의 운용에 대단히 중요한 **표준 라인 레벨**(Reference Level, 권장 레벨로 번역될 수 있지만, 그 중요성으로 인해 필자는 표준 라인 레벨로 부르고 있다)로 정해 놓았다. 이 표준 라인 레벨은 기기의 접속과 기기 내부에서의 신호 조작을 위한 하나의 기준이 되는 크기이다. 표준 라인 레벨과 **피크 레벨**(Peak Level 가장 큰 레벨)의 차이를 **헤드룸**(Headroom)이라고 부른다. 이 헤드룸은 고정된 라인 레벨로 부터의 피크 레벨 값을 표시해 주는데 이 값이 클수록 좋은 성능의 기기이다.

다이나믹 레인지가 크다는 말과 비슷하지만 자세히 보면 다이나믹 레인지가 잡음 레벨의 크기에 영향을 받는 반면, 헤드룸은 피크 레벨의 크기에 따라 좌우 된다는 다른 점을 알 수 있다. 표준 라인 레벨은 고정되어 있다는 점이 아주 중요하다. 서로 다른 기기의 접속이나 같은 기기안에서의 신호 처리의 기준점

SOUND SYSTEM 음향 시스템

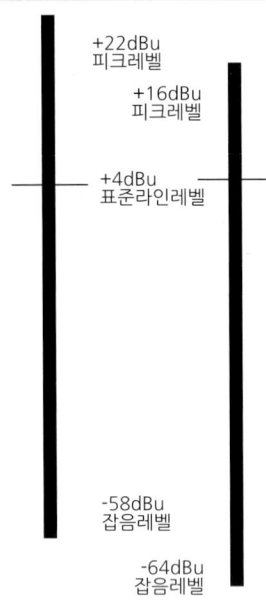

으로 쓰이는 크기가 이 표준 라인 레벨이기 때문이다. 같은 80 dB의 다이나믹 레인지를 갖는 기기라도 헤드룸은 다를 수 있다. 옆의 그림을 보면 그 차이를 알 수 있다. 18 dB(22-4)과 12 dB(16-4)의 헤드룸 차이는 같은 80 dB의 다이나믹 레인지라고 해도 그 기기의 성능면에서는 분명히 차이가 있다. 라인 레벨로 기기간의 접속이 이루어지고 소리 신호의 처리가 되기 때문이다. 레벨은 공기중에서는 압력값이고 기기중에서는 전압값이다. 같은 압력이다.

4-3 게인 설정

믹서에 보면 게인(Gain)이 하나씩 각 채널마다 달려있는데 이것이 믹서에 입력되는 입력 레벨을 조정해 주는 기능이다. 채널의 **볼륨**과 이 게인은 서로 그 기능이 다르다. 볼륨, 조금 전문적인 단어로 페이더(아래 그림)라고 부르는 것의 기능은 일반적으로 알고 있는 채널의 출력 레벨을 조정하는 기능인데 반해, 게인은 입력된 신호를 표준 라인 레벨 크기로 키워 줄 수 있는 역할을 한다. 그리고 이 표준 라인 레벨로 키워진 레벨을 사용자가 필요한 만큼 줄이거나 키우는 것에 페이더가 이용된다.

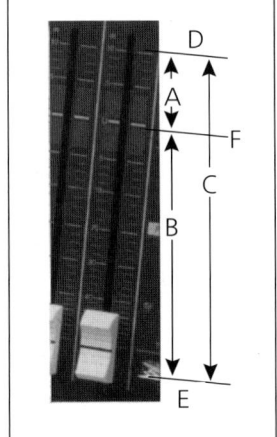

옆 페이지 마지막 그림은 일반적인 믹서의 페이더 부분이다. 이 페이더는 앞에서 말한 소리, 혹은 신호 레벨(C)을 의미한다. D는 최고 레벨, E는 최저 레벨, 그리고 F는 표준 라인 레벨이다. 말하자면 듣는 소리를 조정하기 위해 보이는 눈금으로 정해 놓았다고 보면 쉽겠다. 대부분의 기기는 C의 70%에 해당하는 곳에 0 dB로 F를 정해 놓았다. 이 말은 A라는 크기의 헤드룸을 가진 다는 말과 같다. 이 F를 표준 라인 레벨로 지정해 놓고 게인을 이용해서 실제 입력되는 신호를 조정하면, 귀에 들리는 소리가 손에 의해 조정이 가능한 소리로 되게 되는 것이다. 믹서에 달려있는 레벨 미터는 이 소리를 눈에 보이는 크기로 바꿔 준다. 이 것 역시 페이더처럼 70%정도 되는 점에 표준 라인 레벨을 뜻하는 0 dB의 표시가 되어 있다.

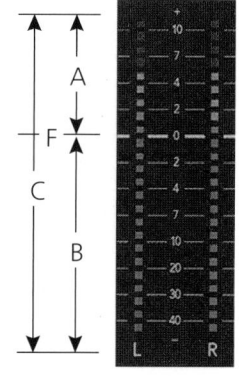

실제 사용에 있어서 이 이론적인 내용을 그대로 적용할 수 있다. 먼저 믹서에 연결된 앰프는 꺼 놓는다. 다음 게인은 가장 왼쪽으로 해놓고 페이더를 라인 레벨의 위치인 F의 위치에 놓는다. 마스터 페이더도 같은 F의 위치에 놓는다.

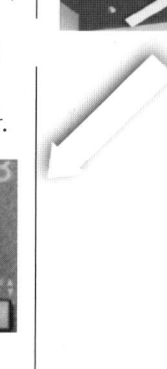
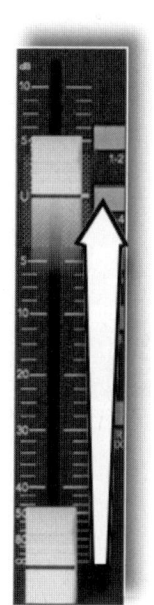
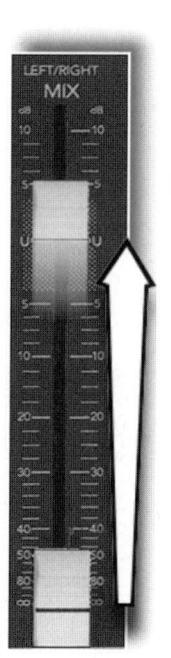

SOUND SYSTEM 음향 시스템

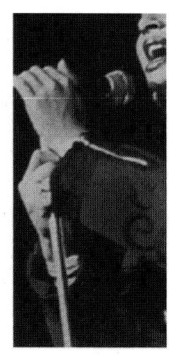

다음, 믹서의 입력에 연결된 마이크에 실제 사용될 크기의 볼륨으로 이야기, 혹은 노래를 한다. 더러 그냥 "하나, 두울, 마이크 테스팅" 정도의 크기로 게인 세팅을 해놓고 정작 실제의 사용에는 자신의 다이나믹 레인지를 과감히 마음껏 이용하는 경우가 있는데 이것은 표준 라인 레벨로 설정해 놓은 크기가 달라지기 때문에 실제 사용시 다시 게인 레벨을 조정해야 하는 실수를 범하게 한다. 다음, 일단 페이더 상으로 정해놓은 라인 레벨과 최대 피크 레벨 사이인 헤드룸에 계속 입력되는 신호(소리가 변해 신호로 되었다)가 있도록 게인을 오른쪽, 왼쪽으로 돌리며 그 값을 정한다. 여기에 앞 페이지에서 본 레벨 미터가 도움이 된다. 앰프를 꺼 놓은 이유는 믹서에서의 적은 레벨의 변화에도 앰프를 통해 스피커에서 나오는 출력은 크게 변하기 때문이다. 잠깐 실수에 스피커나 앰프가 손상을 입게 된다.

믹서와 앰프의 연결에도 앞서 설명된 라인 레벨을 기준으로 한 다이나믹 레인지를 가지면서 접속되게 된다. 즉 +4 dBu의 라인 레벨을 같은 기준선으로 가지게 된다. 물론 기기마다 헤드룸과 잡음 레벨이 틀리지만 같은 라인 레벨로 그 대략적인 크기가 서로 통하게 되는 것이다. 믹서의 라인 레벨 조정이 끝난 다음 앰프의 전원을 켜고 그 공간에서 필요한 만큼의 앰프 레벨을 조정하시면 일단 소리의 크기에 관한 믹서와 앰프의 조정은 끝나게 된다.

그 공간에 필요한 만큼의 앰프 레벨이 굵은 서체로 표시 되어 있다. 음향 시스템에서 제일 잘못 이해되고, 사용되고 있는 것 가운데 대표적인 것이 이것이다. 앰프의 볼륨은 대개 70%, 또는 최대로 키워 놓아야 앰프를 최대한 효율적으로 사용한다고 이야기하는 분들이 계신데, 모두 틀린 이야기이다.

앰프의 볼륨은 입력 레벨을 조정하는 역할만을 한다. 출력 레벨은 이미 전원을 켜놓은 순간 부터 최대로 키워져 있다는 이야기이다. 표준 라인 레벨을 지킨 믹서나 기타 장비의 출력은 해당 기기가 소화하는 제일 좋은 출력이다. 더 정확하게 말하면 앰프가 지닐 수 있는 가장 좋은 입력 크기가 표준 라인 레벨로 정해진 크기이다.

앰프를 무조건 키워 놓은 후 믹서를 잡음 레벨보다 조금 큰 레벨로 사용하는 대부분의 잘못된 앰프의 세팅에서는 이미 앰프가 크게 증폭하고 있는 상황 안에 믹서의 입력을 표준 라인 레벨 만큼 키운다는 것은 불가능하겠다. 즉 앰프가 이미 키우고 있는 소리이기에 필요한 소리 이외에 그것에 가까운 잡음도 함께 키워지게 되는 것이다. 대개 잡음이 유난히 많은 시스템, 그리고 믹서의 게인이 별로 안 올라가 있고, 레벨미터도 아래의 한두 눈금만큼 밖에는 움직이지 않는 경우, 그 범인은 이 표준 라인 레벨을 무시한 게인 세팅이다.

SOUND SYSTEM 음향 시스템

이제는 대략적인 표준 라인 레벨의 이해가 되실 것이다. 아직 조금 모르시겠으면 한번 더 읽어 보고, 또 실제로 기기 앞에서 그림의 순서대로 레벨 조정을 해 보도록 하자.

앞 페이지에서 앰프를 꺼 놓으라고 한 것은 그 공간에서 필요한 앰프의 입력을 정하는 단계를 믹서의 작업이 끝난 후에 하게 하려 한 것이다. 때로는 먼저 이 앰프의 입력값을 정할 수도 있다. 대개의 전문가라고 하시는 분들은 눈대중으로 그 공간에서 필요한 입력을 먼저 정하고(이정도는 600와트는 필요하다 ……하는 등의) 시스템을 설치한다. 그리고 앰프의 입력값을 70%정도로 키워 두고 믹서를 만지기 시작 하는데, 이 방법은 입력되는 신호의 크기나 음질에 상관없이 앰프만으로 정해져있는 입력의 소리를 키우기 때문에 음질과 직접적인 관계가 있는 믹서의 기능을 축소시키게 된다.

먼저 앰프의 볼륨을 줄인 후, 믹서의 입력에 좋아하는 음악이 있는 CD나 MP3를 연결하고 음악을 재생한다. 앞 페이지의 방법과 비슷지만, 먼저 앰프의 입력을 정하고 각 채널의 게인을 정하는 순서만 다르겠다. 마스터 볼륨, 입력 채널의 볼륨을 0, 라인레벨에 놓고 믹서의 레벨미터를 보며 입력되는 음악의 크기를 기준레벨(표준 라인 레벨)만큼으로 키운다. 그리고 앰프의 입력 볼륨을 서서히 올리며 필요한 크기(대개 귀에 부담을 주지 않는 정도)만큼 키우면 그 공간 가운데 필요한 앰프의 입력을 정하는 작업이 끝이 난다. 그리고 앞의 방법대로 채널별로의 레벨 작업을 한다.

이 작업에 대한 정확한 이론적인 배경을 잠깐 이야기 해보면, 청중이 들어야 하는 기본 음압을 만들기 위해서 스피커의 음압 출력을 정해야 하는데, 그것은 스피커의 부하와 관련이 있는 앰프의 증폭비에 의해서 정해지게 된다. 앞서 언급한 바와 같이 앰프의 증폭비는 전원을 키면 앰프에 연결되어 있는 스피커의 부하에 의해서 정해지는데, 이 정해진 비율에 실제 어떤 크기만큼의 입력을 앰프에 입력하는가를 정하게 된다는 이야기이다.

예를 들어 400W의 앰프라면 기준입력 1 W를 400배 증폭한 이야기가 되고, 400배 증폭된 전기에너지가 스피커에 전달되어서 스피커가 1 m앞에서 120 dB SPL의 음압을 만들어 낸다면, 그것이 20 m 떨어진 객석에 *85 dB SPL 정도로 들릴 수 있다는 것이다. 이때 앰프의 입력이 1 W 에 훨씬 못미치는 적은 레벨이라면 객석에 들릴 수 있는 음압도 훨씬 적은 레벨이 된다.

정확하게 설명해보면, 사람의 입에서 나오는 평균적 음압을 85dB SPL이라고 볼때, 그 신호가 마이크로 들어가서 필요한 증폭도의 게인값으로 증폭되어 +4dBu의 크기로 출력되어야 한다. 그 후, 그 신호가 앰프에 그대로 입력되어 필요한 출력비에 의해서 청취자들의 귀에 85dB SPL의 크기로 들리게 세팅이 되어야 한다는 것이다. 그렇게 되면 마이크에 입력되는 목소리나 악기의 최대값이 20dB 헤드룸을 가질 수 있고, 또 그 이야기는 청취자의 귀에서 그 정도의 헤드룸을 가지게 되는 시스템이 된다라는 것이다.

*스피커 마다 정확한 값은 다름

SOUND SYSTEM 음향 시스템

4-4 음색 조정

음색은 얼마나 빨리 소리가 움직이냐에 관계된 이야기이다. 국제적으로 1초의 시간을 기준으로 하여 음색을 표시한다. 1초에 얼마 만큼의 빠르기로 진동하는가 하는 것을 Hz(Hertz ; 주파수로 CPS(Cycle per Second)와 같은 말)로 표시 한다. 1 kHz는 1초에 1,000번 진동하는 것을 뜻하고, 736 kHz는 1초에 736,000번 진동한다는 것이다. *가청주파수는 20 Hz 에서 20,000 Hz 라고 알고 있다. 이 말은 사람의 귀에는 1초에 20번에서 20,000번 진동하는 것만 고막이 그 진동을 인지하고 알아 듣는다는 뜻이다. 음향에서 소리라고 부르는 것은 바로 이 대역 안에 해당되는 것만 뜻한다.

*사람에 따라 다르다. 이 값은 주로 어린이에 기준을 둔 값이 된다.

기기의 성능을 나타내는데 주파수 응답(Frequency Response ; 기기에 일정한 크기의 신호를 20 Hz에서 20,000 Hz까지 주파수를 변화시키며 입력하여 각각 그 출력되는 크기의 변화를 그래프로 그리면 하나의 표가 된다)이라는 또 하나의 중요한 용어가 사용된다. 이것은 입력된 소리를 처리해서 출력하는 데에 영향을 주게 된다. 위의 표가 뜻하는 것은 35 Hz에서 70 kHz까지 입력에 따른 기기 자체가 반응하는 음색의 변화가 -3 dB라는 것을 말한다. 이 주파수 특성은 기기가 가지는 하나의 틀이라고 볼 수 있다. 쉽게, 같은 사람의 목소리라도 마이크에 따라 다른 음색의 소리로 출력이 되는 이유가 바로 이것 때문이다. 그런데, 음향의 기본 목적이나 음향 시설의 필요성은 원음 그대로의 증폭을 위한 것이지 어떤 기기의 고정적인 틀에 의해 다르게 변형된 소리를 증폭하는 것은 아니다. 그렇다고 고정적인 틀이 없는 기기를 개발하는 것은 아예 불가능하다. 이러한 이유로 이 고정적인 틀에 의해서 변화된 소리 신호를 원래의 모습과 같게, 최대한 가깝게 해주기 위해 쓰이는 것이 이퀄라이저(Equalizer ; 같게 해주는 것. EQ로 줄여서 표기하기도 한다)이다. 흔히 음색의 조정만을 그 기본 기능으로 이해 하는 경우가 많은데 이것은 이퀄라이저의 두번째 기능이다. 음색을 조정하는 것은 보다 더 좋은 음질의 소리를 위해 필요한 작업이다.

앞에서 다룬 소리의 크기에 관한 것과는 달리 이 소리의 색깔에 관한 것은 조금 더 어렵다. 그 조정이나 사용이 조작자 자신의 주관적인 사용이 되기가 쉽고, 어디부터 손을 대야 할지 모르는 경우도 많고, 또 그 기준을 어떻게 잡아야 할지가 어렵기 때문이다.

일단, 다음 페이지의 표를 보겠다. 가장 왼쪽이 저음이고 오른쪽은 고음이다. 1초에 20번 떨리는 음부터 20,000번 떨리는 음까지 5개의 부분으로 나누었고, 그 아래에 힘, 몸, 뼈 등으로 그 대역대가 차지하는 전체 음색에서의 비중을

```
    20 Hz      100 Hz       500 Hz        1 kHz              8 kHz        20 kHz
      저음        중저음        중음          중고음           고음
    힘, 깊이     몸, 풍부함      뼈          살, 현실감        선명도
```

| 파이프 오르간 (18 Hz ~ 8,000 Hz) |
| 피아노 (27.5 Hz ~ 4,186 Hz) |
| 플루트 (261 Hz ~ 2,093 Hz) |
| 소프라노 (261 Hz ~ 1,174 Hz) |
| 베이스 (82.41 Hz ~ 329 Hz) |

표시했다. 이 설명은 뒤에 음색을 조정하는 법을 배울 때 한 번 더 설명된다. 그 아래에는 소리의 범위에 대한 이해를 돕기 위해 파이프 오르간, 피아노, 플루트, 소프라노, 베이스의 대역을 표시했다. 한가지 중요한 점은 이 대역은 해당 악기와 사람의 소리가 내는 순수한 소리만을 표시한 것이라는 점이다. 이 소리외에 배음이라는 고음에서의 소리가 더해져 각 악기의 음색이 만들어 진다. 즉 음색의 조정에는 원음의 소리 외에 이 배음에 해당하는 고음부분의 조정도 고려해야 한다.

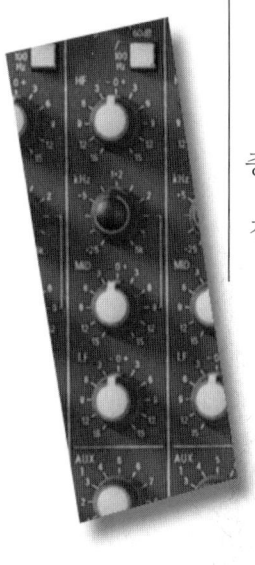

옆 그림은 대개의 믹서에 달려있는 일반적인 이퀄라이저의 모습이다. 고음/중음/저음의 3밴드(대역)으로 이루어진 이 이퀄라이저에는 고음과 저음은 고정된 주파수를 가지고 그 이상(고음)과 그 이하(저음)의 양을 키우거나 줄일 수

있는 쉘빙 이퀄라이저와 가변 할 수 있는 주파수 대역과 그 레벨을 가지는 파라메트릭 이퀄라이저의 중음부분으로 구성되어 있다.

오른쪽 그림은 이퀄라이저의 실제 사용범위를 나타낸 그림이다. 고/중/저음 순서이며 각각의 그래프는 고음/중음/저음의 레벨이 키워지거나 줄여질 수 있는 범위이다. 고음(HI)과 저음(LOW)의 주파수는 정해져 있다. 고음과 저음과는 다르게 중음은 그 음색의 범위를 가변 해가면서 원하는 주파수 대역을 선택할 수 있다. 고정된 주파수와 가변 되는 주파수 범위를 가진다는 것은 많은 차이가 있다. 중음의 파라메트릭 이퀄라이저는 원하는 대역의 음만 키우거나 원하지 않는 대역의 음을 줄일 수 있게 해준다. 위 이퀄라이저의 중음에서 위에 있는 볼륨은 가감이 가능한 주파수 대역이고 아래의 볼륨은 −15와 +15는 각각 15 dB씩 가감을 위한 볼륨이다. 디지털 콘솔은 고역과 저역도 가변 할 수 있다.

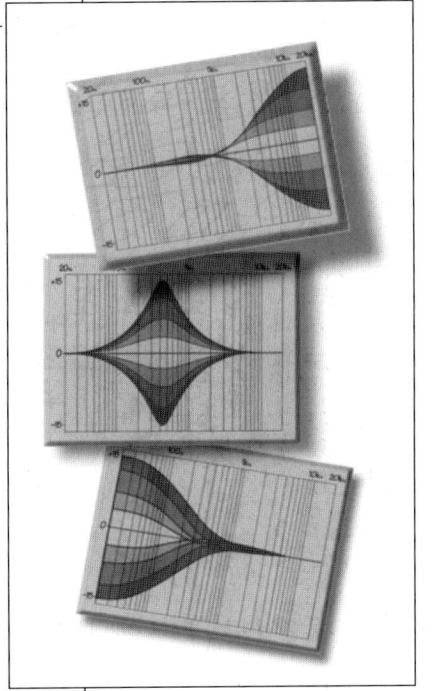

이퀄라이저의 사용법은 따로 정해져 있지는 않지만, 대개의 경우 중음/저음/고음의 순서로 조정한다. 앞에서 말한 뼈/몸/살의 순서가 되겠다. 먼저 중음의 레벨을 최대(+15 dB)로 키운 다음 주파수 레벨을 가장 저음에서 고음까지 몇 번을 반복해서 서서히 움직이면서 입력되는 음색을 들어 본다. 꼭 사이렌

SOUND SYSTEM 음향 시스템

소리를 듣는 것처럼 소리가 변하게 된다. 레벨을 키우는 경우는 좋은 소리를 골라내는 것을 뜻한다. 반대로 레벨을 줄이고 주파수를 고르는 경우는 원하지 않는 소리를 줄여 버리는 것이 되겠다.

원하는 소리, 혹은 원하지 않는 소리를 잡았으면 주파수 레벨은 그대로 두고 레벨을 서서히 줄여가며 적합한 양을 선택한다. 원하는 소리의 양을 선택하는 것은 곧 귀에 안 거슬리는, 좋은 소리를 선택하는 것을 말한다. 반대로 원하지 않는 소리는 귀에 거슬리는 소리가 되겠다. 중음이 끝난 후에는 뼈에 몸을 입히는 것처럼 저음의 레벨을 조정해가면서 중음에 균형이 맞는 양의 레벨을 정한다. 비만형의 소리가 되지 않는 것이 좋다. 그후 고음의 레벨을 조정하여 소리를 선명하게 한다.

이퀄라이저의 조정에 우선되어야 할 것은 원음과 같게, 아니면 최대한 원음에 가깝게 만들어 주어야 이퀄라이저의 첫 번째 개념에 맞는 조정이 된다. 이것은 이퀄라이저의 각 레벨을 0의 상태(대개 중앙)에 두거나, 이퀄라이저의 On/Off 스위치가 있는 경우 Off로 한 상태와 On(조정해 놓은)으로 한 상태를 비교하면, 그리고 원음을 직접 앞에서 귀로 들을 때를 비교해 보면 알 수 있다.

4-5 믹서의 기타 기능들

믹서의 각 채널에는 억스(Aux;보조의 의미)라고 채널로 입력된 신호를 마스터 출력으로의 신호 전달과 다른 용도의 출력을 위한 볼륨이 2개 이상 달려 있다. 이것은 또 하나의 믹서 기능으로 각각의 채널로 입력된 신호들을 모니터(설교자, 연주자 등 무대위의 사람을 위한 용도의 출력)나 이펙터(효과기기) 기기에 연결하는 기능을 한다. 기본 출력 이외의 별도 출력 통로가 되는 것이다. 믹싱되는 발란스도 왼쪽/오른쪽의 마스터 출력과는 다른 발란스를 가질 수 있다. (대중화된 디지털믹서도 기본적으로 같은 기능을 가진다)

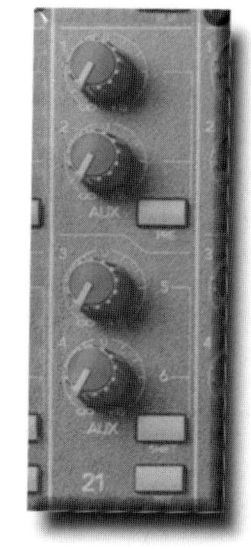

이 억스 출력은 대개 두 가지 통로로 입력 채널에서 뽑아진다. 페이더를 기준으로 페이더 앞(Pre-Fader)/페이더 뒤(Post-Fader)의 두 군데에서 따로 나올 수 있는데, 모니터에 연결되는 경우에는 페이더와 독립되게 페이더의 앞 단에서 신호를 뽑고, 이펙터는 페이더 뒷 단에서 신호를 뽑아 볼륨이 줄어지면 이펙터의 양도 줄어지게 한다. 대부분의 기기에는 Monitor/Effector라는 이름으로 혹은 Pre/Post 라는 말로 이 구분을 표시하기도 한다. 조금은 고급 기능이라고 생각할 수 있지만 억스를 잘 이용하면 여러가지 좋은 결과를 얻을 수 있다.

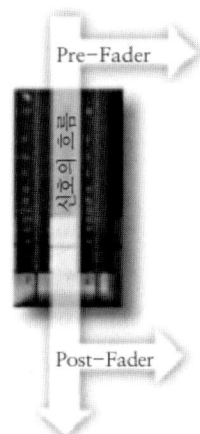

억스 출력에 녹음기(CD나 컴퓨터)를 연결하여 스피커로 나오는 소리와는

SOUND SYSTEM 음향 시스템

다른 믹스된 소리를 얻을 수도 있다. 특히 객석에 설치한 마이크를 메인 출력으로는 보내지 않고(프리 믹스를 사용하고, 채널의 페이더는 아래로 내려놓으면 되겠다), 녹음기로만 소리를 보낼 수 있어서 목사님의 설교에 반응하는 교인의 소리를 같이 녹음 할 수 있겠다. 또는 이펙터를 연결하여 리버브와 같은 공간성을 더해주는 기기를 연결하여 사용할 수 있다.

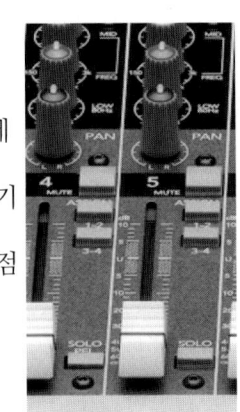

채널마다 보면 솔로(Solo)스위치와 뮤트(Mute)스위치가 있는데 이것은 각각 해당 채널 만을 들어 보거나, 입력 신호를 자르는 기능을 한다. 채널마다 입력된 신호를 한 번의 스위치 조작으로 점검할 수 있는 기능이 솔로 스위치가 가지는 의미이다.

믹서는 상당히 다양한 크기와 종류를 가진다. 그렇지만, 지금까지 알아본 내용을 기본으로 해당 기기의 설명서와 신호 흐름을 따라가 본다면 왠만한 기능은 충분히 쉽게 이해할 수 있다. 이미 대중화된 디지털 믹서도 아나로그 믹서의 기본적 기능을 같이 가진다. 거기에 마치 사진으로 찍은 것과 같이 세팅 자체를 메모리해서 다시 불러올 수 있는 기능, 그리고 그것을 장면(Scene)화해서 정해진 신 번호로 활용할 수 있게도 된다.

신 메모리 기능은 안그래도 복잡하고 서로 다른 세팅을 가지는 교회의 여러 예배에 아주 중요하게 쓰여지는 기능이다. 예배 간의 실제 시간이 30분 내외인 상황에서 여러가지 다른 세팅을 미리 프로그래밍된 대로 불러서 적용할 수 있게 된다. 특히 한국 교회처럼 거의 정해져있는 순서를 가지는 경우에는 필수 기능이다.

4-6 앰프와 스피커

앰프와 스피커에 관해서 사용자가 할 수 있는 범위는 알맞은 출력의 기기를 선택하여 바르게 접속하는 법과 적절한 위치를 선택하여 설치한다는 정도로만 이해하도록 하자.

먼저 옴(Ohm)의 법칙을 알아보겠다. 너무 전문적이라 생각하지 마시고 일단 이해하도록 하시기 바란다. 중학교 물상에서도 나왔던 공식이다.

$$V = I * R \quad R = V / I \quad I = V / R$$

(V는 전압, I는 전류, 그리고 R은 저항이다.)

전압은 전자의 흐름인 전류를 가지는 압력이다. 그리고 저항(Ω)은 그 전류를 못 가게 막는 벽의 역할을 한다. 즉 저항이 클수록 전류는 흐르지 못하고 저항이 작을 으수록 전류는 잘 흐르게 된다.(저항과 전류는 반비례 관계이다) 전압이라는 압력은 하나의 루프(Loop)로 연결된 회로에서만 전류로 전달되고 그 회로에 달린 어떠한 장치를 움직일 수 있게 한다. 여기서 이 장치를 부하(負荷, Load)라고 부르고 이 부하에 의해 전류의 흐름을 방해하는 저항값을 임피던스(Impedance, Z로 표시)라고 부른다.

SOUND SYSTEM 음향 시스템

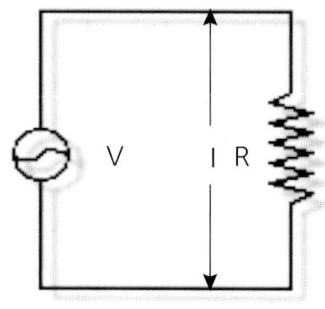

옆 그림은 간단한 교류회로이다. 여기서 저항 R을 임피던스 Z로 볼 수 있겠다. 하지만 둘은 정확하게는 비슷하면서도 다른 용어이다. 쉽게 말하면 저항은 어떤 하나의 부품에서 직류 전류를 얼마나 못 흐르게 하는가를 표시하는 것이고, 임피던스는 기기의 접속에 있어 연결되게 될 하나, 또는 그 이상의 교류 전류를 가지는 회로가 가지는 저항값을 말한다.

출력은 하나의 일이다. 물상에서 배웠던 와트(W)가 여기에서 또 나오게 된다. 여기에서 일은 전압과 전류에 의해 연결된 부하가 행하게 되는 일을 의미 한다. 100 W 백열등이나 800 W 전기 히터등의 기기에서 이 W의 의미가 바로 백열등과 히터 같은 부하가 그만큼의 일을 공급되는 전압과 전류에 의해서 할 수 있다는 의미이다.

앰프는 공급되는 전압과 전류에 의해 입력된 신호를 정해지는 비율로 증폭해서 출력하는 역할을 한다. 그러나 이 출력은 앰프에 연결되는 스피커라는 **출력장치(부하)**에 의해 출력 되게 되므로 이 앰프와 스피커의 임피던스를 매칭(Matching)하는 일이 기기의 선택와 설치에서 아주 중요한 요소가 된다.

조금 더 개념적인 이야기를 해 보면, 400W/8Ω의 출력을 가진 앰프는 접속되는 임피던스가 8Ω인 스피커에 의해 400W의 일을 할 수 있다는 이야기로 말할 수 있다. 즉, 임피던스가 달라지면 그 출력도 변할 수 있다는 이야기이고 부하에 따라서 다르게 표현될 수 있는 출력을 가진다는 이야기 이다. 이 이야기는 400W 앰프의 출력은 400W로 고정되어 있다는 고정관념이 깨어져야 한다는 이야기이기도 하다.

부하에 의해 출력은 변한다. 부하가 작을 수록(임피던스가 작을 수록) 출력은 커진다. 400W/8Ω의 앰프에 연결된 4Ω의 스피커는 거의 √2배(1.414배) 커진다. 아래와 같은 대부분의 앰프의 사양을 보면 이 임피던스값의 변화에 따른 출력값을 기록해 놓고 있다.

여기서 스피커의 출력에 대해 잠깐 알아보면 흔히 400W짜리 스피커라고 말할 때 먼저 평균 출력이 400W인지, 최대 출력이 400W인지를 알아보셔야 한다. 이 출력은 그 스피커에 입력되는 에너지를 얼마큼의 일(Watt)로, 또는 얼마까지의 일을 소리로 변환해 줄 수 있냐를 나타내는 표현이다. 즉, 할 수 있는 범위보다 큰 일을 안겨 주면 망가지겠다.

하나의 앰프에 둘 이상의 스피커를 접속한 경우 앰프에 연결되는 전체 임피던스가 변하므로 이 전체 임피던스를 계산해서 그 출력에 맞는 앰프를 선택해야 한다. 거의 대부분의 경우가 무조건 스피커에 선만 연결하여 증설하는데 이것은 앰프와 스피커에 무리를 주는 것이므로 다음과 같은 계산에 의해서 연결해야 한다.

임피던스는 저항과 같기 때문에 그 연결 방법에 따라 다른 값을 가진다. 즉 다른 출력을 가지게 된다.

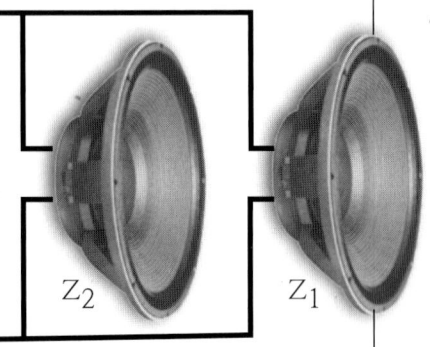

옆의 그림은 가장 보편적일 일반 55 커넥터나 스피콘으로 연결되는 병렬 연결이다. 스피커 두개 다 8Ω의 임피던스를 가진다고 정할 때 앰프에 연결될 전체 부하의 임피던스는

$$Z = (Z_1 * Z_2) / (Z_1 + Z_2)$$

라는 저항의 병렬 계산에 의해

$$Z = (8 * 8) / (8 + 8) = 4$$

4Ω이 앰프에 연결되는 총 부하의 임피던스가 된다. 이 경우 앰프 출력이 8Ω의 임피던스에 400W라면 임피던스가 4Ω으로 줄었기 때문에 그 출력은 대략 600 W가 된다. 앰프의 출력이 4Ω의 임피던스에 400W라면 400W의 출

력이 나오게 되겠다.

위의 그림과 같은 직렬 연결의 경우로 전체 부하의 임피던스는 다음의 공식에 의해 계산된다.

$$Z = Z_1 + Z_2$$

즉, $Z = 8 + 8 = 16$

16Ω이 앰프에 연결되는 총 부하의 임피던스가 된다. 앞의 경우처럼 8Ω의 임피던스에 400W 출력되는 앰프를 연결한다면 스피커에서 나오게 될 전체 출력은 300W 정도만 출력된다. 부하(저항/임피던스)가 커지면 커질수록 그만큼 일하기가 어려워지는 것이다.

몇 가지 상황을 예로 들어 보겠다.

SOUND SYSTEM 음향 시스템

1. 400W/8Ω의 앰프에 400W/8Ω의 스피커를 연결한 경우.

    아무 문제 없다.

2. 400W/8Ω의 앰프에 400W/8Ω의 스피커를 두개 병렬 연결한 경우.

    총 부하가 4 W이 되면서 앰프의 출력은 600 W가 된다.

    스피커 하나가 400W까지 출력 되니까 별 문제 없다.

3. 400W/8Ω의 앰프에 400W/8Ω의 스피커를 두개 직렬 연결한 경우.

    총 부하가 16 Ω 되면서 앰프의 출력은 240 W으로.

4. 400W/4Ω의 앰프에 400W/8Ω의 스피커를 두개 병렬 연결한 경우.

    총 부하가 4 Ω 이 되면서 앰프의 출력은 400W, 800W가

    소화될 수 있는 스피커에 400W만큼만 주게된다.

5. 400W/8Ω의 앰프에 400W/4Ω의 스피커를 두개 직렬 연결한 경우.

    총 부하가 8 Ω 이 되면서 앰프의 출력 400W, 800W가

    소화될 수 있는 스피커에 400W만큼만 주게된다.

실제 상황 가운데 제일 빈번하게 나오는 문제가 이 임피던스와 앰프의 출력에 따른 매칭에 대한 문제이다. 앰프의 출력은 부하에 따라 변한다는 것을 꼭 기억하시기 바란다. 사실, 직렬로만 연결한 시스템의 경우는 거의 찾아보기 힘들다. 단지 많은 스피커를 하나의 앰프에 연결해야 하는 경우(주로 컬럼형이나 천정에 다는 것 같은, 이 경우 70 V앰프라고도 불리는 시스템을 사용한다)를 포함한 거의 모든 경우는 병렬이다. 앞에 적은 출력과 실제 출력은 기기마다 조금씩 다를 수 있다. 자세한 내용은 앰프의 사양을 확인하시기 바란다.

한가지 쉬운 계산법을 알려드린다면, 8Ω짜리 스피커를 여러 개 병렬로 연결할 경우 총 부하는 8을 스피커의 수 만큼으로 나누면 된다. 예를 들어 두 개면 4Ω, 3개면 8 나누기 3은 2.67Ω······ 그러나 총 부하가 2Ω이하인 연결은 앰프의 과부하를 만들게 되니 삼가해야 한다. 그래서 사용되는 방법이 앞서 말한 직병렬이다.

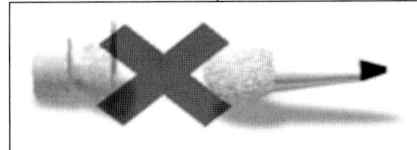

4-7 피드백

다음으로 하울링이라고 불리는 피드백(Feedback)에 대해 알아보겠다. 이 피드백은 출력의 일부분 혹은 전부가 다시 입력되는 것을 말한다. 이 피드백은

마이크에 입력되는 소리가 믹서, 앰프를 거쳐 스피커에 의해서 키워진 후 다시 그 마이크로 입력될 때, 이 재입력되는 소리의 크기가 처음 입력되는(시간차이는 거의 없다고 봐도 된다) 소리의 크기보다 커질 때부터 피드백이 생기게 된다.

이 피드백을 줄이는 방법을 알아보면, 먼저 스피커의 위치를 마이크의 위치와 정반대 쪽으로 향하게 한다. 스피커의 앞쪽과 마이크의 앞쪽은 상극이라고 보면 편한다. 스피커가 놓인 위치에서 최소 1.5 m뒤에 제일 앞에 위치할 마이크를 두는 것이 좋다. 주어진 상황에서 발생하는 피드백을 줄인다는 것은 그 상황에서 가능한 최대의 출력을 얻는 것과 같은 의미이기 때문에 최대의 출력을 얻는 것이 중요한 음향기기의 효율적인 사용에는 필연적인 피드백의 조정이 필요하게 된다. 앞에서 다룬 사항 가운데 한 가지 중요한 사실이 있는데, 입력되는 레벨을 최대로 한다면 그만큼 피드백을 줄이고 최대의 출력을 얻게 된다는 것이 그것이다. 마이크를 가능한 가까이 사용하는 것이 좋은 방법이 되겠다.

앞에서 다룬 레벨에 관한 것도 이 피드백을 줄일 수 있는 좋은 방법이다. 게인의 정확한 조작에 의한 레벨 세팅은 그만큼 볼륨을 만지는 데에 대한 게인의 변화폭이 작다. 즉 게인의 변화 폭이 클, 다시 말하면 일반적으로 게인을 키우고 볼륨으로 조작하는 방법의 경우, 작은 볼륨의 변화에도 게인의 변화폭은 커지기 때문에 그만큼 레벨의 변화가 심하게 된다. 즉 피드백에 더 민감하게 되는 것이다.

스피커에서 나오는 출력은 공간의 구조적인 영향에 의해 그 레벨이 더해진다. 고음이 저음에 비해 크게 출력된 소리라도 공간이 체육관이라면 울림에 의해 저음이 크게 되겠고, 목욕탕 같은 곳이라면 고음이 더 커지겠다. 다시 말하면, 스피커에서 출력되는 소리가 공간성에 의해 변형 되어져 다른 음색의 소리로 사람의 귀에 들리게 된다는 것이다. 이것은 믹서에서 조정해 놓은 음색이 귀에 들리는 소리와 같은 음색은 아니라는 것이기도 하다. 기기 가운데 그래픽 이퀄라이저라는 음색 조정에 관한 기기가 있는데, 이 기기는 가청 주파수 대역을 31개 혹은 그 이하의 숫자로 나누어 각각의 레벨을 조절할 수 있게 한 기기이다. 이 기기를 이용하여 피드백이 걸리는 특정한 음역대의 레벨을 줄임으로서 피드백을 조절할 수 있는 방법이 있다.

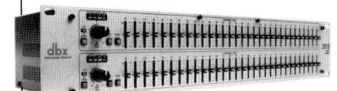

전문적으로는 핑크노이즈(Pink Noise ; 저음에서 고음까지 전체 주파수 대역에 같은 크기를 갖는 잡음이다)를 믹서에 입력하여 앰프/스피커로 나온 소리를 RTA (Real Time Analyzer ; 입력되는 신호를 주파수 대역대로 분석하여 그 레벨을 표시해

SOUND SYSTEM 음향 시스템

주는 기기이다. 가정용 고급 오디오에 달려있는 스펙트럼 아날라이저와 같은 기기이다)를 통해 분석해 보면 전체적으로 레벨이 같아야 하는 핑크노이즈의 레벨이 공간에 의해서(기기 그 자체의 주파수 특성도 이유가 된다) 그 레벨이 변하게 되는데 이 변해진 레벨을 그래픽 이퀄라이저를 이용하여 똑같은 레벨로 만들면 그 공간과 음향 시스템은 피드백과 음색의 조정이 완전히 끝나게 된다. 이 방법은 다소 전문적인 기기와 기술이 사용되므로 생략한다.

기술의 발달로 이 피드백에 관한 제어기까지 나온지 오래되었다. 앞에서 잠깐 언급했던 이 기기는 기기 내의 정해진 수 만큼의 필터가 대기하고 있다가 피드백이 발생하면 그 정확한 주파수를 자동으로 인식하여 커지는 만큼 자기가 스스로 줄여 피드백을 제어하게 되는 원리로 만들어졌다.

옆 그림은 단종되었지만, 보급형이었던 SM-820이라는 기기로 8개의 필터가 피드백을 제어하게 된다. 미리 정해놓는 필터와 운용중 발생하는 피드백을 위한 필터의 수를 정해 놓을 수가 있고 고정된 장소에서의 사용에는 일단 한번 정해놓은 세팅이 전원을 꺼도 기억이 되므로 한번 설치한 것으로 반영구적인 사용이 가능하다.

4-8 마이크로폰

마이크에 대해서는 너무도 많은 이야기가 있다. 누군가가 A라는 마이크를 써보니 아주 소리가 좋았다고 하면 모두들 그 마이크를 구입해서 사용하기도 한다. 하지만 실제로 사용해보면 그 성능이 그저 그렇거나 전에 썼던 사람에게서 들었던 소리와는 전혀 다른 소리일 경우가 많다. 혹은 상가에서 테스트할 때는 좋았던 소리가 교회에서 실제로 써보니 하울링만 나오거나 잡음이 많은 경우가 흔히 있다.

대개의 교회에서 사용되는 마이크는 몇 가지로 정해져 있다. 강단에서 쓰일 마이크, 성가대를 위한 마이크, 피아노 같은 악기를 위한 마이크, 그리고 특별한 경우(성찬식과 같은 경우)에 쓰일 수 있는 핀 마이크라고 흔히 불리는 라발리어(Lavalier), 그리고 최근 많이 쓰이는 옆 그림과 같은 헤드원(Headworn) 마이크 정도가 쓰인다.

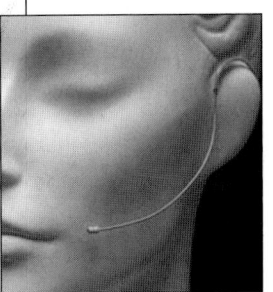

소리(Sound)를 소리 신호(Audio Signal)라고 불리는 소량의 전기로 바꿔주는 변환 장치가 이 마이크로폰(Microphone)이다. 조금 더 어렵게 말한다면, 한 종류의 에너지를 다른 종류의 에너지로 바꿔주는 에너지 변환기(Energy

Transducer)의 한 가지라고 할 수 있다. 전기를 불빛으로 바꾸는 전등이나 열로 바꾸는 전기히터 같은 것이 전부 에너지 변환기의 한 종류이겠다.

마이크는 구조에 따라 다이나믹(Dynamic), 컨덴서(Condenser), 리본(Ribbon), 크리스탈(Crystal)의 네 가지 종류로 구분하고, 또 지향성의 특성에 따라 단일지향성(Cardioid), 무지향성(Omni-directional), 양지향성(Bi-directional)과 몇가지의 특수한 지향성으로 구분한다. 각각의 마이크에는 그 표면에 그 구조와 지향성, 그리고 제조회사에 대한 표시가 되어 있다. 즉, 같은 마이크라도 사용될 대상에 따라 구별되어 사용되어야 한다는 것이다.

다이나믹 마이크는 일반적으로 건전지를 사용하지 않는 대부분의 마이크이다. 저렴한 가격대와 폭넓은 다이나믹 레인지의 장점을 가진다. 컨덴서 마이크는 건전지와 같은 전원을 필요로 한다. 다이나믹 마이크보다는 그 흡음력이 강하고, 넓은 다이나믹 레인지를 가진다. 흡음력이 강하다는 점에서 다이나믹 마이크보다 컨덴서 마이크가 더 피드백을 많이 일으킬 수 있다는 이야기도 된다. 하지만 섬세한 감도와 높은 흡음력, 넓은 다이나믹 레인지의 장점을 이유로 주로 악기나 성가대 등의 녹음에 많이 사용한다. 리본 마이크는 다이나믹과 비슷한다. 단지 진동판을 다이나믹과는 다르게 리본처럼 만들어진 금속 재료를 쓴다고 보면 된다.

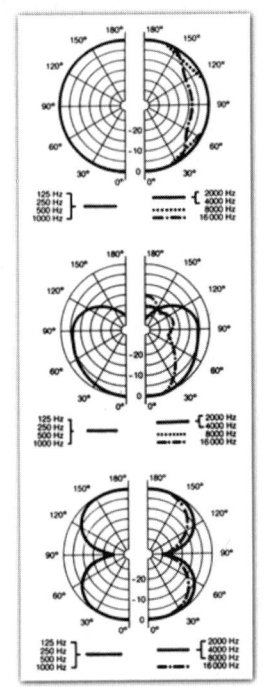

 지향성은 마이크가 흡음할 수 있는 범위를 말한다. 옆 그림은 무지향성, 단일 지향성, 양지향성의 세가지 지향성 그래프이다. 각각의 $0°$ 쪽이 마이크 머리 방향이다. 원의 중앙이 마이크가 놓여져야 할 위치이고 두꺼운 선은 흡음되는 범위이다. 이름과 그래프를 보면 그 특성을 금방 알 수 있겠다.

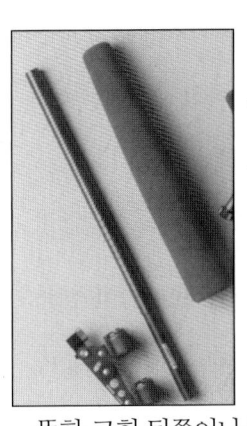

 단일 지향성에서 변형된 지향성 가운데 수퍼, 하이퍼, 울트라 단일 지향성등이 있는데 방송용으로 쓰이는 왼쪽과 같은 길다란 마이크가 바로 울트라 단일 지향성 마이크이다. 이 마이크는 지향성의 범위가 마이크가 가리키는 쪽의 소리만을 흡수하게끔 제작된 마이크이다. 더러 이 마이크를 성가대에 설치해 놓은 교회가 많은데 그 방향이 엉뚱한 교회 뒷쪽이나 벽을 향하는 경우가 있다.

 일반적으로 쓰이는 대부분의 마이크는 단일지향성이다. 즉 마이크 머리 방향에서의 소리가 집중적으로 흡음되는 방식이다. 그런데 한가지 주의해야 할 경우는 이 단일 지향성은 무지향성 마이크를 변형한 것이기 때문에 그

SOUND SYSTEM 음향 시스템

구조가 뒷쪽의 소리(화살표 참조)가 마이크 내부로 입력되어야 단일 지향성을 유지 할 수 있다. 가끔 마이크의 머리 부분을 거머쥐고 사용하는 경우 피드백이 생기기도 하는데 이것이 바로 지향성이 단일지향성에서 무지향성으로 변해 마이크 뒤쪽의 소리, 앞서 말한 마이크와 스피커의 정반대 위치라는 기본이 깨어지게 되어 피드백이 나게 되는 것이다.

무조건 컨덴서 마이크가 좋다고 말하시는 분이나 또는 무조건 비싼 마이크를 써야 좋은 소리가 나온다고 하시는 분들이 많다. 마이크는 다만 입력되는 소리를 소리 신호로 바꾸어 주는 장치이다. 좋은 음향 시스템을 통해 들려질 좋은 소리라는 것을 100으로 볼때 가장 클 80정도는 원음이 좋아야 한다는 것이다. 그리고 나머지 20이 마이크, 믹서, 앰프, 스피커 등의 퀄리티에 의해 좋아질 것이다. 또 이 이야기는 같은 마이크와 시스템이라도 사용자, 정확히 말하면 입력될 소리에 따라 다른 결과가 당연히 나온다는 것이다.

참고로 옆그림은 미국 백악관 전용 마이크로 지난 30년 이상 쓰이고 있는 SM57을 사용중인 미국 대통령의 사진이다. 이 SM57은 주로 악기용으로 가장 많이 쓰이는 마이크이다. 급할 경우 전문 녹음실에서 망치 대용으로도 사용하는 마이크가 바로 이 SM57이다. 필자가 무슨 이야기를 하려고 하는지 이미 눈치채셨을 것같다. 백악관에서 예산이 부족해서 이 마이크를 사용하고 계신 것은 아닐 것이다. 어떻게 쓰냐가 더 중요하다고 생각한다.

앞서 컨덴서 마이크가 더 좋다라고 하시는 분의 생각 가운데는 흡음도 또는 감도를 두고 말씀하시는 경우가 많다. 이 흡음도와 감도는 입력된 기준값에 대한 그 출력의 크기를 말한다. 물론 같은 크기로 입력되는 소리에 대한 출력의 크기가 크면 클수록 작은 것보다야 좋지만 마이크의 출력은 전체 시스템에서의 크기에서 보면 그다지 큰 비중을 차지하지 못한다. 그 이유는 앞에서 배웠던 게인의 기능이 서로 다른 출력을 지닌 입력 신호들을 정해져있는 라인 레벨 만큼으로 키워 주는 기능이기에 작은 출력을 지닌 마이크나 큰 출력을 지닌 마이크나 시스템 전체로 보면 그다지 큰 차이가 없기 때문이다.

마이크의 바른 위치 설정은 지향성과 또 음원과의 거리가 고려 되어야 한다. 앞서 말한 피드백도 이 설치 장소가 중요한 변수로 작용한다. 가장 효율적인 방법은 음원(입)과의 거리를 최대한 좁히는 것이다. 정해진 공간에서 그 공간

에 사용될 수 있는 볼륨은 거의 고정되어 있다. 이 고정되는 요건들 가운데 가장 큰 것이 피드백이다. 쉽게 말하면, 피드백이 생기는 볼륨이 그 공간에서의 최대 볼륨이다. 즉, 이 피드백을 제어하면 할 수록 최대 볼륨은 늘어나게 된다. 피드백은 주파수 대역 별로 다르게 나타난다. 그 공간에 따라 발생하는 주파수대역의 순서도 다르고 또 그 크기도 다르다. 앞서 게인을 배울때 다루었던 정확한 게인 세팅도 이 피드백을 줄일 수 있는 가장 빠른 방법이 될 수 있다.

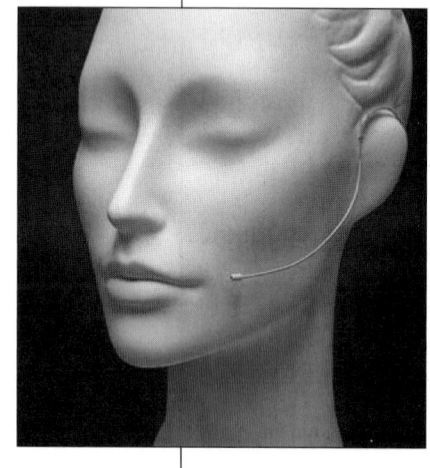

마이크와 음원의 거리를 좁히는 방법 중 요즘 많이 사용되는 방법이 옆 그림과 같이 머리에 쓰는 형태(Headworn 타입이라고 한다)의 마이크이다. 특히 무선 마이크 시스템과의 결합으로 강단과 양손의 자유로움을 설교자에게 주기도 한다. 특히 고개를 숙이거나 돌리거나 언제든지 입과의 일정한 거리를 유지하기 때문에 실제로 상당히 유용한 마이크로 많은 교회에서 사용되고 있다.

가장 많이 사용하는 강단 마이크의 경우, 한 가지 좋은 팁은 오른쪽 페이지의 그림과 같은 모양으로 마이크를 설치하는 것이다. 실제 목소리는 화살표의 방향으로 전달된다. 이때 그림과 같이 마이크의 진동판 방향을 소리의 전달 방향에 비껴서 설치해 놓으면, 목소리와 같이 나오는 바람소리를 최소로 할 수 있다. 그러면 팝핑(Poping)이라고 하는 프나후와 같은 바람의 양이 많은 소리에서 나오는 저음대의 불필요한 소리를 줄일 수 있다. 이것은 물론 믹서에서 저역차단 필터와 마이크 스크린을 통해서도 줄겠지만, 원천적인 해결책의 하나가 될 수 있는 팁이다. 마이크에 그어져 있는 선은 실제 진동판의 면을 나타낸다.

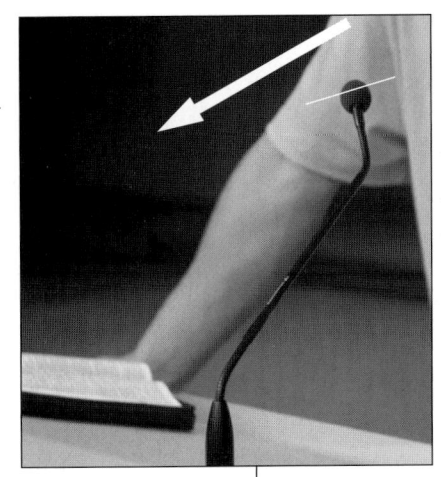

4-9 스피커 시스템

어느새 라인어레이, 포인트 소스, 지향각, 콤필터링 등의 전문용어를 전혀 거부감 없이 사용하시는 교회의 목사님과 관계자들을 쉽게 발견한다. 당연히 그 실제적인 의미를 아시고 사용하시는 분들이 많다고 생각되지만, 정작 각각의 정확한 의미를 알고 계신 분들은 많지 않은 것같다. 또는, 실제 목적과 다르게 무조건적으로 특정 회사 제품이어야 한다고 말씀하시는 분들도 많이 본다.

스피커 시스템은 스피커 한 통으로 소화할 수 있는 공간이 아닌 곳에서 음향 보강의 목적에 맞게 여러 개의 스피커로 이루어지는 시스템을 의미한다. 클러스터(Cluster), 어레이(Array)등의 용어로 묶음을 이야기한다.

각각의 스피커 메이커는 체급으로도 불릴 수 있을 만큼, 서로 다른 공간을 위한 다양한 스피커 시스템을 만들어 낸다. 특히 라인어레이와 같은 개념하에서는 그냥 같은 스피커를 걸었다고 같은 사운드가 나올 것이라고 쉽게 생각해서는 안된다. 생각 이상의 복잡한 조정과 연결의 작업을 거쳐야 한다.

모든 음향 시스템은 최적화의 과정을 거쳐야만 한다. 그냥 플러그만 꼽아서 완전한 소리를 내주는 것은 없다. 또 이 이야기는 같은 시스템이라도 그 최적화에 따라 완전히 다른 결과가 나올 수 있다는 이야기도 된다. 같은 원단의 재료를 써도 양복점에 따라 다른 옷이 나올 수 있다는 이야기로 이해될 수 있겠다. 이 최적화의 과정은 튜닝이라고 하기도 한다. 스피커에서 나온 소리에 공간의 특성이 더해져서 만들어진 소리를 원래 목적하는 소리로 바꾸어주는 작업이다. 그림을 그리기 위한 도화지를 먼저 하얗게 만들어주는 과정으로도 설명된다. 하나씩 알아보겠다.

라인어레이

라인어레이(Line Array System)는 선 음원(Linear Sound Source)으로도 불리는 시스템을 말한다. 이 개념은 별안간에 발명된 개념은 아니다. 이미 50년대 이전부터 있었던 개념을 1990년대 중반, 프랑스 회사인 L-Acoustics에서 대형 음향 시스템에 성공적으로 도입하면서 이전의 분산 방식이나 클러스터 방식에서 느껴왔던 한계를 뛰어넘는 새로운 대안으로 떠오른 방식이다.

원래 소리는 점 음원(Point Sourd Source)의 형태로 하나의 점에서 시작되어 위/아래/앞/뒤/좌/우 전체 3차원 입체 공간으로 전달 된다. 두 손을 모아서 이야기를 하기 시작하면, 소리의 방향이 생기기 시작한다. 전달되는 에너지가 방향성을 가지게 되는 것이다. 실제 모든 스피커는 이 원리를 가지고 만들어진다. 즉, 소리 에너지의 방향성, 또는 소리의 전달 모양을 어느 정도 바꿀 수 있다. 어느 정도라고 하는 것은 그 방향성이 고음 쪽에만 정해지기 때문이다. 저음의 경우에는 일반적으로 그 방향성이 없다. 물론, 몇몇 회사가 방향성을 가지고 있는 서브 우퍼(저음부)를 만들기도 한다.

특히 여러 개의 스피커를 쌓아놓을 경우, 일정 거리 이상에서는 각각 스피커의 소리가 모여서 하나의 스피커와 같은 역할을 하게 된다. 최소 3-4개 이상

SOUND SYSTEM 음향 시스템

의 점음원을 모아서 만들어진 선 음원이 라인어레이의 기본 원리이다. 물론 그렇다고 무조건 스피커를 쌓아 놓으면 라인어레이가 되는 것은 아니다. 그것은 같은 소리가 두개의 스피커에서 나오게 되면 각각의 소리가 서로 영향을 받아 변하는 경우가 있다. 이것을 콤필터링 효과(Comb Filtering)라고 한다. 좀 더 깊은 내용은 관련서적을 참조하시기 바란다.

라인 어레이가 만들어진 기본적인 이유는 좀 더 넓은 공간을 일정한 숫자의 음원 수로 채우기 위함이다. 그리고 라인어레이는 일정한 거리를 필요로한다. 쉽게 말해보면, 아무리 작은 컴팩트 형태의 라인어레이라도 6미터 이상의 거리가 떨어져야 압축된 소리가 제대로 들리게 된다는 것이다.

옆의 그림과 같은 대규모 공연장도 이제는 그림처럼 무대를 중심으로 한 하나의 소리 방향을 가질 수 있다. 참고로 대부분의 라인 어레이는 세개의 화살표처럼 각각 위에서부터 Far-Field, Mid-Field, Near-Field의 전담 영역을 가지게 설치된다. 가장 먼거리를 담당하는 Far-Field의 경우에는 보시는 것처럼 많은 스피커가 하나의 선 음원으로 강력하게 소리를 뿜어내게 설치된다. 이 강한 음압은 천정이나 벽 등의 기존 반사음들을 무색하게 만드는 역할도 해서, 불필요한 울림을 줄여 주기도 한다.

더러 하나의 앰프로 세 지역의 각 음역부분(저음/중음/고음)을 같이 연결하여 설치하기도 하는데, 그러면 각각 지역의 레벨을 고르게 할 수 없다. 그리고 각각의 스피커는 제조사에서 정해놓은 프리셋을 정확하게 프로세서에서 지정해 놓아야 한다. 더러 이 세팅을 바꾸는 경우가 많은데, 이 세팅은 치밀한 계산과 공학적인 바탕을 기반으로 나온 데이터이다. 정확한 모델과 그에 맞는 세팅은 좋은 사운드를 만들기 위한 첫째 조건이다.

한가지 많이 경험하는 것은, 교회가 공간에 맞지 않는 스피커를 고집하는 경우이다. 음향을 이해 못한다고 쉽게 이야기할 수 있지만, 500석 공간에 4천석 이상의 공간에서나 어울릴 스피커를 설치한다면 재정적이나 공간적 낭비 뿐만이 아닌 실제 원하는 소리를 얻지 못할 수도 있다. 원래 라인어레이는 2천석 이상, 최소 4통 이상의 어레이를 가지는 대형 공간을 기본으로 설계된 방식이다. 이것이 전체 음향 시장에서 더 이상 시장이 없기도 하고, 중소형 시장의 필요성이 나타나면서 제조사마다 컴팩트, 미니, 미디급 등의 체급을 달리하며 나오게 된 것이다.

SOUND SYSTEM 음향 시스템

포인트 소스 어레이

라인어레이가 수직적인 배분을 중요시 여기는 시스템이라고 한다면 포인트 소스 어레이는 수직과 수평을 고르게 채우는 역할을 한다. 아직은 업계에서 소수의 의견에 속하는 방식으로 구분되지만, 점차 동참하는 회사들이 늘고 있기도 한 방식이다. 일반적으로 라인어레이보다는 좀 더 세밀한 사운드를 만들어낸다고 하지만, 이것 역시 어떻게 시스템을 최적화하느냐가 더 중요한 부분이니까 쉽게 그냥 다른 접근법이라고 이해하시는 것이 더 좋을 것 같다.

지향각

스피커에서 나오는 소리가 직접 들릴 수 있는 범위의 각도를 말한다. 일반적으로 스피커 중앙부의 축의 음압으로 부터 6 dB 줄어드는 점 안의 범위를 말한다. 각도가 넓거나 좁은 것이 어떤 장점이 될 수는 없다. 주어진 공간에 적합한 각도가 중요하다. 대형 라인어레이는 대부분 큰 공간을 정확하게 구분해서 채우기 위해 5도 이하의 좁은 수직각을 가진다. 10개가 모이면 쉽게 계산해도 50도가 되겠다. 소형 라인어레이는 반대로 적은 공간을 적은 숫자로 채우기 때문에 10도에서 20도의 수직각을 가진다.

대형 라인어레이를 소형 공간에서 사용하면 안되는 또 하나의 이유가 이 지향각이라는 것 때문이겠다. 대형 라인어레이를 3-400석 규모의 공연장이나 교회에 설치하는 경우를 어렵지 않게 발견한다. 무엇이든지 정확한 곳에 더 정확한 방법으로 사용하는 것이 지혜이겠다.

콤필터링효과

두 개의 스피커에서 나오는 같은 소리가 그 스피커의 지향각 끝이 만나는 부분에서 소리가 변하는 경우가 있다. 이것을 콤 필터링효과라고 말한다. 옆 그림의 고음부처럼 마치 빗(Comb)의 살 같은 형태의 파형이 두 소리의 시간과 위치에 따른 차이에 의해 만들어진다고 해서 그런 이름이 붙여진 것이다. 그림에서 언덕과 언덕 사이의 계곡 부분은 스피커에서 발생한 소리가 부딪치면서 소멸되어 안 들리게 되는 부분이다. 당연히 이 콤필터링효과에 의한 소리의 변조를 줄여서 좋은 소리를 만들어 내는 것이 시스템 디자이너와 엔지니어가 해야 하는 일이다.

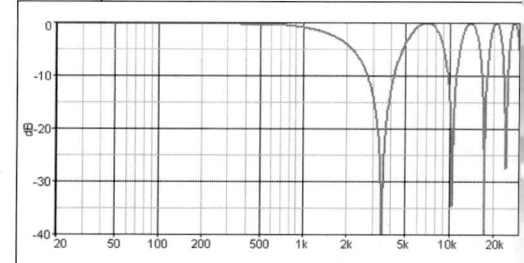

VIDEO SYSTEM
영상 시스템

5-1 빛과 색

빛과 그것을 느끼는 감각에 대한 공부를 시작하는 것으로 영상 시스템에 대해서 알아보도록 하자.

빛은 전자의 운동에 의해 만들어진 에너지라고 정의를 내린다. 전자의 갯수는 실제 만들어지는 에너지의 숫자와 관련되어, 다른 주파수를 지니는 파장을 각각 만들어내게 된다. 여기에서 귀를 중심으로 소리를 정의했던 것처럼, 빛도 눈의 시각을 중심으로 정의를 내리게 된다. 그런 이유로 사용되는 용어가 *가시광선이다. 대부분 사람들은 400~700 nm(Nano Meter)의 파동을 가지는 전자기파를 인식한다. 그 사이에 존재하는 전자기파가 보라색부터 빨강까지의 색깔로 우리의 눈에 보이게 된다.

*可視光線, visible spectrum, optical spectrum

색깔이 보인다는 것은 눈에 보이는 물체가 물체 고유의 특성에 의해서 해당 색깔만 반사하고, 나머지 색은 흡수하기 때문이다. 물론, 실제로는 그렇게 쉽게 정리되지는 않는다. 파동의 형태로 빛이 전달되기 때문에 파동운동의 성격상 흡수된 색의 반대색(보색)관계에 있는 색이 나타날 수도 있고, 다른 복잡한 결과가 나타날 수도 있다.

모든 색을 다 반사할 경우 흰색으로 보이게 되고, 모든 색을 다 흡수하면 검정색이 된다.

색상(Hue), 채도(Saturation), 명도(Brightness) 이 세 가지를 색의 속성이라고 말한다. 실제 영상장비를 활용하다 보면 자주 등장하는 용어이면서 조절하여 영상을 조정할 수 있다. 색상은 말 그대로 색깔을 나타내며, 채도는 색깔 자체의 선명도를 의미하는 용어가 된다. 채도가 높다는 이야기는 그만큼 색깔이 선명해진다는 이야기로 이해할 수 있다. 명도는 색깔 자체의 어둡고 밝음의 부분을 표시하는 용어가 된다.

영상을 위한 조명 시스템을 이야기할 때에도 나올 부분인데, 색 온도(Color Temperature)를 자주 이야기 하게 된다. 요즘 누구나 사용하는 디지털 카메라의 기능 가운데에도 화이트 발란스(White Balance)라는 조절 부분이 있다. 실내 백열등, 형광등, 실외…… 등의 조건을 지정해서 촬영되는 피사체에 비치는 빛이 각각 다른 온도를 가지기 때문인데, 이 각각의 빛에 따른 색감의 차이를 카메라의 세팅과 맞추어 자연스러운 화질을 만들기 위한 기능이다. 영상 시스템에서도 잘 활용해야만 하는 필수 조건 중 하나이다.

*카메라의 숫자가 하나 이상이면 각 카메라의 화이트 발란스를 동일하게 맞추어야만 전체적으로 같은 화면을 가질 수 있다

캘빈(K)으로 표시되는 이 색 온도는 광원마다 각각 다른 온도를 가지게 되고, 또 그 온도에 의해서 실제 물체가 가지는 고유색이 변하게 되는 것이다. 똑같은 빨간색 사과인데, 햇볕이 좋은 실외에서 보는 빨간색과 노란색이 있는 백열등 아래에서 보는 빨간색이 조금 다른 이유가 이 색 온도 때문이다.

빛의 밝기를 나타내는 단어가 **조도**(Illuminanc)인데, 일정 공간에 빛이 비쳐서 밝히는 양을 표시하게 된다. 기본 단위로는 룩스(lux)를 사용하는데, 빛의 양을 나타내는 루멘(Lumen), 빛의 세기를 나타내는 칸테라(Candera)등도 같이 사용한다.

빨강, 초록, 파랑을 삼원색이라고 부르는데, 이 세 색깔을 섞을 경우 빛의 상태에서는 흰색이 되고, 물질로는 검정이 된다. TV, LCD, Projector등의 빛을 만들어서 데이터를 표시하는 장치들이 이 삼원색을 기본으로 각각 색의 발란스를 조정해서 엄청나게 다양한 색상을 표시하게 된다. 가장 많이 쓰이는 RGB 케이블의 RGB가 이 삼원색을 의미한다. 이것은 국제 조명 위원회(CIE)에서 주관하여 지정한 표준 규격이다.

5-2 비디오

1941년 미국 국립 텔레비젼 시스템 위원회(NTSC, National Television System Committe)에서 흑백 TV의 표준을 1 초당 30 Frame을 가지는 525 개의 수평 라인으로 지정했다. 그 후 50년대에 들어서서 컬러 방송이 시작되었지만, 컬러 신호만 추가해서 그동안 비디오의 기본 포맷으로 아직까지 사용되고 있다. 미국의 경우 2009년 부터 ATSC(Advanced Television System Committe) 규격으로 디지털 TV방송이 시작되어 기존의 NTSC방식의 TV방송이 중지되었지만, 공중파 방송 이외의 영상시스템에서는 아직 NTSC방식의 영상 포맷이 광범위하게 사용중이다.

유럽에서는 NTSC가 아닌 PAL방식으로 영상을 사용하기도 한다. NTSC에 비해서 100개 정도의 주사선이 더 많아 조금 더 정밀한 영상을 담게 되는 장점이 있다.

1개의 빛으로 525개의 주사선을 1초에 전체 화면 상단에서 하단으로 쏘면서 영상을 보이게 만드는 것이 실제 눈에 깔끔하게 나타나지 않는다. 그래서 이 단점을 개선하기 위해서 도입된 방식이 인터레이스드(Interlaced, 비월주사라고도 부른다)방식이다. 전체 525개의 주사선을 홀수이 번째와 짝수 번째의 두번으로 나누어서 홀수 선을 먼저 화면에 뿌린 후에 짝수 선을 뿌려서 실제 보이는 화질의 개선을 위해 만들었다. 30프레임을 홀수와 짝수, 두 번 사용해서 1초를 채우기 때문에 60프레임의 빠르기로 영상을 만들어내게 된다.

기존의 주사 방식은 영상 모니터 크기가 30인치를 넘어가면 크기의 문제로 주사선 자체가 보이게 되어 세밀한 화질을 만들어 내지 못한다는 단점이 있다. 30인치 이상의 대형 TV가 보편화 되고, 무엇보다도 기존 아날로그 방식에서 구현하기 어려웠던 많은 데이터 전송의 방법이 해결 되면서 HD(High Definition)로 통칭되는 고화질 시대에 맞는 방식이 등장 하게 된다. 대표적인 방식이 프로그레시브 스캔(Progressive Scan)이라는 방식이다. 옆 그림 중 위의 그림이 인터레이스드 방식이고, 아래의 그림 이 프로그레시브 스캔에 의한 화면이다.

브라운관이라고 불리었던 CRT방식 자체가 빛을 만들어 화면의 위에서 아래 로 쏘면서 그려나가야 되는 기존 주사선 방식이라는 태생적인 한계가 있다 그 한계를 극복하기 위한 기술이 발전하면서 화상재생에 플라즈마(Plasma), LCD(Liquid Crystal Display) 등의 기술을 이용하여 아예 다른 접근의 성공을 이루게 된 것이다.

*LED TV는 LCD 패널의 백라이트를 LED로 만든것일뿐, 화소 자체를 LED를 사용하지는 않는다

VIDEO SYSTEM 영상 시스템

넌 인터레이스드(Non-Interlaced) 방식이라고도 불리는 프로그레시브 스캔 방식은 전체 화면을 1장의 사진처럼 처리하는 방식이다. 요즘 판매되는 TV가 대부분 1080p, 60 Hz 라는 글자를 달고 있는데, 이것이 1초당 1080 라인으로 만들어진 그림을 60개를 처리해서 영상을 보여준다는 이야기이다.

HDTV를 말할때 사용되는 1920x1080이 가로를 1920개, 세로를 1080개의 픽셀(Pixel, 화소)로 그림을 재생한다는 이야기인데, 전통적으로 수직의 주사선을 표시하는 방법에 따라 NTSC의 480(525개이지만, 통상 480개로 표시)의 두 배가 넘는 선을 인터레이스드 방식이 아닌 한 번에 보여주는 영화와 같은 방식으로 보여주게 되어 훨씬 더 세밀하고, 편안한 화면 재생이 가능하게 된다.

프로그레시브 스캔 방식이 가지는 최대의 장점은 영화를 보는 것과 같은, 그래서 화면에 주사선 자체가 안 나타나는 세밀함에 있다. 고급 장비로 가면 아예 영화와 같이 24개의 프레임을 사용해서 훨씬 더 자연스럽게 영상 재생을 하게 하기도 한다.

실제 그러한 이유로 대형 화면에 비추어지는 프로젝션의 경우에 프로그레시브 모드와 인터레이스 모드의 화질 차이가 극명해지기도 한다. 다만, 이 경우

신호 자체가 프로그레시브 스캔 방식이 아닌 인터레이스 모드의 일반 NTSC 와 같은 영상 신호일 경우 프로그레시브 스캔으로의 변환에 따른 레이턴시 (Latency)문제가 나오게 된다. 뒤에 설명된다.

HD 영상에서도 NTSC에서 다루었던 인터레이스드 방식을 사용하기도 한다. 단지 기존의 주사선을 기준으로 한 방식과 다르게, 설명된 프로그레시브 스캔 방식으로 재생되는 그림을 초당 30개씩 홀수와 짝수의 프레임을 나누어 재생하는 방식이 되는데, 간혹 보게되는 1080i로 표시되는 것이 인터레이스드 방식에 의한 HD 영상이 되겠다. 당연히 1080p는 프로그레시브 스캔을 의미 한다. 옆 그림의 Canon XL-H1과 같이 HDV라고 정해진 캠코더의 방식은 *720p/1080i로 사용되는데, 1080 픽셀의 해상도를 처리하는 방식으로 인터레이스드 방식을 사용하게 되어있다. 따라서, True HD라고 불리지 않는 이유가 여기에 있다.

*720 픽셀모드는 프로그레시브 방식을 사용

디지털 시대에 접어들면서 모든 동영상은 정지 영상의 연결된 형식으로 표현된다. 이것은 영화에서 사용되는 방식과 같은 방식인데, 한가지 다른 것은 연결되는 영상을 비교해 가면서 반복되는 같은 부분을 압축하여 전체 데이터

VIDEO SYSTEM 영상 시스템

의 양을 줄이게 되는 압축 방식이 도입되게 된다는 것이다. 따라서 전체 데이터의 양이 줄어들지만, 실제 화질에는 별 차이가 없게 되는 일종의 변혁이 시작된 것이다.

이 압축 방식은 MPEG(Moving Picture Experts Group)이라는 단체에서 정해놓은 몇 가지 방식이 보편적으로 사용된다. MPEG-1은 일반인들이 주로 사용하게 되는 형식인데, 초당 1.5 Mbps의 낮은 전송에 맞게 설계되어 저품질의 동영상 제작과 재생이 사용된다. 반면, MPEG-2는 초당 4 Mbps에서 부터 70 Mbps까지의 고화질 데이터를 전송, 처리할 수 있는 방식으로 전문 방송용으로 사용되는 규격이 된다. 물론, 아주 전문적으로 D1, D2등의 방식도 있지만, 일반적으로 AVI, WMV, Quicktime 등의 다양한 압축 형식이 있다.

영상도 음향처럼 엄청나게 다양한 규격과 방식들이 있지만, 필자는 테크니컬 미니스트리에 근거해서 실제 등장할 만한 부분의 지식과 실기에 국한해서만 다루고 있다. 좀더 자세한 내용은 전문 서적이나 인터넷을 통해서 검색하시기 바란다.

아직 상당수 교회의 영상시스템으로는 아직 NTSC 인터레이스드 방식이 사용된다. 예전에 조금 더 좋은 화질을 위해서 선택되는 것이 S-Video 라고 불리는 Y/C 방식이다. 옆의 커넥터와 같은 형식의 단자나 커넥터로 연결되는 방식인데, 일반 NTSC방식의 영상을 빛의 양을 나타내는 루멘(Lumen, Luminance)과 색상을 나타내는 크로마(Chroma)로 나누어서 각각의 신호를 전달/처리하게 한다. 따라서 같은 NTSC 비디오 신호라도 조금의 화질 개선 효과를 보여주지만, 그렇게 큰 차이를 느끼지는 못하기도 한다. 그 큰 이유는 카메라나 전송 케이블, 스위쳐와 같은 장비의 퀄리티 등의 문제로 실제 좋은 화질을 만드는 환경 자체에 문제가 있는 경우가 더 많기 때문이다.

요즘은 대부분 HDMI또는 HD-SDI 규격으로 신호를 연결해 사용하게 설계되는데, HDMI 경우에 거리의 한계가 정해지기 때문에 자주 쓰이는 방법으로는 옆 그림과 같이 Cat5e같은 랜케이블로 동영상 신호를 멀리 보내는 방식을 사용하게 된다.

5-3 비디오 카메라

요즘 거의 모든 카메라는 CCD(Charge-Coupled Device)라는 방식의 화상 센서

VIDEO SYSTEM 영상 시스템

를 사용해서 촬영되는 화상을 화상 정보로 바꾸게 한다. 더러 CMOS 센서도 활용되지만, 압도적으로 CCD를 더 많이 사용한다. 빛이 CCD 안의 포토 센서에 비추어지면 각각의 센서가 빛의 양에 따른 전압을 만들어 전달하게 되는데, 이 빛을 특히 디지털로 변환해서 처리하게 하는 것이 요즘의 디지털 카메라가 된다. 일반용의 카메라는 이 CCD 패널을 하나만 사용하지만, 전문 방송용으로 올라가면 빨강, 초록, 파랑을 각각 담당하는 3개의 패널을 사용해서 더 세밀한 색상과 화질을 만들게 한다.

 렌즈에 투영되는 화상은 실제 사물에 각각 비쳐서 반사되거나 흡수되어 색깔로 나타나는 빛이 된다. 그 빛이 렌즈에 비쳐지면, 옆 그림의 중앙에 있는 것과 같은 다이크로익 프리즘(Dichroi Prizm)이라는 광학 프리즘을 통해서 빨강, 초록, 파랑의 세 그룹으로 분리되고, 그 분리된 빛들이 흑백 사진과 같이 정해진 하나의 색깔로 CCD에 비쳐져서 전기 신호로 변환되게 된다. 이 방법은 3 CCD방식의 프로젝터처럼 빛을 만들어서 화상을 만드는 작업에는 반대로 적용되어 사용이 된다. 즉, 따로 처리된 그림들이 다이크로익 거울을 통해 하나의 장소에 모이게 되고, 그것이 프리즘을 통해서 반대로 완전한 색상을 가지는 그림으로 만들어진다는 것이다.

비디오 카메라를 어떤 것을 선택하여야 좋은가에 대해서는 어쩔 수 없이 먼저 어느 정도의 예산이 사용 가능한가를 살펴볼 수밖에 없다. 가격 자체가 너무 범위가 크기 때문에 그렇다. 전문 TV 방송국 수준의 카메라가 쓰이는 대형 교회의 경우에는 HD용 렌즈 하나만의 가격이 웬만한 중형차 가격 이상이 되기 때문이다.

캠코더(Camcoder)와 전문 비디오 카메라(Professional Video Camera)의 차이는 다분히 크기에 있다. 전문 영상용 카메라는 흔히 ENG(Electonic News Gathering), EFP(Electronic Field Production) 카메라라고 불리며, 대부분 몸체(Dock)와 렌즈(Lens)의 두 부분으로 분리된다. 옆 그림 중 위의 카메라는 요즘 많이 쓰이는 Compact ENG라고도 불리는 캠코더이고, 아래는 정식 ENG HD 비디오 카메라이다. 단순히 손에 들리면 캠코더, 어깨에 얹거나 삼각대에 설치해야만 하면 전문 비디오 카메라라고 구분해도 무방하겠다.

대부분 예배실의 무대 조명은 전문 방송국의 영상을 위한 조명 설계가 적용이 안되어있다. 그 이야기는 캠코더나 전문용 카메라를 설치해서 거의 최대로 줌렌즈를 이용해서 설교자를 클로즈업(Close Up)할 경우, 원하는 형태는 나올지 몰라도 원하는 영상 자체는 카메라의 조도 감도에 의해서 그 퀄리티가 좌우

VIDEO SYSTEM 영상 시스템

된다는 이야기이다. 조도 감도는 실제 카메라 자체가 채용하고 있는 CCD의 크기와 숫자와도 관련된다. 1/3인치 CCD보다는 크기가 큰 2/3인치 CCD가 빛을 더 많이 받아들일 수 있겠고, 1개의 CCD보다는 앞서 말한 3개의 CCD가 더 선명한 화질을 만들 수 있다. 아울러 줌렌즈를 최대한 사용할 경우 렌즈의 가장자리 부분의 선명도가 떨어지는 경우도 있다. 특히 좀 더 좋은 광학 줌을 위해서 사용할 수 있는 **줌 익스펜더**를 사용할 경우에 많이 발생한다. 따라서 가능하면 광학 줌 자체가 원하는 조건에 맞는 렌즈를 선택하는 것이 좋다.

기술이 변하면서 CCD의 숫자 보다는 CCD자체의 해상도가 더 중요해지기도 하는데, 특히 4K 이상의 고해상도가 대중화를 앞두고 있기도 하다. 물론 교회라는 상황에서 아직은 이른 기술이라 생각되기도 한다.

캠코더나 전문용 카메라를 예배실에서 사용하는 경우에 대부분이 삼각대에 설치하여 수동으로 조작하는 방식을 취하게 된다. 이때 카메라와 삼각대 외에 몇 가지의 주변 장치들을 추가해 사용하면 보다 안정적인 화면을 얻을 수 있다. 대표적인 것이 카메라 렌즈의 **줌**(Zoom)과 **초점**(Focus)을 조절할 수 있는 컨트롤러와 외부 모니터이다. 왼쪽 그림은 Sony와 Canon사의 캠코더가 지원하는 LANC라는 규격을 지원하는 줌과 초점을 위한 컨트롤러이다. 삼각대의 핸들에 부착하여 따로 카메라를 만지지 않으면서도 원하는 조작을 할 수 있게 된다.

전문용 카메라로 가면 캠코더에서 사용되는 전자식보다는 다분히 기계식의 컨트롤이 활용된다. 옆 그림처럼 핸들을 돌리면 내부에 연결된 철심이 돌아가고 그것이 렌즈에 부착된 기어를 돌리면서 줌 렌즈나 포커스 링의 톱니 부분을 돌리게 된다. 물론 같은 원리를 전동 모터를 이용해서 구현하는 시스템도 있다.

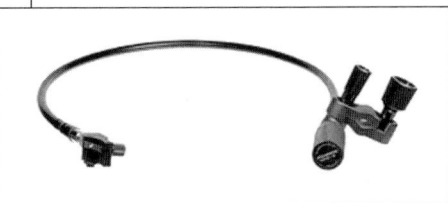

요즘 나오는 캠코더와 전문용 카메라는 소형의 LCD모니터를 내장해서 화면 모니터와 기능 설정에 활용할 수 있도록 한다. 거기에 추가하여 **뷰 파인더** (View Finder)라고 불리는 옆 그림과 같은 모니터를 카메라 상단에 부착하여 카메라맨이 촬영 자체에 집중할 수 있게 하기도 하는데, 고정식의 설치가 사용되는 예배실 메인 카메라에는 옆과 같은 소형 모니터가 카메라에 장착되어 카메라맨의 작업을 돕게 한다. 그림의 오른쪽 위의 불이 켜지는 것은 **탤리**(Tally)라고 하며, 방송실 내의 스위쳐를 통해 현재 방송 중인 카메라에만 전압을 보내서 불을 켜지게 하여, 연기자나 출연자들이 현재 방송이 나가고 있는 카메라를 확인할 수 있게 하는 기능

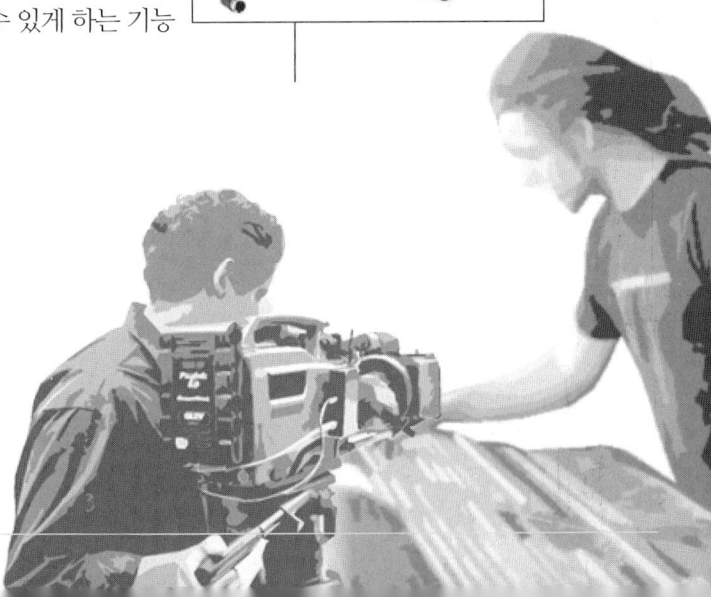

VIDEO SYSTEM 영상 시스템

이다. 이 모니터에는 따로 방송실에서 공급되는 PGM(Program)이라고 부르는 방송 중인 화면도 같이 모니터 할 수 있게 설계되어 있기도 하다.

EFP나 ENG급의 전문용 카메라가 설치되어있는 스튜디오나 예배실의 방송실에는 오른쪽 그림과 같은 CCU(Camera Control Unit)이 설치되어 20가닥이 넘는 케이블로 카메라와 연결되어 있는데, 이 장비의 주요 기능은 카메라 자체에서 설정 가능한 거의 모든 세팅값을 원격으로 조정할 수 있어서 전체 카메라 시스템에 동일한 화상 세팅을 개별적으로 조정실에서 조정할 수 있게 한다. 즉, 카메라 맨은 좋은 각도와 필요한 화면의 촬영에 집중할 수 있는 장점을 가지게 한다. 그림의 제품은 RM-B750(Sony)이라는 제품으로 중간의 LCD 모니터를 통해서 촬영되는 화면 자체를 모니터 할 수 있는 기능도 가지고 있다.

또 하나 요즘 많은 교회에서 채용하여 사용하는 카메라가 원격 조정 카메라 시스템이다. 흔히 PTZ(Pan/Tilt/Zoom) 카메라라고 불린다. 옆 그림에서 보는 것처럼 좌우로 움직이는 것을 팬(Pan), 상하를 틸트(Tilt) 라고 한다. 그림의 카메라는 BRC-300(Sony)로, 3 CCD, 12배 광학 줌렌즈를 장착한 카메라다.

요즘 많이 사용되는 이 시스템은 옆의 리모트 컨트롤을 활용해서 카메라의 모든 기능을 원격으로 활용할 수 있다. 특히 카메라마다 각각의 위치와 줌 배율을 프리셋으로 6개씩 미리 지정해 놓을 수 있기 때문에 가뜩이나 사역자가 부족한 예배 환경에서 좋은 도구로 사용될 수 있다. Sony와 Panasonic 제품으로 HD 화질을 지원하는 카메라도 나와있다. 물론 이렇게 일체형으로 나와있는 제품들이 실제 화질에서 전문용 카메라의 퀄리티를 지원 못할 수 있기 때문에, 전문용 카메라나 그에 상응하는 상업용 카메라를 PTZ 기능만을 지원하는 마운트에 장착하여 사용하기도 한다.

 자, 요즘 사용되는 캠코더와 전문용 카메라의 규격에 따른 종류에 대해 알아보자.

 아직도 보편적으로 사용되고 있기도 한 규격이 테이프 기반의 레코더이긴 하지만, 보급형을 중심으로 전문 캠코더까지 신제품의 경우에는 대부분 메모리 방식으로 전환되고 있다. 예전에 자주 쓰던 방식이 DV(Digital Video)이다.

VIDEO SYSTEM 영상 시스템

1995년 발표된 형식으로 기존의 NTSC나 Hi8, Video8 등의 아날로그 방식 시대를 종식하는데, 가장 중요한 역할을 한 규격이다. 특히 6 mm라고 통칭되는 MiniDV 규격의 캠코더가 가정용과 아마츄어용으로 가장 많이 사용되고 있다.

옆 그림 왼쪽부터 DVCAM, DVC-Pro, MiniDV 테입이다. 이 세가지 외에도 DV, Digital 8, DVCPRO HD, HDV 등의 다른 규격이 있기도 하다.

언급된 바와 같이 어느새 대부분의 캠코더, 디지털 카메라, 전문 방송 카메라에 옆 그림의 SD 메모리 카드가 표준으로 자리잡게 되었다. 메모리 카드에서 가장 중요한 부분은 옆 그림 중앙부 32GB 사이즈 위에 10이라고 기록되어 있는 부분인데, 이것은 등급(Class)을 의미하는 것이고 초당 10MB(Byte, bit가 아님)를 전송할 수 있다는 것을 의미한다. 아래의 비교표를 참조하자. HD 영상을 위해서는 최소한 Class 4 이상의 스피드가 요구된다.

	Mark	Minimum Serial Data	SD Bus Mode	Application
UHS Speed Class	U3	30MB/s	UHS-II UHS-I	4K2K Video Recording
	U1	10MB/s		Full HD Video Recording HD Still Image Continuous Shooting
Speed Class	CLASS 10	10MB/s	High Speed	
	CLASS 6	6MB/s	Normal Speed	HD and Full HD Video Recording
	CLASS 4	4MB/s		
	CLASS 2	2MB/s		Standard Video Recording

옆 그림은 2015년 현재 가장 유용하게 쓰일 수 있는 인터페이스를 장착한 블랙매직디자인사의 카메라의 입출력 부인데, 아래쪽에 Thunderbolt 포트까지 장착하고 있다.

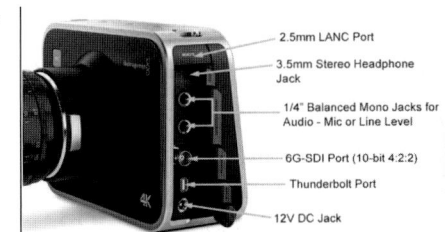

아직도 대부분 카메라에 장착되어있기도 한 Firewire(IEEE1394) 인터페이스는 컴퓨터와 직접 디지털로 영상을 전송 받고 다시 전송할 수 있어서 영상 편집의 대중화를 만들어내기도 하였다. 디지털로 데이터를 기록하고 재생하는데, 25 Mbps의 압축률에 맞게 영상을 압축해서 사용한다. 음향 역시 1.536 Mbps로 압축되어 추가되어 사용하게 된다. 이 압축률에 의해서 MPEG-2에 근접한 화질을 보여주기도 한다. MiniDV는 주로 캠코더급, DVCAM은 보급형의 ENG/EFP 전문용 카메라에서 사용되는 규격이다.

5-4 카메라 렌즈

대부분 디지털 장비로 채택이 되는 요즘의 영상 장비에 디지털로는 해결이 절대 안 나는 부분이 이 렌즈에 대한 부분이다. 광학적인 부분에서 다루어지는 다양한 기술과 방법들이 있기 때문이다.

표준적인 렌즈에는 f 로 표시되는 조리개 링, 수동 초점 링, 줌 조정 링, 이렇게 세가지는 필수로 가지고 있다. 조리개는 카메라로 들어오는 빛의 양을 조절하는 기능을 한다.

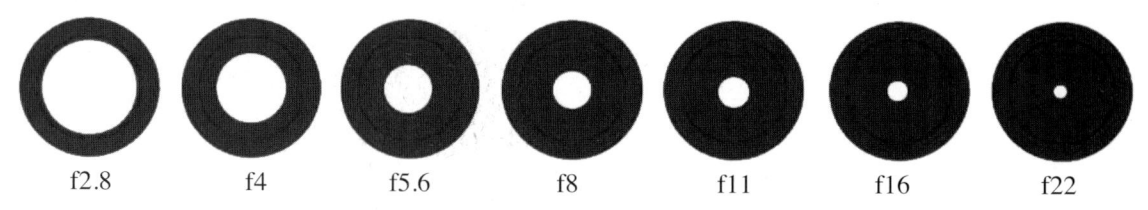

위 그림에서 보는 것처럼 조리개는 열려지는 크기에 따라 f 와 함께 적혀지는 숫자로 그 크기가 정해진다. f 2.8은 f 4보다 두 배 더 크게 열려지며 두 배 많은 빛을 받아 들일 수 있게 된다. f 1부터 f 64까지의 단계가 있을 수 있다. 빛의 양을 조절하는 주 목적과 함께 조리개 링의 실제적인 역할은 촬영되는 대상의 실제 입체감을 표시하는 중요한 역할을 한다.

심도를 조절한다고 어렵게 말하는 이 기능을 옆의 두 그림을 보면서 비교해 보면 알 수 있다. 윗 사진은 f 22의 상태에서 촬영한 그림이고, 아래는 f 3.5에서 촬영한 사진이다. 셔터 스피드를 다르게 하여 같은 광량이 들어오게 하였기 때문에 사진의 밝기에 대한 차이는 거의 없다. 하지만, 두 그림에서 분명히 드러나는 차이점은 초점이 맞추어진 주인공 이외의 배경 자체가 다른 선명도를 가진다는 것이다. 즉, 카메라 렌즈를 통해서 보이는 풍경 자체는 입체감이 없어진 2차원적인 그림이겠지만, 이 조리개의 조정을 통하면 입체감을 부여할 수 있게 된다.

심도가 높다고 이야기 하는 것은 그림처럼 전체적으로 다 선명한 상태이고, 심도가 얕다는 것은 아래 그림처럼 배경과 주인공의 선명도 차이가 많은 상태를 말한다.

영상에서 이 두 가지의 차이는 그냥 그림의 차이가 아닌, 주인공이나 주제를 가진 그림이냐 아니냐의 차이로 나타나게 된다. 조리개 링이 중간적인 위치에 있을 경우에는 아무래도 자연스러운 원근감이 있는 화면이 되겠고, 최대한 열어놓을 경우에는 스토리의 전개 상 주인공이나 사물을 부각해야하는 중요한 이유를 가질 경우가 되겠다.

렌즈의 링을 사용하지 않고, 카메라의 세팅 메뉴에서 조리개 값을 조정하는는 방법을 사용하는 방식이 많이 사용되기도 한다. 물론 대부분 자동 조리개가 기본으로 되어있기 때문에, 전문 카메라맨들은 셔터 스피드와 피사체와의 거리 등을 고려해서 조리개 값을 정하기도 한다.

VIDEO SYSTEM 영상 시스템

이 심도는 **초점 거리**(Focal Length)에 의해서도 정해진다. 사실 초점거리에 의해서 더 많이 사용하기도 한다. 초점 거리는 다분히 수학적인 계산에 의해서 정해지는데, 구체적인 내용은 따로 공부해 보시길 권한다. 기본적인 내용은 초점 거리가 길면, 그만큼 멀리있는, 그래서 줌을 더 당겨서 볼 수 있는 그림을 만들 수 있게 된다.

아래 그림은 초점 거리와 초점 거리에 의해서 만들어질 수 있는 *화각을 표시한 그림이다. 사진 공부하는 분들에게 기본적인 내용이 되는 부분이기도 하다.

*정면을 기준으로 좌우상하의 각도, 그 각도 안의 사물만을 촬영할 수 있다

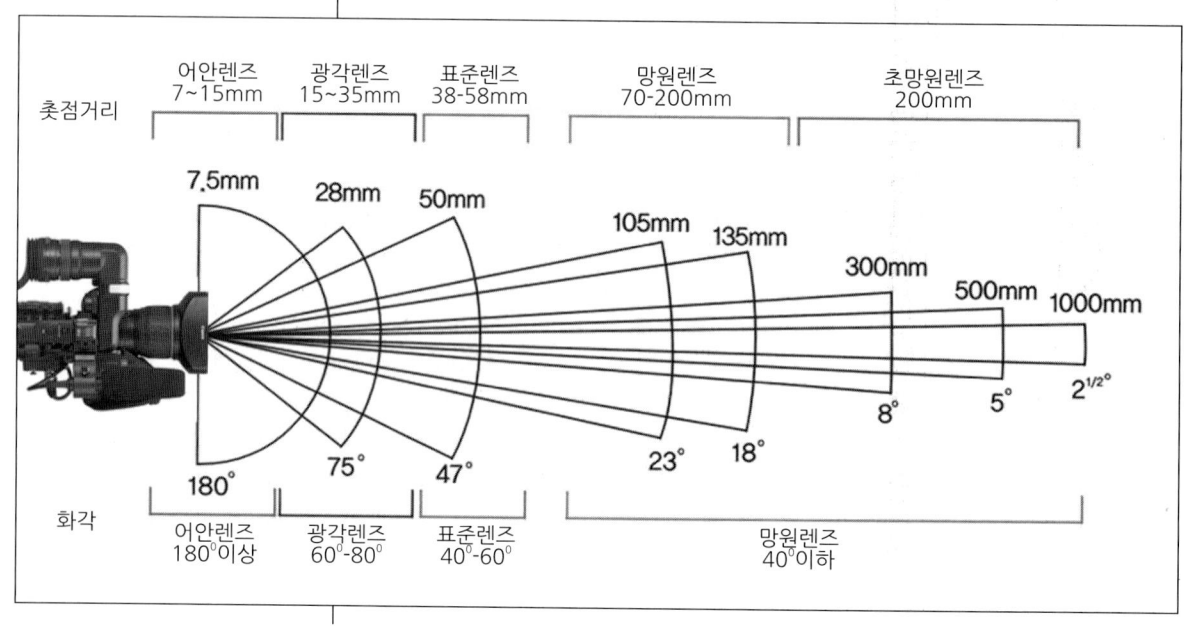

어안렌즈는 상하좌우를 180도 다 촬영할 수 있게 만들어주는 렌즈로 옆 그림과 같은 효과를 낼 수 있다.

광각렌즈는 전체 이미지 촬영시 좀 더 동적인 각도를 만들어 주는 렌즈이다. 정지된 사진에서 보이는 아래 두 그림의 차이가 동영상에서는 더 크고 동적이 된다. 주로 지미집이라 불리는 크레인에 설치해서 사용할 경우 효과가 크다.

VIDEO SYSTEM 영상 시스템

5-5 비디오 스위쳐

카메라 1대만을 사용하는 시스템에서는 필요치 않을 수 있지만, 카메라나 영상 입력의 숫자가 2대 이상이면 반드시 필요해지는 것이 스위쳐(Switcher)라는 장비이다. 음향과 마찬가지로 비디오 효과를 위해서 두가지 이상의 영상을 섞어서 다른 화면을 만들어낼 경우에는 믹서라고 표현을 하지만, 대부분의 용도 자체가 카메라 1번에서 2번으로, 또는 컴퓨터의 영상으로 선택해서 출력을 내보내는 것이 목적이기에 스위쳐라고 부른다.

HDMI영상 출력을 가지는 컴퓨터, 캠코더가 많아지면서 그냥 옆 그림과 같은 셀렉터(Selector)를 쓰는 경우도 많은데, 셀렉터와 스위쳐는 기본적으로 같다고 생각할 수도 있지만, 전혀 다른 기능의 장비라고 생각하면 좋다. 셀렉터는 그냥 선택된 입력을 출력으로 내보내기 위한 장비이고, 거의 대부분 선택 스위치를 누르면 깜빡하고 연결이 끊어진 후에 다시 선택된 입력으로 전환이 된다. 따라서 별다른 기능을 위한 부분이 없는 단순한 장비가 된다. 카메라나 영상을 사용하지 않는 소규모 교회, 특히 그냥 파워포인트 같은 컴퓨터 출력만 스크린에 내보내기 위한 경우에는 충분할 수 있다.

옆 그림은 요즘 많이 쓰이는 스위쳐 중의 하나인 블랙매직디자인사의 Atem Television Studio라는 모델이다. 백 만원대의 가격에서 HDMI 4개, HDSDI 4개의 입력을 가지고 그중 총 6개의 HD 영상입력을 스위칭할 수 있으며, 전문 방송용 스위쳐의 기능까지 구현하고 거기에 H.264와 같은 동영상 하드웨어 압축 인코더까지 내장하고 있기 때문에 해당 가격대에서는 다른 경쟁 상품 자체가 어려운 독보적인 장비로 사용되고 있다. 거기에 네트워크 기반의 운영 방식을 사용하기 때문에, 전용 하드웨어 컨트롤러가 없어도 네트워크를 통해서 옆 그림과 같은 전용 컨트롤 프로그램을 실행시켜 여러 컴퓨터에서 동시에도 운영을 할 수 있다는 장점도 가지고 있다. 최대 8개의 입력 화면과 프리뷰, 프로그램 출력까지 10개의 화면을 하나의 HDMI출력으로 내보내 일반 TV에서 전체 화면을 모니터할 수 있는 멀티뷰(Multiview)기능까지 가지고 있다.

옆 그림은 실제 하드웨어 형태의 컨트롤 패널인데, 중간의 손잡이를 T-Bar라고 부른다. T자와 같이 생겨서 그렇게 이름을 붙인 것인데, 이것을 이용해서 왼쪽의 A 부분과 오른쪽의 B 부분에서 각각 선택된 영상을 다시 최종 출력 화면으로 선택할 수 있게 한다. 이 T-Bar를 사용하지 않고 바로 해당 입

VIDEO SYSTEM 영상 시스템

력채널을 선택하는 것으로 프로그램 아웃, 또는 PGM이라고 부르는 최종 출력을 선택 할 수도 있다. T-Bar를 사용해서 A와 B를 선택적으로 출력하는 방법 역시, 좌우 또는 위아래에서 밀면서 전환하거나, 줄여가면서 전환하거나, 두 화면을 섞어가면서 전환하는 등, 여러가지 다양한 효과를 만들어낼 수 있다. 다른 기종으로 올라가면 아예 DVE(Digital Video Effects)라는 디지털 그래픽에서 구현하는 여러가지 방식의 효과를 사용할 수 있기도 하다.

스위쳐의 출력부에는 이미 언급된 PGM출력이외에 프리뷰(Preview)출력이 따로 만들어져 있어서 PGM으로 선택되지 않은 다른 입력의 화면을 선택해서 모니터 할 수 있게 되어있다.

영상에서 많이 사용하는 용어 중에 M/E라는 용어가 있다. Mix/Effect의 줄임말인데, 스위쳐에서는 이 M/E의 갯수가 독립적인 PGM 출력의 숫자를 의미하게 된다. 즉, 왼쪽 그림의 Atem 2M/E Broadcast Panel제품과 같은 2 M/E

시스템이라면 같은 숫자의 입력을 위와 아래의 두 개의 독립된 스위쳐에서 처리하여 사용할 수 있게 만든 시스템이라는 이야기이다. 그림을 잘 살펴보면 같은 부분이 두 개가 있는 것을 찾을 수 있다. 스위쳐 한대로 방송에 내보내는 화면

과 프로젝션 스크린에 내보내는 화면을 다르게 처리가 가능하다는 것이다. 때로는 좌우의 화면과 중앙의 화면을 다르게 처리할 경우에 쓰이기도 한다.

레이턴시(Latency)를 흔히 영상 딜레이라고도 하는데, 입력된 신호와 출력 사이에서 발생하는 지연 현상을 말한다. 사실 이 지연 현상은 녹화나 방송을 목적으로 하는 상황에서는 별 큰 영향이 없지만, 무대위의 설교자나 찬양 인도자의 모습이 대형 화면에 보여질 경우에는 발생하는 시간차가 문제가 되어 심각해진다. 레이턴시는 모든 신호 체계상에서 나타날 수 있는 현상인데, 특히 디지털 프로세싱으로 데이터를 처리하면서 좀 더 부각되게 되었다.

업계의 원칙으로는 초당 4-5개 프레임 이하는 정상이라고 이야기를 한다. 그것은 디지털 방식의 스위쳐가 무조건 만들어내는 2개 프레임의 레이턴시에, 카메라가 1-3개 정도, 그리고 신호처리를 통해서 프로젝터에 연결되어 처리되는 연결에서 또 1-2개 정도의 레이턴시가 있기 때문이다. 1초를 30개의 프레임으로 본다면 5개는 1/6초 정도 늦어지는 것은 정상적이라는 이야기이다. 총 레이턴시는 각각의 프레임을 더하면 개수가 나오게 된다.

레이턴시를 가급적 줄일 수 있는 방법은 카메라에 스위쳐나 별도의 동기신호

VIDEO SYSTEM 영상 시스템

발생기로부터 GenLock(Generator Lock)이라는 동기 신호를 보내서 일정하게 동기를 맞게 하는 방법과 가급적 디지털 가운데에서 신호 전달을 할 수 있는 방법으로 설계를 하는 방법이다. 프로젝터에서 인터레이스드 모드를 프로그래시브로 바꾸는 경우에도 레이턴시가 추가될 수 있다. 카메라나 프로젝터 내부의 변환을 최소화하는 것이 가장 중요할 수 있다는 것이다.

예배실의 크기가 대략 700석 이하의 공간일 경우에 실제 레이턴스가 더 크게 느껴질 수 있다. 그 이유는 객석에서 바라보이는 실물의 크기가 그렇게 작아 보이지 않아서 대형화면에 보이는 것이 전부가 아닌 실물과의 비교가 한 시야에서 나타나기 때문이다. 그러한 이유로 3-4만 석 되는 경기장에서는 실물의 크기가 작기 때문에 대형화면에 대한 의지도가 높아져 더 많은 레이턴스를 가지는 대형화면이 그렇게 시각적으로 부담되지 않는다.

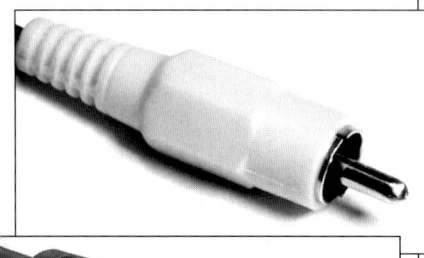

5-6 입출력 규격

영상장비의 연결에 가장 많이 사용되는 규격이 왼쪽 그림의 RCA커넥터 한 가닥을 사용하는 **컴포지트**(Composite) 방식이다. 앞서 NTSC에서 설명된 바로 그 영상 신호를 연결하게 되는데, 가정용 장비의 대부분이 이 방식의 연결이 된다. 전문 방송장비에서도 사용되기도 한다. 대부분 아래 그림과 같은 BNC 커넥터로 연결이 되어 잠금장치를 통해 안전하게 연결이 된다. 이 BNC커넥터와 케이블로 사용되는 RG59, RG6의 규격은 아날로그 컴포지트 방식에서부터 HD-SDI 디지털 신호의 전달, 그리고 RF 모듈레이터에 의한 케이블 TV 신호 전달에까지 공통적으로 사용된다.

앞에서 다루었던 것처럼 영상은 빨강, 초록, 파랑의 RGB신호로 분리되어 활용되는 것이 전문적인 활용방법이 된다. 아날로그 신호 상태에서도 컴포넌트(Component), VGA(Video Graphic Array) 등의 규격에서 이 RGB규격이 사용된다. 1080p와 같은 HD급 화상의 전송까지 아날로그에서 가능한 규격이다. 컴포지트와 같은 케이블이 3가닥 사용되거나 컴퓨터 모니터와 같이 15핀 D-Sub커넥터가 사용되게 된다.

RGB와는 다르게 YPbPr로 표시되는 컴포넌트 비디오 신호도 있다. Y는 S-Video에서 다루었던 것처럼 Luma(밝기), Pb는 파랑색 신호와 Luma의 차이값, Pr은 빨강색과 Luma의 차이값을 가진다.

디지털 영상 시스템이 구축되면서 영상 정보를 디지털인 상태에서 전송할

VIDEO SYSTEM 영상 시스템

필요가 생겼다. 그래서 나온 것이 SDI(Serial Digital Interface)규격이다. 연결은 앞 페이지에서 언급된 BNC 방식을 그대로 사용한다. 따라서 기존의 아날로그 영상 케이블을 그대로 사용할 수 있는 장점이 있기도 하다. SMPTE(Society of Motion & Picture Engineers)에서 규정해 놓은 규격으로 요즘에는 SD-SDI와 HD-SDI의 두가지로 사용된다. SD(Standard Definition)-SDI는 480i의 표준 비디오 규격을 지원하는 방식이고, HD(High Definition)-SDI는 1080p까지의 HD 화질의 데이터를 디지털인 상태에서 전송하기 위한 규격이다. 이 SDI 규격에는 16채널까지의 디지털 오디오를 첨부해서 보낼 수 있다.

디지털이 되면서 좋아진 부분은 당연히 신호 전달에 따른 손실이 거의 없어진다. 거기에 장거리 전송이 필요할 경우에는 따로 광케이블을 사용할 수 있는 방법까지 도입되면서 훨씬 안전한 시스템을 구축할 수 있게 되었다.

5-7 프로젝션

예배의 중요한 도구 중의 하나로 가장 빠른 시간에 도입된 도구가 대형화면을 이용한 프로젝션(Projection)이다. 성도라면 반드시 지참해야 하는 성경책과 찬송가 조차도 필요없게 만들 정도로 요즘 예배에서 활발하게 사용되고 있다.

5-7-1 스크린

먼저 스크린에 대해서 알아보자. 대부분의 스크린은 4:3, 16:9 그리고 5:5와 같은 비율로 제작된다. 재질로는 비닐 또는 천 재질에 다양한 유리가루를 도장하여 반사율을 높이게 제작된다. 스크린은 투사된 빛을 얼마나 반사하는가를 스크린 게인으로 표시하는데, 흰색 종이에 빛이 비추어져서 반사되어 보이는 것을 1로 정했다. 시판 되는 제품 가운데에는 2.8의 게인을 가지는 제품도 있고, 더 나아가서 고휘도 스크린으로 불리는 게인값이 20이상인 제품들도 있다. 대부분 1에서 1.3정도의 게인을 가지는 스크린을 권한다.

스크린의 게인이 높다는 것은 그만큼 밝은 화면을 볼 수 있다는 이야기가 되어 무조건 높은 게인의 스크린을 추천하는 경우가 많은데, 높은 게인이 지니는 다음과 같은 몇 가지 단점을 잘 알고 그 단점을 해결하지 못한다면 선택하지 말아야겠다. 첫째, 게인이 높으면 좌우 상하의 시야각이 좁아진다. 두 번째는 반사되는 색상의 비율이 고르지 않다. 이것은 빨강, 초록, 파랑의 기본 색상 밸런스를 같게 만들기 어렵다는 이야기이다. 세 번째는 게인이 높으면 스크린 중앙부에 *핫 스팟(Hot Spot)으로 불리는 빛이 몰리는 현상이 발생한다. 전등을 거울에 비추어보면 전등의 빛이 그대로 나타나는 것과 비슷하겠다.

*프로젝터의 빛은 당연히 중앙부에 중심이 되어 나오게 된다. 그 부분이 핫스팟이 되는 것은 당연할 수 있다. 대부분 스크린은 그 부분을 고려해제작한다.

VIDEO SYSTEM 영상 시스템

예전처럼 프로젝터 가격이 엄청나게 비쌀 경우에는 상대적으로 가격 면에서 유리한 스크린의 게인을 높이는 쪽으로 많이 선택을 했는데, 요즘처럼 반도체 소자와 제품 개발, 그리고 대중화되면서 예전보다 저렴해지는 가격 때문에, 그다지 스크린의 높은 게인을 선택하지는 않는다.

스크린 제조사인 Da-Lite의 연구에 따르면 적절한 스크린의 크기는 스크린에서 객석 맨 마지막 좌석까지의 거리의 1/6이 알맞은 스크린의 높이가 된다고 한다. 그리고, 스크린에서 맨 앞좌석까지 거리가 스크린 높이의 2배 정도 거리라면 가장 쾌적하게 스크린을 볼 수 있다고 한다. 물론 왼쪽의 그림처럼, 전체 무대벽을 스크린으로 사용하는 경우도 있다. 참고로 그림은 애플사의 CEO인 스티브 잡스의 프리젠테이션 장면으로 요즘 프리젠테이션의 방법론에 대한 정석으로 불린다.

스크린의 크기는 다음과 같은 형식으로 정해진다.

NTSC비디오: 1.33   HDTV: 1.78   영화: 2.35

각 규격의 숫자는 세로 크기에 대한 가로 크기의 비율이다. 즉, 세로 길이에 해당 숫자를 곱하면 각 스크린의 종류에 따른 가로축의 길이가 나오게 된다.

비슷한 방법으로 대각 길이를 활용하는 방법도 있다.

NTSC비디오: 1.667   HDTV: 0.49091   영화: 0.3916

대각의 길이를 각 규격의 숫자로 나누면 세로축의 길이가 나온다. 그 길이에 위에 나온 방법으로 곱하면 가로축의 길이가 나오게 되겠다.

스크린을 선택하는 또 하나의 기준은 좌우의 사야각이다. 당연히 객석과 스크린의 위치를 보면서 적절한 시야각을 만족하는 스크린을 선택해야겠다. 몇 가지 대표적인 스크린 재질에 대해서 알아보자.

메이트 화이트(Matte White)는 가장 많이 쓰이는 스크린의 재료로 1의 게인값을 가진다. 120도 정도의 시야각을 좌우로 가지는 스크린 전체에 고른 반사도를 가지는 스크린이다. 게인이 1이기 때문에 가장 자연스러운 색상을 보여주기도 한다. 눈부심과 핫 스팟 현상이 적은 장점도 가지고 있다.

펄센트(Pearlescent)는 진주색을 띠는 스크린으로 1.5 정도의 게인을 가지지만, 좌/우 80도 정도의 상대적으로 좁은 시야각을 가진다. 프로젝터 자체의 밝기가 작지만 좀 더 밝은 화면이 요구될 때, 그리고 실내의 조명이 밝을 경우에

사용되는 스크린이다.

실버 메이트(Silver Matte), 극장에서 많이 사용되며 특히 3D 영화를 위한 최적의 스크린으로 사용된다. 1.5정도의 게인값을 가지지만, 좌우 시야각이 60도 정도로 좁다. 역시 극장에 적합할 수 있는 각도가 된다.

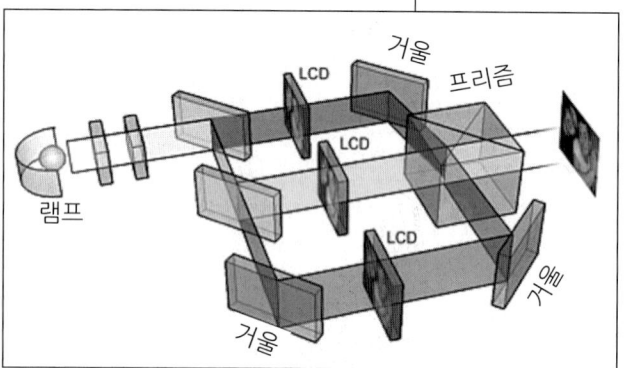

5-7-2 프로젝터

현재 사용중인 프로젝터는 LCD와 DLP(Digital Light Processing) 두가지 방식이 사용된다. 전통적으로 프로젝터는 LCD 방식이 대세였는데, 뒤늦게 등장한 텍사스 인스트루먼트(Texas Instrument)사의 DLP 방식에 뒷덜미를 잡힌 형국이 되고 있다.

옆의 두 그림을 보자. 위의 그림은 LCD 방식으로 램프의 빛이 3개의 LCD 패널을 통한 뒤 프리즘을 통해서 하나의 컬러 영상으로 조합이 되어 투사되는 방식이다. DLP는 아래 그림처럼 램프의 빛이 빠르게 돌아가며 색상을 선택하는 컬러 휠을 통해서 색깔이 정해지면 그 빛이 투사된 DLP 칩 안의 수많은 작은 거울들이 그 빛의 반사각도를 조정해가면서 원하는 그림을 만들어 내는 방식이다.

일반적으로 LCD는 색상 면에서, DLP는 채도 면에서 우수하다고 알려져 있는데, 서로의 장단점을 보완해 가면서 요즘에는 크기에 상관없이 상당한 퀄리티의 제품이 출시되고 있다.

DLP는 구조적으로 LCD에 비해 단순해서 손바닥에 올려놓을 만한 초소형 프로젝터까지 나오고 있다.

여기에 하나 더 최근에 추가된 방식이 레이저(Laser) 프로젝터인데, 앞서 설명된 모든 프로젝터가 내부에 램프를 장착해서 최대 2천 시간 이내의 램프 수명 시간이 지나면 무조건 새 램프로 교체해야 하는 방식에 비해서 광원을 파란색 레이저를 사용하기 때문에 기본적으로 20,000시간 이상의 사용이 가능 하다. 램프 자체 가격이 무시 못 할 만큼 상당히 비싼걸 고려해보면, 점차 가격 인하가 예상되는 레이저 프로젝터의 선택도 고려해볼만하겠다.

VIDEO SYSTEM 영상 시스템

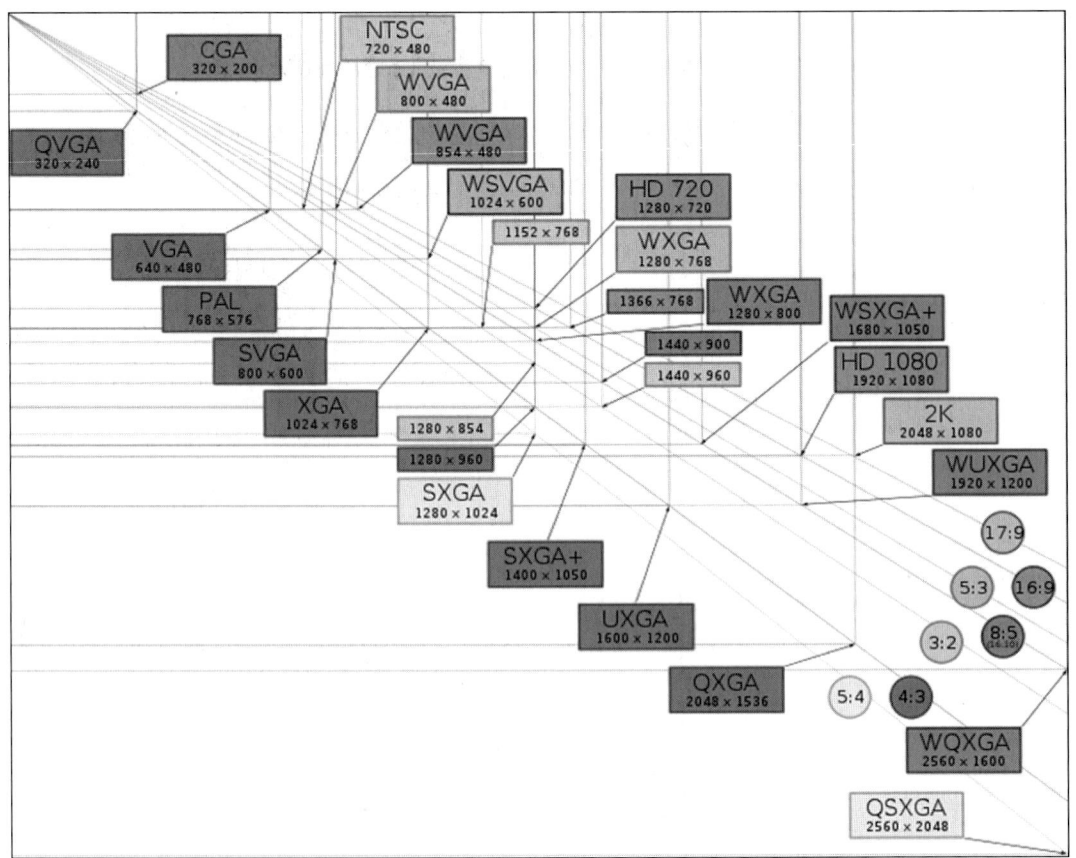

프로젝터의 선택 기준에 가장 중요한 역할을 하는 것은 해상도, 루멘으로 표시되는 빛의 양, 그리고 채도의 세 가지 조건으로 프로젝터를 선정하게 된다. 물론 신호의 입출력이나, 제조사의 선호도, 램프의 수명 등도 같이 고려해야하는 항목이다. 해상도는 정해진 면적을 채우는 기본 픽셀의 숫자로 이야기 된다. 위 표는 요즘 정해져서 사용되는 모든 해상도의 크기를 보여 준다.

픽셀은 디지털 영상에서 가장 기본이 되는 화소를 의미한다. 표의 내용은 실제 표의 모습과는 반대로 적용이 된다. 해상도에 따라 화면의 크기가 달라지는 것이 아니라, 화면의 크기 자체는 일정한데, 해상도에 따라 기본 그림의 세밀도가 달라진다는 것이다. 같은 스크린에 같은 프로젝터로 VGA모드로 투사할 경우와 UXGA로 투사될 경우 화면이 커지는 것이 아니라 기본 픽셀의 크기가 작게 되어 훨씬 디테일한 화면이 되는 것이다.

물론 프로젝터에 따라 크기 자체가 조금씩 변하는 경우도 발생한다. 특히 해상도의 가로, 세로 비율이 달라지면 당연히 투사되는 크기도 달라지게 된다. 낮은 해상도로 정해져 있는 저가형 프로젝터에 고 해상도의 영상을 입력하는 경우에는 이야기한 것과 반대로 고정된 픽셀의 크기 때문에 화면의 크기는 정해져 있고, 위아래나 좌우로 화면 자체가 움직이게 되는 경우도 있다.

프로젝터를 선택할 경우 대부분 먼저 기본 스크린 비율을 먼저 결정하게 된

VIDEO SYSTEM 영상 시스템

다. 4:3과 16:9의 두 가지를 대표적으로 선택하게 되는데, 이것은 프로젝터만의 문제가 아니라 전체 영상 시스템의 영상 규격과도 관련이 있는 것이니까 전체 그림을 보고 결정해야 하는 문제이다. 앞 페이지 위 그림은 4:3으로 촬영된 그림이고, 아래 그림은 같은 그림을 16:9로 처리한 다음 4:3비율로 보게 만든 그림이 된다. 별 차이가 없는 것 같지만, 비율에 의해서 좌우로 늘인 결과가 되어, 실제 비추어지는 사물이 뚱뚱해진다. 그리고 프로젝터 내부에서 신호 변환 처리를 하게 되면 당연히 앞서 언급한 레이턴시의 문제도 추가될 수 있다. 가급적이면 전체 영상 시스템의 해상도나 스크린 비율은 고정해서 사용하는 것이 좋다.

프로젝터의 밝기는 대개 두 가지 방법으로 표시한다. 가장 대표적인 것이 *안시 루멘(Ansi Lumen)으로 표시되는 프로젝터 자체에서 발생하는 빛의 양과 풋 램버트(Foot-Lamberts, FL로 표시)로 표시되는 스크린에 투사된 빛의 실제 밝기가 그것이다. 대부분 전자의 안시 루멘만을 중요시 여기게 되는데, 그러다 보면 실제 스크린에 비추어지는 밝기를 고려하지 않은 설계가 종종 이루어진다. 전문적인 설계 방법은 후자의 목표를 정하고, 그것에 맞는 전자의 안시 루멘값을 찾아서 그것에 적합한 프로젝터를 선정해야 되는 것이다.

*그냥 줄여서 루멘이라고 말하기도 한다

1 FL은 1 평방피트(가로/세로 30.3 Cm)당 양초 1개의 밝기이다. 영화에 관련된 규격을 정한 SMPTE에 의하면 극장의 권장 밝기는 16~22 FL 이 되는데, 이 경우 스크린 외에는 모든 조명을 꺼버리는 공간에서 필요한 밝기가 그렇다는 것이고, 예배실과 같이 일반 조명이나 특수조명이 같이 사용되는 공간에서는 이 값 이상의 밝기가 필요해 진다. 업계에서는 50~70 FL을 예배실 공간에 적합한 밝기로 설정해서 설계한다.

기본적으로 사용되는 공식이 있다.

  (프로젝터출력 - 손실) / 스크린 면적 * 스크린 게인값

  = 평방피트당 FL의 값

예를 들어, 대각 길이가 220인치인 16:9 비율 스크린의 총 면적은 *144 평방피트이다. 5,000 안시 루멘의 프로젝터, 공간내 빛의 손실을 10%, 그리고 스크린의 게인이 1.3 정도라고 하고 계산을 해 보면,

  (5000 - 10%) / 144 * 1.3 = 45.13

앞서 설명된 50~70 FL사이의 값을 충족 못 시키게 되기 때문에, 프로젝터의 안시 루멘 값을 6,000정도의 프로젝터로 바꾸어야 계산에 의해서 54 FL정도의

*176"x132"(가로x 세로)의 크기를 각각 12로 나누면 피트값이 된다. 그 두 값을 곱하면 144가 나옴. 1피트=12인치

VIDEO SYSTEM 영상 시스템

밝기가 스크린에 나타날 수 있다는 것이다. 물론 스크린의 게인을 1.5로 올려서 52 FL의 값을 만들 수도 있다. 거의 모든 프로젝터 회사마다 사이트를 통해서 계산 프로그램을 공개하고 있으니까 확인해보면서 선정하는 것이 좋다.

80 FL 이상의 밝기가 나오면 더 선명하고 깨끗한 화면이 될 것 같지만, 너무 밝은 빛은 되려 시각의 피로도를 가중시키게 한다.

프로젝터 자체의 안시 루멘값이 실제 밝기를 완벽하게 표시해 주지 않는 경우도 있다. 프로젝터 내부의 선명한 화질을 위한 보정 회로가 있을 경우에 다른 훨씬 높은 안시 루멘의 프로젝터보다 선명한 영상을 만들어 낼 수 있는 경우도 있다.

실제 이 간단한 기본적인 공식 자체를 모르고 프로젝터를 선정했다가 원하는 밝기를 못 만들어 내서 어쩔 수 없이 그냥 흐린 화면을 사용하는 경우가 종종 발생한다. 특히 프로젝터 자체의 가격이 비싼 경우에 그런 경우가 많게 되는데, 분명한 공식에 의해서 프로젝터를 선정하여 사용하여야겠다. 스크린이 설치된 곳 바로 위에 형광등과 같은 일반 조명이 설치되어서 스크린에 투사된 그림에 마치 하얀색으로 덧칠한 것과 같이 흐린 상태가 될 수도 있다.

밝기 다음으로 고려되는 것이 채도(Contrast)이다. 주로 비율로 표시되는데, 가장 밝은 상태를 가장 어두운 상태로 나눈 것으로 표시된다. 검정바탕에 흰색만으로 보여지는 영상은 5:1 정도로도 충분하지만, 영화관에서는 100:1, 예배실과 같은 공간에서는 최소 1000:1 정도의 채도가 필요하다. 채도가 높을수록 훨씬 진한색을 더 깊게 느낄 수 있어 영상 자체의 화질감이 좋아진다. 영상이 깊다고도 이야기 한다.

왼쪽 그림은 20000:1, 오른쪽은 1000:1 의 채도 비율을 가진 화면으로 한번의 촬영으로 찍은 사진이다. 인쇄상태에 따라 차이가 크게 느껴지지 않을 수도 있지만, 두 화면에서 채도에 따른 화상의 차이를 느끼실 수 있겠다.

가정용이나 극장의 경우에는 되려 밝기보다 채도가 더 중요시 여겨질 수

VIDEO SYSTEM 영상 시스템

있다. 그 이유는 앞서 말한 어두운 상태의 조건이 다르기 때문이다. 조명을 다 꺼놓고 보는 영상에서는 화면의 채도가 중요한 역할을 하지만, 조명이 켜있는 예배실과 같은 공간에서는 채도보다는 역시 밝기가 우선된다는 이야기이다.

프로젝터의 기능 가운데, 위치 변동, 줌, 화면의 상하좌우 변경 등의 기능은 별도로 설명을 할 필요가 없는 부분이다. 키스톤(Keystone)은 프로젝터의 설치 위치에 따라 화면을 기울여서 스크린에 정확한 사각형으로 맞게 비추어지기 위해서 사용되는 조절 기능이다. 화면을 상하좌우로 비틀면서 원하는 크기로 맞추는 기능이다.

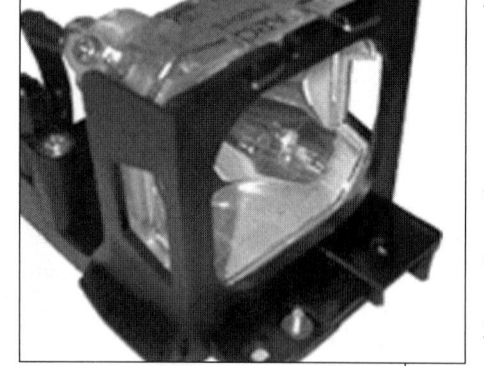

프로젝터는 유지 관리에 신경을 써야하는 장비이다. 특히 램프 자체가 내부의 텅스텐과 같은 재료를 태워가면서 빛을 만들기 때문에 발생하는 열이 엄청나다. 따라서 열을 식히기 위한 송풍 계통에 먼지가 차서 막히지 않게 하고, 또 공기필터를 자주 점검해서 항상 좋은 환경을 확인해야 한다. 대부분 프로젝터가 천정에 매달려 있기 때문에 접근이 어려울 수 있지만, 반드시 자주 점검하는 것이 좋다. 아울러 대부분의 프로젝터는 전원을 소프트웨어적으로 끄게 되어있고, 그 후 일정 시간동안 팬이 돌면서 램프를 식힌 다음 자동적으로 전원이 꺼지게 되어있다. 문제는 전원 자체를 바로 꺼버리거나, 전원 자체가 정전 등의 이유로 식히는 과정이 없이 그냥 꺼버릴 경우, 램프 자체의 수명이 짧아지거나, 아예 램프가 망가지는 경우가 있다.

교회에 가장 흔하게 발생하는 것 가운데, 주일 예배가 끝나고 그 다음 금요일 저녁에 기도회 때문에 가 보았더니 주일 오후에 중 고등부가 영화를 보고는 그냥 DVD만 꺼서 검은색 상태로 프로젝터가 켜져 있는 경우가 있다. 프로젝터 램프는 고가에 수명도 700시간에서 1500시간으로 정해져 있다.

전 세계 프로젝터 램프 시장에서는 램프 교체 비용을 10억 달러 정도 규모라고 추산한다(이미 수년전 통계) 700시간의 수명을 가지는 램프가 수 십만원 이상에 판매된다. 어떤 결론을 필자가 말하고 있는지 아실 것이다. 권장하는 것은 반드시 법칙에 의해서 프로젝터를 끄는 습관을 가지는 것과 가능하면 UPS와 같은 비상용 전압 공급기를 연결해 주는 것도 좋은 방법이다.

5-8 편집 장비

예전의 영상 편집은 어셈블리 에디트(Assembly Edit)라고 불리던 선형(Linear)

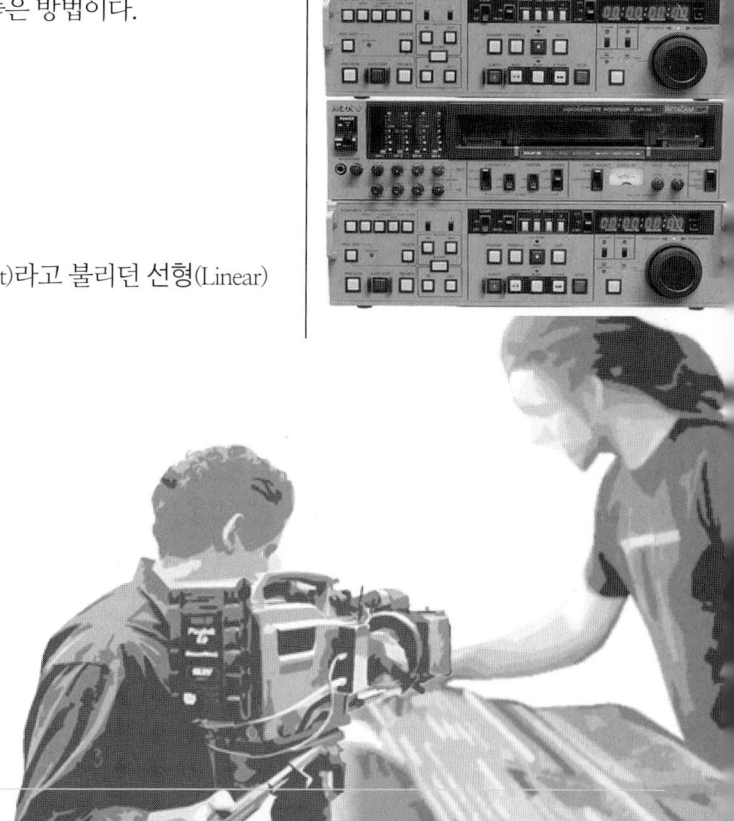

편집 방식이었다. 예전 TV 드라마에 보면 방송국 PD들이 옆 그림과 같이 비디오 데크를 몇 개 놓고, 오른쪽 아래에 있는 원형의 조그셔틀을 이용해서 원하는 장면을 찾아서 다른 녹화기에 끼워 넣으며 녹화하는 기계식 방법이었다.

요즘의 편집은 대부분 넌 리니어(Non Linear) 편집으로 이루어 진다. 그림은 어느새 대표적인 편집 프로그램이 된 애플사의 파이널 컷 프로X(Final Cut Pro X, Apple)의 모습이다.

넌 리니어 편집의 경우에 가장 중요한 부분은 비파괴 편집이라는 데에 있다. 원본 데이터 자체를 건드리지 않는다는 점이 장점이고, 또 디지털 자체에서 작업이 되기 때문에 기존 편집작업에서 발생하는 손실이 작다는 장점이 있다.

영상 편집의 시간으로 비교해보면 다분히 기존의 선형 편집 단계보다는 비선형 편집이 훨씬 줄었지만 예전에 없던 자막과 다양한 효과를 추가하는 작업이 늘어나서 실제 시간은 비슷하게 된다. 물론 효과는 더 크겠다.

프리미어(Premier, Adobe), 베가스(Vegas, Sony) 등도 많이 쓰이는

프로그램이다. 아비드(AVID) 같은 회사가 원래 개척한 분야인데, 점차 컴퓨터 사양 자체가 좋아지면서, 소프트웨어적으로 해결되는 부분이 많아졌다. 노트북으로도 웬만한 작업이 다 가능하기도 하다. 실제 봉사자들에게 노트북과 영상이 담긴 하드 디스크를 주고 2-3주 동안 편집 작업을 하게 하는 교회가 많다. 편집 자체에 아카데미상이 있을 정도로 편집은 재창조의 중요한 역할을 한다.

지극히 평범한 화면도, 50%정도 속도를 늦추고, 장엄한 음악을 넣으면 완전히 다른 느낌을 주게 된다. 드라마, 영화, 영화 예고편, 광고…… 열심히 보면서 카피도 해 보고, 여러가지 시도를 해 보는 것이 반드시 필요한 작업이겠다.

5-9 기타 장비

반드시 필요한 장비 가운데 하나가 자막기겠다. 단순히 마이크로 소프트(Microsoft)사의 **파워 포인트**(Power Point)를 사용하는 것부터, 전용 자막기로 가장 많이 쓰이는 여러가지 프로그램이 있다.

파워포인트를 사용하는 경우 가장 조심해야 하는 부분은 프로그램 자체가 원

도우의 리소스를 많이 사용해서 방송 사고가 자주 일어날 수 있다는 점이다. 그래서 가능하면 사용하는 색상과 글꼴의 수를 줄이고, 불필요한 애니메이션을 줄여서 최대한 안정적으로 사용할 수 있게 해야 한다. 목사님 가운데에는 아예 파워포인트를 만들어 놓고, 그것을 무비클립으로 만들어서 재생하게 하는 경우도 있다. 중요한 설교나 예배 중에 다른 그림이나 문제가 생기는 것은 목회적으로도 문제가 있기 때문이다.

다음 페이지 왼쪽 윗 그림처럼 스크린에 배경화면과 나름대로 멋을 낸 글꼴을 사용해서 보여주는 경우가 상당히 많다. 하지만, 실제 내용의 전달에 가장 적합한 것은 아래 그림과 같이 검은 바탕에 흰색 굵은 고딕이 더 강하게, 그리고 회중으로 하여금 내용에 더 집중할 수 있게 한다고 본다. 시선을 분산시킬 수 있는 어떠한 부분도 미니스트리에는 배제해야 한다고 본다. 예배에 집중하지 못하는 분들은 때로는 무대 뒤의 화초 개수도 세고, 천정의 등 숫자도 세신다고 한다. 글꼴이 어떠니, 배경이 어떠니……

컴퓨터의 VGA 출력을 영상 스위쳐로 바로 입력 받을 수 없을 경우 사용되는 장비가 스케일러(Scaler)나 컨버터(Converter)이다. 영상 작업의 중요한 단계가 되고, 또 불필요한 레이턴시나 화질 저하의 문제도 발생할 수 있으니까 좋은 제품, 그리고 앞/뒤의 장비와 문제 없이 연결될 수 있는 장비를 선택해야 한다.

교회 내 여러 장소에 영상과 음향을 공급할 수 있는 방법 가운데, 가장 쉬운 방법이 RF 모듈레이터를 사용하여 TV의 UHF 채널을 사용하는 방법이다. 일반 케이블 TV와 같은 방식인 이 방법을 사용하면 가장 흔한 75옴 동축 케이블을 통해서 자유롭게 자체 TV 방송망을 가질 수 있다. 필요한 채널의 숫자만큼 RF 모듈레이터가 필요하게 되고, 또 외부 케이블 TV망과 같이 사용할 수도 있다.

5-10 촬영의 실제

깊게는 다루지 못했지만, 일반적으로 미니스트리에 필요한 영상 시스템의 구성과 기본 장비에 대한 부분을 앞에서 다루었다. 이제 실제 기술적인 부분을 하나씩 다루어 보자.

5-10-1 카메라 구도

다음 페이지의 그림과 글을 읽어보면서 앞/뒤 상황을 생각해 보자.

선생님: 종이로 만들었네, 잘 만들었지?

제인: 종이로요?

셜리: 에이, 더운데

마크: (속으로) 흥, 이 두꺼운거 옷 입어볼래?

매리: (계속 수다 중) 저건 아니잖아,,

수잔: (속으로) 참~ 말 많네, 이 아줌마

엄마: (짜증내며) 그만 좀 먹어라

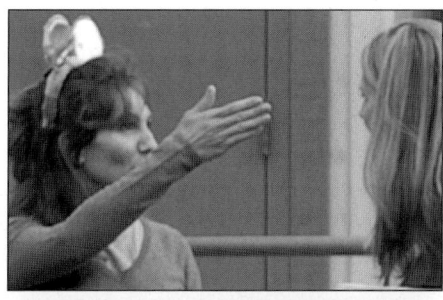

케이트: 아니, 왜 밀고 그래요?

크리스: (다음 순서를 기다린다)음~

상상해보자.

상상해보자.

VIDEO SYSTEM 영상 시스템

어떤 줄거리를 생각했는지 모르겠지만, 실제 앞 페이지 모든 그림은 아래와 같은 한 장의 사진에서 여러가지 카메라 구도와 그 구도가 만들어낼 수 있는 이야기들을 필자가 예로 만든 것이다.

인간의 눈에 보여지는 사물을 위의 전체 사진이라고 한다면, 영상을 만드는 연출자의 눈은 프레임(Frame)이라고 말하는 카메라 구도이어야 하고, 그리고 그것으로 이야기를 해야만 한다.

카메라 구도는 롱샷(Long Shot), 풀샷(Full Shot), 바디샷(Body Shot), 클로즈업(Close-Up) 이렇게 네 가지로 분류할 수 있다. 다르게 부르는 방법도 있지만, 교회에서 필요한 구분은 이렇게 네 가지로 통일해서 사용하는 것이 좋다. 실제 방송실 내의 연출자와 카메라 맨 사이에 짧고 분명하게 원하는 대화가 이루어 지는 것이 더 중요하기 때문이다.

옆 그림의 위로부터 롱샷, 풀샷, 바디샷, 클로즈업의 순서이다. 롱샷은 스토리 전개를 시작을 의미한다. 영화적 의미에서는 상/하/좌/우 어느 위치에서라도 다양하게, 그리고 관객들의 시선을 한 번에 잡을 수 있는 위치와 촬영 기법으로 그 앵글을 잡을 수 있다. 풀샷, 바디샷, 클로즈업은 인물 중심으로 정해놓은 구도이다. 바디샷은 대개 허리위에서 머리까지를 말한다. 설교시간에는 당연히 클로즈업이 중심이 되는 화면이고, 때때로 설교자의 손이나 몸으로 이야기 되는 부분을 바디샷과 풀샷으로 보여주어 다소 지루해질 수 있는 그림의 변화를 주는 것이 좋다. 이따금 한번씩 롱샷을 통해서 전체 분위기를 보여주는 것도 필수적인 기법이겠다.

VIDEO SYSTEM 영상 시스템

왼쪽 사진들의 구도를 살펴 보자. 사실, 구도는 정답이 없다고 보지만 방송이나 영화를 통해서 대중적으로 표현되는 구도에 대한 필자의 정리는 다음과 같다.

A는 정상적인 설교에 적합한 구도이다. 상/하/좌/우의 여백과 공간에서 인물이 안정적으로 보인다. 뉴스 앵커의 모습을 주의 깊게 보면 이런 구도를 많이 사용한다. 하단부에 자막을 삽입할 수 있는 공간이 있다. HD시대와 42인치 이상의 대형 TV가 많아지면서 뉴스 앵커의 모습 자체가 많이 작아지기도 했다. 어쨋든, 설교에 가장 적합하다고 본다. B는 의외로 많은 교회에서 사용 하는 설교 구도인데, 머리 위의 불필요한 공간을 남겨둔 부분이 눈에 걸린다. C는 오른쪽 공간에 무언가 그래픽을 표시할 필요가 있을 경우, 또는 인터뷰 중 이따금 보조 영상으로 적합한 구도이고, D는 인터뷰 장면으로 많이 보이게 되는 구도이다.

설교, 예배 실황, 뉴스, 결혼식 등의 대부분 다큐멘타리

식의 촬영에는 구도나 영상적으로 실수라고 볼 수 있는 부분이 특별한 문제없이 시청자에게 받아들여질 수 있다. 하지만, 드라마나 뮤직 비디오 등의 촬영에는 원칙적으로 구도 자체가 연속성을 지녀야 할 필요가 있다. 연출되는 내용 자체가 다른 이야기로 전환되지 않는 한, 구도를 통해서 이어져야 한다는 것이다. 그리고 구도는 피사체의 모양, 색상, 빛 그리고 선 모두 조화를 이루어야 한다. 미적인 감각이 중요시되는 부분이겠다.

눈높이에서 바라보는 시각은 사람에게 가장 친숙하다. 그래서 연출자들은 그 시각의 높이를 다르게 하여, 그 위치에서 바라보는 세상을 이야기하는 경우가 많다. 개의 눈높이에서 바라보는 것을 위한 Dog Cam, 날아가는 새가 바라보는 높이를 의미하는 Bird Eye View 등 다들 새로운 시각을 보여주기 위해 만들어진 구도가 되겠다.

5-10-2 카메라 이동

카메라가 이동하기 시작할 때 가장 중요한 것은 시청자의 시각에서는 카메라가 이동하는 것이 아니고, 카메라에 담기는 세상이 움직이는 것으로 느껴진다는 것이다. 그 이유로 카메라맨의 훈련에는 카메라 이동에 대한 부분이 가장 중요한 부분으로 자리 잡게 된다. 손떨림과 같은 작은 움직임도 영상을 보는

VIDEO SYSTEM 영상 시스템

시청자의 입장에서는 전체 화면이 떨리게 되는 현상이 나타나 내용과 관계없이 불안감을 전해주게 된다. 물론 아예 작정하고 핸드핼드(Handheld)방식으로 찍은 긴장감 넘치는 영화가 있기도 하다.

팬(Pan)은 좌/우로 움직이는 기법이다. 삼각대에 설치해서 움직일 경우에나 어깨에 매고, 또는 손에 들고 움직일 때도 역시 가능한 안정적으로, 그리고 떨림없이 움직이는 연습이 필요하다.

틸트(Tilt)는 상/하로 움직이는 방법이다. 나머지는 팬과 동일.

달리 샷(Dolly Shot) 미리 깔아놓은 레일과 바퀴가 달린 삼각대나 바퀴가 달린 차를 이용해서 흔들림 없이 움직일 수 있는 기법이다. 요즘은 카메라 자체를 원하는 이동 가능한 물체에 부착할 수 있는 악세서리가 많다. TV의 리얼리티 프로그램에서 자주 나온다.

크레인(Crane), 지미 집(Jimmy Jib)이라는 고유 명사화된 제작사의 제품이기도 한데, 높은 곳에서 바라보는 시각적 효과가 큰 장치이다. 예배 실황때 회중의 반응이나 무대 위의 모습을 동적으로 활용할 수 있

는 좋은 도구가 된다.

스테디 캠(Steadicam)도 역시 고유 명사화된 장비이다. 영화는 물론 축구 시합과 같은 영상에서도 자주 등장하는 장비인데, 상당히 동적인 영상을 만들어낸다. 정식 제품은 오른쪽 그림과 같은 제품이지만, 아래 그림과 같이 캠코더 용으로 나온 제품도 있다.

이따금 성가대와 찬양팀의 찬양, 또는 헌금송 등의 장면에서 조금은 심할 정도로 카메라의 이동만으로 채우는 경우가 있다. 모든 카메라가 좌/우, 줌 인/아웃, 상/하, 연주자의 손, 악기, 마치 성가대원 출석부 작성하는 듯한 이동, 초점을 이용한 다양한 효과, 크레인으로 보이는 광각의 그림, 실내에서는 어렵지만 야외의 경우 많이 대중화된 드론을 이용한 방법……
앞에 언급된 것과 같이 시청자의 입장에서 영상은 고정된 시청자의 눈으로 바라보는 고정된 TV안에 움직이는 세상이라는 것을 머릿속에 잘 담고 있어야만 한다. 안정감이 있어야 내용 전달이 쉽다고 본다. 내용을 위해서 존재하는 것이 영상이다.

VIDEO SYSTEM **영상 시스템**

LIGHTING SYSTEM
조명 시스템

6-1 예배 조명의 목적

점차 조명 시스템의 중요성을 인식하는 교회가 많아진다. 교회에 필요한 조명은 4가지 정도의 목적이 있다고 본다. 예배실 내의 분위기를 만들어 내는 것, 조명을 통해서 무대와 객석을 구분할 수 있어야 하고, 목적에 따라 보여 주어야 할 부분만을 보여줄 수 있는 것, 그리고 특정 물체의 입체감을 부각할 수 있는 것, 이렇게 4가지 목적을 위해 예배 조명이 필요하게 된다.

옆 그림을 보면서 4가지 목적을 생각해보자.

예배의 형태에 따라 전혀 다른 조명 디자인이 필요하겠다. 전통적인 예배에서 필요한 조명은 그림과 같은 조명이 아닐 수 있겠고, 성경봉독이나 기도, 설교 때마다의 조명 역시 달라져야 할 것이다. 기본적으로 조명이 필요한 가장 큰 이유는 예배를 드리는 시간 동안에 회중이 예배에 집중할 수 있게 돕는 역할이라고 본다. 물론, 문화 행사나, 콘서트 등의 조명에서도 **집중**이라는 목적은 같다.

LIGHTING SYSTEM 조명 시스템

집중이라는 의미에서 조명은 회중과 소통하는 방법의 하나라고 볼 수 있다. 소통에 필요한 지역만을 보여주어서 회중으로 하여금 그 지역에서 벌어지는 행위와의 소통만을 가능하게 한다는 것이다. 아예 예배중에 회중석의 조명 자체를 꺼서 회중으로 하여금 조명이 있는 곳만을 집중하게 하는 교회도 있다.

빨간색 조명으로 가득 채운 공간에서 느껴지는 느낌과 파란색 조명으로 채운 공간에서 느껴지는 느낌이 전혀 다르다. 이미 정해져 있는 선입관 같은 느낌 자체도 조명과 무대 연출에 따라 전혀 다른 느낌으로 바뀔 수 있다. 즉, 조명 자체가 소통할 수 있는 언어 역할도 할 수 있다는 이야기이다. 따로 음향이나 영상을 사용하지 않아도, 조명만으로 긴장하게 만들고, 또 반대로 평안함을 줄 수 있는 것이 조명의 역할이다.

반대로, 조명은 예배 자체를 방해하는 요소가 될 수 있다. 당연히 이 부분은 목회 스타일과 맞추어져서 선택되어야 하는 부분이다. 조명을 통해서 예배자들의 예배에 도움이 되어야만 하는 디자인과 운영이 이루어져야겠다. 때로는 엄숙하고, 때로는 동적인 예배를 만들 수 있게 조명이 도울 수 있어야겠다.

6-2 조명 용어

영상 시스템의 첫 부분에서 빛과 색에 대해서 알아 보았다. 몇 가지 기본 용어를 살펴보자.

빛은 속도를 가지며 계속 전진하고 부딪쳐서 흡수되거나 반사된다. 그냥 멈춰있지 않는다는 것이다. 따라서 빛의 양을 이야기 할때는 좀 어렵지만 **광속**(光速, Luminous Flux)으로 표현한다. 단위는 영상 시스템에서 자주 나온 루멘을 사용한다.

빛의 세기를 나타내는 용어는 **광도**(光度, Intensity)이다. 단위는 칸델라(Candela, Cd)로 표시한다. 아래의 조도와는 달리 빛 자체의 세기를 말한다. 조명기기에서는 램프의 출력 와트 수를 이야기하기도 한다. 대부분 와트 수가 클수록 더 밝은 빛을 만들어 낸다.

일정 부분 만을 위한 조명이 필요해지는 특수 조명에 사용되는 용어가 **조도**(照度, Illuminance)이다. 특정 면적에 비추어지는 조명의 세기를 나타낸다. 단위는 **룩스**(Lux, lx)를 사용한다.

LIGHTING SYSTEM 조명 시스템

빛 자체의 세기를 나타내는 용어를 휘도(輝度, Luminance)라고 하는데, 단위 면적당 만들어내는 빛의 세기로 니트(cd/m^2)라는 단위를 사용한다. 1 평방 미터의 광원에서 나오는 빛의 세기가 1 니트가 된다.

조명 효율이라는 용어를 자주 발견하게 되는데, 빛을 만들기 위해서 사용되는 소비 전력이 실제 빛으로 변환되는 효율이 된다. 1 와트 당 만들어지는 루멘값이 된다. 즉, lm/W 로 표시된다.

연색성은 해당 공간에 존재하는 자연적인 빛과 원하는 조명이 잘 어울릴 수 있는가를 측정하는 용어이다. Ra라는 단위로 표시되며, 표준 광원으로 정해진 빛과 원하는 조명에 의해서 보여지는 물체가 같은 색감을 보일 경우가 100으로 정해서 사용한다. 당연히 100에 가까운 높은 숫자가 좋다. 대부분 85이상의 연색 지수를 사용하는 것이 좋다.

조명을 크게 하드 라이트(Hard Light)와 소프트(Soft) 라이트로 구분하기도 한다. 조명기구에서 램프를 통해서 중간에 감쇄시키는 필터가 없이 직접 비추게하는 조명이 하드 라이트이고, 중간에 빛을 확산시켜서 부드러운 빛으로 만든 상태가 소프트 라이트가

된다. 하드 라이트는 옆 페이지 그림처럼 무대 바닥에 정확한 조명의 경계가 나타낸다. 소프트 라이트는 옆 그림처럼 경계가 나타나지 않는다. 영상을 위한 조명에는 주로 소프트 라이트 계열이 많이 사용된다. TV에 보이는 뉴스 앵커의 모습을 보면 짐작이 갈 것이다.

소프트 라이트를 만드는 데에는 확산 필터(Diffuser Filter), 또는 반사판(Reflector)이 사용된다.

6-3 램프

조명에 사용되는 램프의 종류에 대해 알아보자.

6-3-1 텅스텐 할로겐 램프

특수 조명에서 많이 사용되는 램프가 텅스텐 할로겐 램프(Tungsten-Halogen Lamp)이다. 예전 외웠던 원소의 주기율표 중 7족 원소 중에서 플루오르(F), 염소(Cl), 브롬(Br), 요오드(I), 아스타틴(At) 이렇게 5개를 할로겐이라고 통칭해서 부른다. 일반 전구는 내부에 필라멘트 텅스텐을 태우면서 빛을 만들어내는데, 전구에 할로겐 가스를 주입하여 전기

LIGHTING SYSTEM 조명 시스템

를 공급하면 내부에 있는 텅스텐 원소가 낮은 온도인 램프 내부의 바닥에서 할로겐과 결합되어 필라멘트로 올라갔다가 높은 열에 의해서 다시 분해되어 내려가는 동작을 반복하게 된다.

할로겐 램프는 태양광에 가장 근접한 빛을 만들어낸다고 한다. 가장 좋은 점은 조명 효율이 상당히 좋다. 일반 백열등이 12.8 lm/W일때 텅스텐 할로겐 램프는 19.2 lm/W를 가진다. 반대로 저 전력의 경제적인 제품이라는 이야기도 된다. 대략 3000~3200K 정도의 색 온도를 가진다.

모든 할로겐 램프는 상당히 높은 열이 난다. 따라서 램프 자체를 손으로 만지는 것은 손에 있는 기름기가 램프 표면에서 녹아 붙어버리기 때문에 반드시 장갑을 끼고 만져야만 한다.

6-3-2 메탈 할라이드 램프

높은 조명 효율과 태양광에 가까운 연색성을 가지는 메탈 할라이드 램프(Metal Halide Lamp)는 수은등에 할로겐 물질을 넣어서 제작된 램프이다. HMI(Hydrargyrum Medium Iodide), CSI(Compact Source Iodide), CID(Compact Iodide Daylight) 이렇게 세 가지의 램프가 사용된다. 이들 램프를 방전 램프(discharge lamp)라고 부르는데, 램프 내에 투입되는 기체와 금속 부분의 방전 현상에 의해서 빛이 나기 때문에 그렇게 부른다. 전류가 계속 증가하려는 현상이 발생하기 때문에 안정기를 달아서 램프에 흐르는 전류를 제한하게 한다.

HMI 램프는 **오스람**(OSRAM, 독일)사가 개발한 제품으로 짧은 점등 시간과 반짝임이 적은 장점이 있다. 특수 조명에 가장 많이 쓰이는 램프이기도 하다. 주로 스포트 조명기기에 많이 쓰인다. 5600 K정도의 색온도를 가진다.

CSI 램프는 주로 **롱핀**이라고 불리는 팔로우 스포트(Follow Spot)용 램프이다. 가격도 상당하다. 전구 안에는 나트륨, 칼륨, 갈륨이 들어 있으며, 색온도는 4000 K 정도가 나온다. 최근에는 제논 램프를 팔로우 스포트용으로 많이 사용한다고도 한다.

CID 램프는 내부에 주석이나 인듐을 넣은 램프로 1 kW나 2 kW의 고출력램프로 CSI램프와 같이 팔로우 스포트용으로 많이 사용된다. 5500 K 정도의 색 온도를 가진다.

LIGHTING SYSTEM 조명 시스템

6-3-3 형광 램프

　1938년 개발된 일상생활에서도 백열등 보다 훨씬 좋은 조명 효율로 인해 많이 사용되는 것이 이 **형광 램프**(Florescent Lamp)이다. 내부에 기체를 넣고, 음극을 가열해서 전자기류를 방출하면 파장이 짧은 자외선 빛을 발생하는 플라즈마를 만들게 되는데, 이것이 투입된 형광물질을 통해서 가시 광선을 만들어낸다. 일정한 전압을 공급해주는 안정기가 필요하다. 예전에는 디밍이 안되는 램프로 분류했지만, 요즘은 디밍이 가능한 형광 램프도 나온다.

최근에는 오른쪽 마틴사의 싸이클로(Cyclo) 처럼 배경을 위한 업라이트나 다운라이트를 위해 사용되는 특수 조명의 한 부분으로도 많이 사용된다.

6-3-4 실드 빔 램프

　아예 빛이 나가는 반대편을 알루미늄 등의 반사판으로 만들어서 일체형으로 만든 램프가 실드 빔 램프(Sealed Beam Lamp)이다. 자동차용 전구로 개발되었다가 조명용으로 많이 사용된다. 가장 많은 특수 조명기구인 **파캔**(Par

Can)용 램프로 많이 사용된다.

6-3-5 제논 램프

제논(Xenon) 가스프를 투입한 전구 내의 두 극에서 발생하는 불꽃으로 빛을 만드는 램프로, 기존 할로겐 램프 소요 전력의 절반 정도로도 2-3배의 밝기를 내는 아주 좋은 조명 효율을 가지고 있다. 태양광과 유사한 연색성을 가지며 6500 K정도의 색 온도를 가진다. 점등 시간 자체가 없는 장점을 가진다.

6-3-6 LED

LED(Light Emitting Diode)는 발광 다이오드라고도 불리는 전자 부품이다. 전자 시계와 같은 디스플레이 부분에서 주로 사용되다가, 빨강의 기본 색깔외에 초록과 파랑, 그리고 흰색까지 발명이 되면서 본격적인 조명용 램프로 탈바꿈하고 있다. 고출력 LED의 출현으로 90 Ra 이상의 연색성을 충족시키면서, 거의 100%에 달하는 조명 효율과 수은을 사용하지 않고, 저 전력 그리고 가장 중요한 기본 수명 자체가 반영구적이어서 친환경 제품으로 각광을 받고 있다.

LIGHTING SYSTEM 조명 시스템

기존 램프에 비해서 초기 비용이 크다는 부담이 있지만, 몇 년만 지나면 전기료를 포함한 유지 비용 자체가 1/10 이하로 줄어들 수 있다는 장점에 많은 조명 제품들이 고출력 LED 램프를 장착하고 출시되고 있다.

또 하나의 무시 못할 LED 램프가 가지는 장점은 다른 램프에 비해서 발열량이 극히 작다는 것이다. 따라서 낮은 천장을 가질 수 밖에 없는 상가 건물의 예배실이나 많은 수의 조명이 설치되는 장소에서 기본적으로 실내 온도 상승을 막으면서도 좋은 조명을 얻을 수 있는 도구로 쓰이고 있다.

6-4 조명기

특수 조명에서 사용되는 조명기(Light Fixture)는 크게 박스(Box) 또는 하우징(Housing)이라고 부르는 케이스, 램프, 렌즈, 그리고 반사경 이렇게 4 부분의 구조를 가진다. 파캔처럼 렌즈가 없이 열려있는 형태의 기구도 있다. 물론 각 제품마다 특수한 기능들이 추가되어서 고유한 특성을 가지는 조명기기도 있다. 전동 기계장치와 마이크로 프로세서로 무장한 무빙 헤드(Moving Head)와 같은 것들이 그런 부류에 속한다.

6-4-1 파캔

파캔(Par Can)은 깡통을 의미하는 단어가 포함된 것에서 짐작하듯이 깡통 안에 램프를 넣어놓은 것과 같은 간단한 구조를 가진다. 램프 자체도 실드 빔 램프를 사용해서 반사경도 따로 필요없는 구조이다. 따라서 가격도 가장 저렴하고, 가장 많이 쓰이는 조명기가 된다. 옆 그림처럼 맨 앞에 컬러젤(Color Gel)이라고 불리는 색지를 틀에 끼워서 사용하기도 한다.

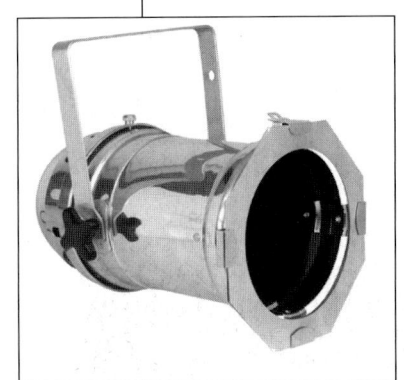

Par는 Parabolic Aluminized Reflector의 줄임말이 되는데, 접시모양의 알루미늄화된 반사기의 의미를 가진다. 크기에 따라 PAR36, 38, 46, 56, 64등이 있는데, PAR 46(소파)과 64(대파)가 요즘 가장 많이 쓰인다. 각 숫자를 8로 나누면 실제 램프의 직경이 된다.

50 W에서 부터 1000 W에 이르기 까지 다양한 종류의 램프를 사용하게 된다. 제품을 고를 때에는 고열을 견딜 수 있는 견고성에 더 중점을 두고 살펴보아야 한다.

역시, LED 램프를 내장한 파캔도 많이 나오고 있다.

6-4-2 일립소이달

일립소이달(Ellipsoidal)은 특정 부분만을 비추기 위한 스포트 조명기의 대표적인 조명기이다. 알트만(Altman), ETC같은 회사들이 저마다의 고유한 특허를 획득하여 발전시킨 제품들이 사용되는데, 아예 Source Four (ETC)처럼 고유명사화된 제품들도 있다.

램프 뒷 부분에 타원형의 반사경이 달려있어 빛이 한쪽으로 모여 촛점을 만들게 되고 이 빛이 렌즈를 통해서 다시 확산되어 원하는 방향에 집중해서 비추게 되는 구조를 가진다. 그림에서 보는 것처럼 램프 바로 앞 부분이 되는 중간 부분에 수평과 수직으로 셔터가 달려있어 기본 적인 원형, 반원형, 사각형 등의 모양을 만들 수 있다. 조명기 아래 부분에 내부 렌즈의 위치를 변경할 수 있는 손잡이가 달려있어서 빛의 퍼지는 양을 조절 할 수도 있다. 조명기 뒷 부분에 램프의 위치를 앞/뒤로 조정해서 역시 원하는 촛점의 위치를 조정 할 수 있기도 하다.

밝기가 고르고 빛의 경계면을 분명하거나 부드럽게 조절할 수 있어, 특히 인물 중심의 조명에는 기본 조명으로 많이 쓰인다.

제품의 견고성 면에서 아직 유명 제조사의 조명기를 선택할 수 밖에 없다. 특히 고열로 인한 램프를 고정하는 소켓 부분의 부식과 같은 현상은 램프를 자주 망가뜨리게 하기도 한다. 하우징의 주요 부품이 주물로 제작된 제품을 선택하는 것이 좋다.

촛점 각도에 의한 다양한 빛의 직경을 가지게 만드는 제품이 있어, 용도에 따라 선택하여 원하는 지역만을 밝게 할 수 있다.

고보(Gobo)라고 불리는 무늬 판을 중간에 삽입하여 원하는 형태의 무늬가 비추어지게 만들기도 한다. 특히 옆 그림처럼 회사의 로고나 원하는 글자를 레이저로 제작해서 비추기도 한다.

6-4-3 프레이넬

프레이넬(Fresnel)은 퍼넬이라고도 불리기도 한다. 맨 앞에 부착되는 렌즈의 확산 기능으로 소프트 라이트의 역할을 하는 조명기이다. 원래 등대를 위해 발명된 제품으로 직경은 키우면서도 초점 거리를 줄여서 조명기 자체의 크기와 무게

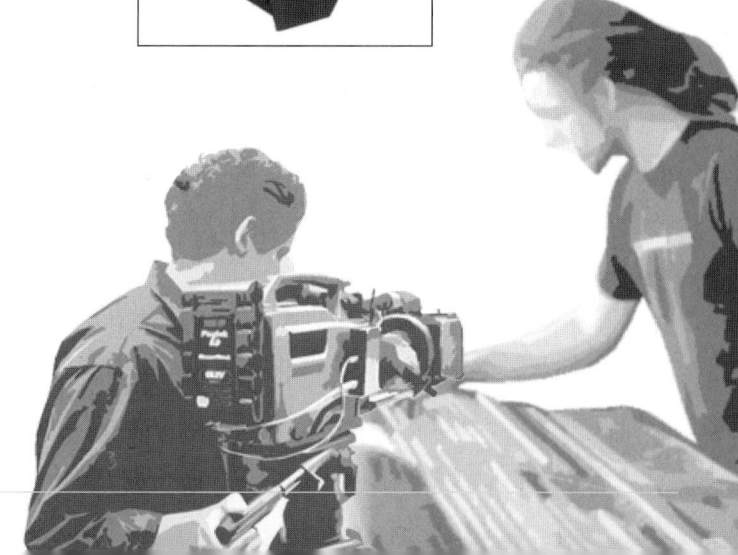

LIGHTING SYSTEM 조명 시스템

를 줄일 수 있는 해결책으로 나온 조명기이다.

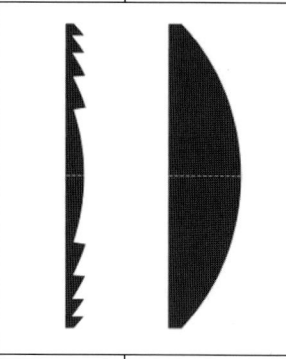

그림의 오른쪽 크기의 렌즈를 프레이넬 존이라고 불리는 점점 줄어드는 원형으로 절단하고 겉면을 왼쪽처럼 얇게 만들어 원래 렌즈와 같은 빛의 굴절 각도를 나타낼 수 있게 만들었다.

프레이넬 렌즈 자체는 산업 전반에 걸쳐서 많이 사용되는데, 특히 중앙부는 밝고 경계면은 부드러운 장점을 가지는 좋은 조명기로 방송국에서 많이 사용하기도 한다.

6-4-4 스트립라이트

스트립라이트(Strip Light)는 램프를 여러 개 줄을 맞추어 연결해놓은 조명기로 비교적 넓은 공간에 고른 빛을 비추일 때 사용한다. 형광 램프와 마찬가지로, 업 라이트나 다운 라이트로 많이 사용되게 되는데, 컬러젤을 사용해서 원하는 색상을 만들어 전체 분위기를 만들어내기도 한다. 특히 요즘에는 할로겐 램프를 장착하여 부드러우면서도 깨끗한 빛을 만들어내기도 한다. 이어진 램프를 A/B/C/A/B/C 등과 같이 3개 또는 D를 추가한 4개로 회로를 만들어서 A, B,

C 등의 각각 독립된 조절을 만들기도 한다.

6-4-5 스캐너

스캐너(Scanner)는 자동 조명기의 한 종류이다. 제조 회사에 따라 무빙 미러(Moving Mirror)라고도 불리는 인텔리전트(Intelligent) 조명기이다. 스캐너는 조명기 자체는 고정 되지만, 빛을 반사하는 거울이 상하좌우로 움직이면서 빛을 움직이게 설계된 조명기이다.

내부에서 색깔과 고보 모양이 만들어져서 거울에 빛이 비추어지면 정해놓은 조작에 의한 방향으로 거울이 움직이면서 빛을 내보내게 된다. 뒤에 설명된 무빙 헤드와 달리 동작에 필요한 공간을 작게 차지하고, 기본적인 동작 소음이 작다는 장점이 있다.

인텔리전트 조명기는 내부에 디머가 내장되어 있기 때문에 전원과 컨트롤을 위한 케이블만 연결하면 된다.

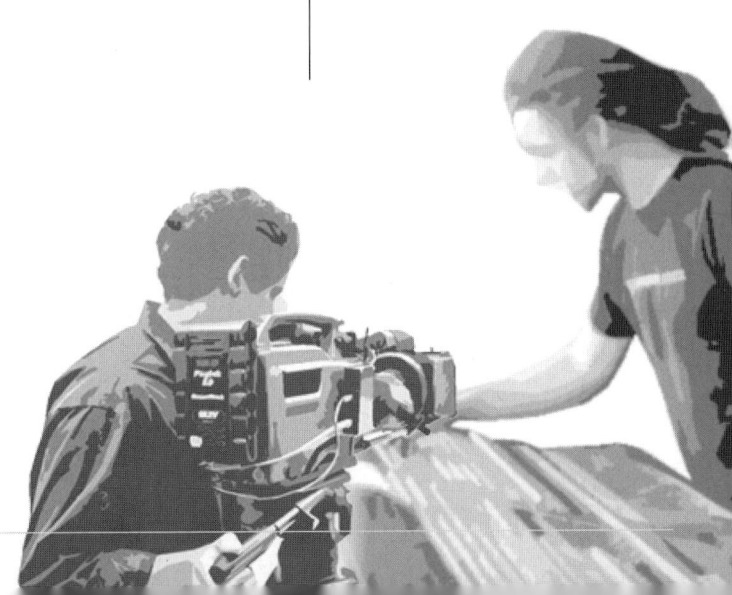

LIGHTING SYSTEM 조명 시스템

*무빙 라이트라고도 하지만, 무빙 헤드가 정확하다.

6-4-6 *무빙 헤드

특수 조명의 꽃으로 불릴 수 있는 조명기가 무빙 헤드(Moving Head)이다. 대부분 내부에 다양한 색상의 필터, 초점, 줌, 다양한 고보, 디머까지 내장되어 있으면서 좌우로 360도 이상의 회전 반경을 가지고, 위아래로는 260도 정도의 각도를 가지면서 정해진 방법대로 빛을 뿌리면서 움직인다.

150 W에서부터 2000 W까지 다양한 종류와 가격대의 제품이 나와있다. LED가 대중화되면서 LED를 탑재한 모델도 나오고 있다. 무빙 헤드의 멋은 일정한 간격을 가지고 설치된 여러 개의 무빙 헤드가 마치 군무(群舞)를 추는 것처럼 같이 움직이면서 다양한 효과를 만들어내는 것이다. 조명이 예술로 승화되는데 중요한 역할을 한다고 본다.

무빙 헤드는 스포트과 와시(Wash)의 두 종류가 있다. 와시는 소프트 라이트의 일종으로 전체 분위기를 만들어 가는 중요한 역할을 한다.

무빙 헤드는 기기가 걸려있는 방법과 방향에 따라 기본 좌표가 달라진다. 따라서 컨트롤을 위해서는 좌표의 이해가 필요한 장비이다. 좌표를 이해해야 움직임을 미리 지정하고 원하는 위치로 여러개의 조명의 빛을 모을 수 있기 때문이다. 다행히 요즘 나오는 전문 무빙 헤드 컨트롤 기능이 내장된 컨트롤러들은 쉽게 그 작업을 할 수 있다.

무빙 헤드의 활용도는 참 엄청나다. 한 대만으로 어떤 결과가 나오기를 기대하는 것은 어렵지만, 4대 이상이 되어서 보여줄 수 있는 효과는 어떤 조명기기보다 강력한 것이 무빙 헤드의 힘이다. 물론 그만큼 누가 어떻게 사용하느냐가 중요하다는 이야기도 된다. 옆 그림 위는 Elton John과 Bylly Joel의 2009년 투어 조명 세트이고, 아래는 시카고 Willowcreek 교회의 무빙 헤드 활용 사진이다.

중국산 저가 제품이 많이 나오면서 훨씬 더 많은 교회가 활용을 하기 시작했다. 기계와 자동 제어의 기술이 필요한 부분이 많아서 사후 서비스가 안정적인 제품으로 구매, 설치하는 것이 바람직하겠다.

스캐너와 같이 무빙 헤드는 하나의 조명기기에 많으면 16채널 까지의 DMX 채널을 점유해야만 한다. 자세한 이야기는 뒤에 계속 된다.

LIGHTING SYSTEM 조명 시스템

6-4-7 컬러 체인저

컬러 체인저(Color Changer)는 인텔리전트 조명기로는 가장 단순하지만, 효과적인 역할을 하는 조명기이다. 기본적으로는 프레이넬 조명기와 같은 구조를 가지지만, 내부에 디머와 컬러 휠을 장착하여 원하는 컬러를 별도의 컬러젤 교체 없이 마음대로 할 수 있다는 장점이 있어서 기존의 조명기를 내리거나 올라가서 컬러 세팅을 해야하는 불편함을 제거한 좋은 조명기이다.

6-4-8 팔로우 스포트

롱핀, 핀스포트라고 많이 부르는 이 조명기는 주로 주인공을 따라 다니거나 특정 지역에 대한 스포트 조명 역할을 한다. 조명마다 조명의 이동을 책임지는 기사가 한명씩 필요한 장비가 된다. 제품에 따라 선택되는 컬러젤을 내장하고 있기도 하며, 고출력의 램프가 필요한 만큼 발열과 소음의 문제가 작은 제품을 선정해야 하겠다.

6-4-9 키노 플로

키노 플로(Kino Flo, 미국) 역시도 하나의 고유 명사화된 제조사의 이름이다. 원래 연색성 지수가 낮고, 깜박임이 있고, 또 고유한 색깔을 지녀서 가정용 외에는 별로 사용될 기회가 적었던 형광 램프를 개량해서 언급된 문제점을 해결해 요즘 방송이나 영화, 교회에도 많이 사용되는 조명기가 되고 있다.

원하는 밝기를 충분히 내주면서도 눈부심이 적고 고른 부드러운 빛을 넓은 영역에 뿌려 주는 조명이다. 대부분 예배공간에 설치되는 공연장용 조명이 실제 영상에 맞지 않는다는 면에서 좋은 대안이 되는 조명기이다.

6-5 악세서리

램프와 조명기외에 사용되는 악세서리에 관해 알아보자.

LIGHTING SYSTEM 조명 시스템

클램프(Clamp)는 조명기를 원하는 곳에 고정하기 위해서 필요한 악세서리이다. 옆과 같이 파이프 전체를 감싸서 안전하게 거는 방식은 주로 중량이 있는 무빙 헤드와 같은 조명기에 쓰이고, 파캔이나 일립소이달 등의 조명기는 C자 모양으로 생긴 C클램프로 고정하여 사용한다.

컬러젤(Color Gel)은 조명기기에 전용 프레임을 사용해서 끼워 색깔을 표현할 수 있게 만든 젤라틴을 이용한 필름이다. 컬러 필터라고도 불리기도 하는데, 반드시 조명 전용으로 나온 것들을 사용해야만 한다. 일반 색 비닐을 사용하면 조명기의 고열에 의해서 발화의 가능성이 많다. 설교자를 향한 조명의 경우 컬러젤 자체를 사용하지 않는 경우가 많은데, 측면 조명의 파캔 같은 것에 핑크색 컬러젤을 하나 끼워 놓으면 피부에 혈색이 살아나서 좀 더 포근한 느낌을 줄 수 있다. 차갑거나 부드러움을 결정할 수 있는 부분이 색상에 대한 것이니까 관련 자료를 통해서 여러가지 색에 대해 공부하는 것이 좋다.

안전 고리(Safety Chain)는 클램프로 연결되는 조명기와 고정부에 안전을 목적으로 한 번 더 연결해 놓는 쇠 줄이다. 어떠한 이유로든 조명기 자체가 떨어질

경우 안전하게 사람이 피할 수 있는 시간을 만들어 주는 것이 안전 고리가 된다. 반드시 조명기 하나당 하나씩은 걸어 사용하는 것이 원칙이다. 프로젝터나 스피커 등에도 반드시 걸어놓는 것이 좋다.

트러스(Truss)는 조명기를 자유롭게 설치할 수 있는 무대 장치의 중요한 악세서리이다. 조명기 외에도 음향이나 다른 장비를 설치할 수 있고, 아예 무대의 골조 역할도 한다. 알루미늄으로 만들어서 가볍고, 튼튼하면서 또 응용이 편한 여러가지 모델이 있다.

조명기를 다루기 위해서는 옆 그림과 같은 멀티 공구와 두꺼운 장갑, 절연 테이프 등이 필수 장비가 된다.

LIGHTING SYSTEM 조명 시스템

6-6 디머

공급되는 전원을 조명기에 전달하는 역할을 하면서 아울러 그 공급되는 전기의 양을 조절하여 조명기의 조도를 조절하는 역할을 하는 것이 디머(Dimmer)이다. 디밍(Dimming)을 한다라는 표현을 쓰기도 한다.

이전에는 공연장에는 음향과 조명이 완전 상극이던 시절이 있었다. 음향 콘솔이 객석의 오른쪽을 택하면 조명은 왼쪽 끝, 저 멀리에 위치해야만 하던 시절이었는데, 그 이유는 당시만 해도 조명의 동작전원 자체가 조명 콘솔을 지나가야하기 때문에 발생하는 잡음이 음향으로 유입하는 현상이 많이 있었기 때문이었다.

*그렇다고 요즘은 친하다는 건 아니다.

80년대 중반부터 나오고 90년대가 넘어가면서 표준화를 이룬 DMX512라는 조명 전용 프로토콜과 그에 대응하는 제품들이 나오면서 전원을 담당하는 디머와 그 컨트롤을 담당하는 조명 콘솔이 분리가 되기 시작했고, 좀더 효율적인 디머 시스템들이 개발되어 나오기 시작했다.

옆 그림과 같은 형태의 디머 모듈이 SSR(Solid State Relay) 소자와 차단기, 그리고 컨트롤을 위한 마이크로 프로세서로 이루어진

요즘 가장 많이 사용되는 디머가 된다. 이 디머 모듈은 2채널 용으로 옆 그림과 같은 전용 랙과 컨트롤 장비를 통해서 사용 된다.

기본적인 디머의 활용에는 반드시 전기실에서부터 해당 조명기나 회로까지 1:1로 전기를 공급해야만 한다. 따라서 독립적인 배관이 예배실 천정의 조명 위치까지 되어야 하는데, 이 부분의 비용 역시 만만치 않다.

그 대안으로 나온 것이 옆 그림과 같은 DMX 디머 바(Dimmer Bar)이다. 제품에 따라 4채널에서 6 채널 정도의 디머와 DMX신호를 위한 프로세서를 내장하고 있어서 전기 업체에게는 그냥 20A 전원 하나씩만 원하는 위치에 공급 해달라고 한 후 이 바를 통해서 조명을 걸고, 활용할 수 있게 되어 있다. 옆 그림과 같이 포터블용으로 나온 제품도 있다.

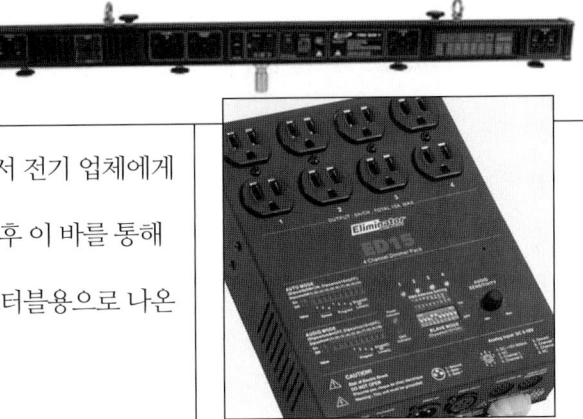

디머는 사용자 입장에서 별로 손댈 부분이 없는 장비이다. 설계와 시공자가 설치를 해놓으면 거의 사용자는 어디에 있는지도 모르는 장비가 되기도 한다.

LIGHTING SYSTEM 조명 시스템

6-7 조명 컨트롤 콘솔

조명 컨트롤 콘솔은 크게 일반용 컨트롤러와 인텔리전트 조명기를 포함하는 컨트롤 콘솔로 구분할 수 있다. 기본적으로 DMX512라는 총 512개 채널의 프로토콜 데이터 값을 변경하여 지정된 채널의 컨트롤을 하여 조명기를 조절하는 기능을 가진다.

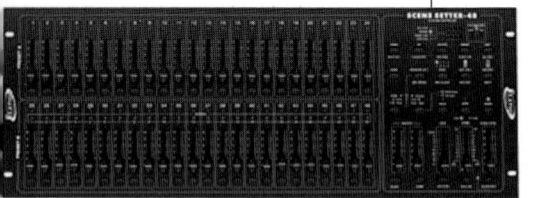

옆 그림과 같이 비교적 간단한 구조를 가지는 것이 일반용 컨트롤 콘솔이다. 채널 수 만큼의 페이더를 가지거나 뱅크(Bank)라는 일종의 채널별 그룹을 통해서 정해진 페이더로 많은 채널을 조작할 수 있는 제품도 있다. 물론 신(Scene), 프리셋(Preset), 체이스(Chase) 등등의 기능을 가진다. 위 아래 두개의 페이더 그룹으로 정해져서 서로 다르게 세팅된 것을 각 그룹 페이더를 교차해가면서 조명 효과를 만들 수 있는 가장 기본적인 기능만을 가진 컨트롤 콘솔도 있다. 이런 콘솔을 따로 프리셋 콘솔이라고 하기도 한다. 요즘에는 프로세서나 메모리의 도입이 많아지면서 저가의 콘솔도 메모리 기능이 가능하기도 해서 프리셋 콘솔은 점차 수요가 줄고 있다.

모든 장비가 그런 것처럼 반드시 매뉴얼을 읽고 연습해서 사용하는 습관을 가져야겠다.

신은 무대의 기본적인 장면마다 연출하고자 하는 세팅을 셋업 한 후 저장 했다가 나중에 필요한 *큐(Cue)에 의해서 조명을 지정된 신의 메모리만으로 활용하기 위한 기능이다. 콘솔에 수 십개의 신을 메모리 해놓을 수 있고, 필요 하면 메모리에서 불러 놓은 신을 수정할 수 있기 때문에 효과적으로 사용할 수 있는 기능이 된다.

> *정해진 프로그램의 순서대로 진행하기 위해서 전해지는 신호

체이스 기능은 조명기를 프로그래밍하거나 프로그램되어 있는 순서대로 조명기 들을 켜고 끄게 하여 일정한 동작을 만들 수 있는 기능이다. 찬양이나 공연 때 동적인 무대를 만들기 위해 사용할 수 있는 기능이다. 미리 일정한 순서들이 메모리 되어있는 콘솔도 있다.

조명은 실제 조금의 관심만 있으면 사역자들이 재미있게 사역할 수 있는 부분이다. 사다리 타고 올라가서 조명의 위치와 초점, 각도 등을 조정하고, 색상을 바꾸고, 다시 콘솔로 와서 프로그래밍 하고…… 어떤 부분보다 창조적인 사역이 일어나는 것을 많이 본다. 전혀 모르는 봉사자들이 며칠의 교육을 받고 평일 저녁에 모여서 이렇게 저렇게 바꾸어 가면서 사역하는 것은 다른 교인들에게도 좋은 모본이 되는 것을 경험한다.

LIGHTING SYSTEM 조명 시스템

인텔리전트 컨트롤 콘솔로 가면 조금은 어렵게 느껴질 부분들이 나온다. 일단 규모 자체가 앞서 다룬 콘솔보다는 크고, 복잡하고, 컴퓨터까지 도입되어 있는 것들이 있기 때문이다.

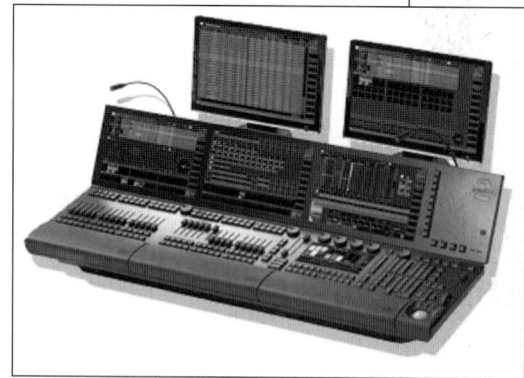

왼쪽 그림은 인텔리전트 컨트롤 콘솔의 최고라고 불리는 콘솔 중 하나인 GrandMA2의 모습이다. 3개의 터치 스크린 모니터가 내장되어있고, 30개의 전동 페이더, 예비 전압을 위한 UPS까지 포함되어있다. 복잡하게 보이는 것이 사실이지만, 컴퓨터와 컨트롤 부분을 더한 것이라고 생각해보면 쉬울 수 있겠다.

인텔리전트 콘솔의 장점은 복잡한 자동 조명들의 활용을 쉽게 구현할 수 있다는 점이다. 대부분 자동 조명기는 16개 까지의 채널을 하나의 조명기가 사용한다. 따라서 기본적인 채널의 설정에서부터 각 채널 데이터 값을 변동하는 일이 앞서 다룬 페이더 중심의 일반용 컨트롤 콘솔로는 어렵게 된다. 예를 들어, 좌로 20도, 위로 40도, 고보는 7번, 컬러는 노란색, 80퍼센트 밝기, 이렇게 하나의 세팅은 어떻게 해볼 수 있다고 해도, 그 세팅이 변해가야 하는 것을 하나하나 조정하는 것은 참 어려운 문제가 된다. 그래서 나온 것이 제조사와 제품마다 정해져 있는 채널과 그 값들을 라이브러리화 해서, 조명을 설치한 후, 콘솔에서 해당 조명기기를 선택하면 그 조명기 자체의 모든 컨트롤 세팅을 다루기 쉬운 조절판이나 버튼, 그리고 조이스틱 같은 조정기로 조절할 수 있다는 이야기이다. 물론 마우스나 키보드를 연결하거나, 언급된 터치 스크린을 이용해서 바로 조작을 할 수 있다.

 아울러 신과 체이스 기능, 그리고 무빙 헤드가 지니는 다양한 기능들을 무대의 장면에 따라 수동으로 혹은 자동적으로 지정된 내용을 불러서 동작하게 할 수 있다.

 아예 USB 타입의 DMX 인터페이스 하나로 인텔리전트 컨트롤 콘솔 이상의 기능을 소프트웨어로 구현해 놓은 프로그램도 있다. 옆 Compu2048(Elation,미국) 프로그램의 경우에는 왼쪽 중간에 보는 것처럼 미리 3D 상태로 무대 위의 조명과 무대 세팅을 똑같이 설치 해놓고, 사전에 모든 조명의 프로그래밍을 해놓을 수 있다. 물론 오른쪽의 다양한 기능을 통해서, 얼마든지 각 조명기의 기능을 수동과 자동으로 사용할 수 있다. 앞서 다룬 GrandMA2에 비하

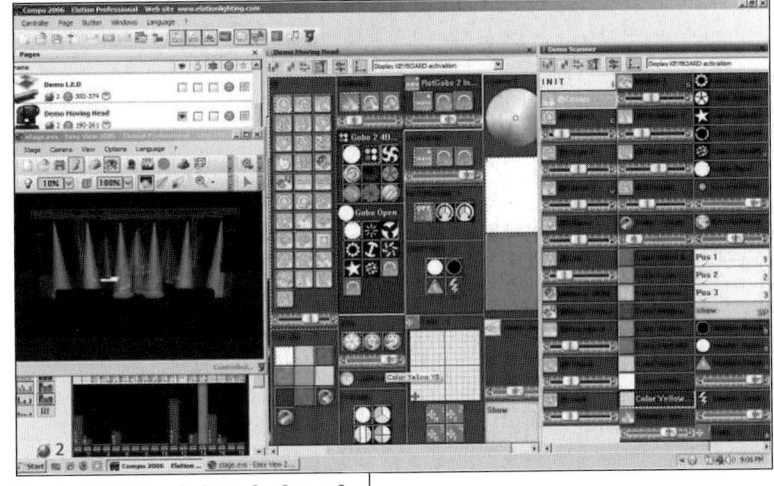

LIGHTING SYSTEM 조명 시스템

면 엄청 저렴한 금액으로 유명한 팝 스타의 월드 투어가 아닌 교회의 예배 공간에 필요한 기능 정도는 충분히 감당할 수 있다. 다만, 모든 컴퓨터 기반의 프로그램이 그러한 것처럼 시스템 충돌 방지, 바이러스, 안전한 전원 공급 등이 중요하겠다. 거기에 스마트폰의 원격 컨트롤까지 가능한 솔루션도 나와있다.

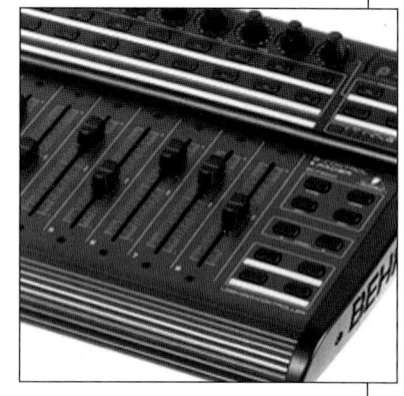

USB기반의 미디 컨트롤러를 연결해서 기계적인 페이더 작동을 가능하게 할 수도 있다.

구체적인 콘솔의 작동 방법은 각 콘솔마다 다르고, 또 전문적으로 공부를 해야만 하는 부분이 있어서 다루지 않는다. 콘솔 제작사와 판매처마다 일정 교육의 프로그램을 가지고 있고, 자세한 매뉴얼이 좋은 도움이 된다. 동영상 교육 과정을 가지는 제조사들도 있다.

6-8 DMX512

몇차례 언급된 DMX512 프로토콜에 관해 알아보자. 1986년 미국 극장 기술 연구회(USITT, United States Institute for Theatre Technology)에서 정한 표준 규격으로 각종 제조사와 제품별로 공통적인 규칙을 정해서 서로 호환성을 가지게 한다.

 EIA485(RS485)라는 업계 표준의 인터페이스를 이용해서 최대 512개의 컨트롤이 가능한 채널을 전송하는 규격인데, 512채널 이상의 채널이 필요하면 DMX 그룹 자체를 늘여서 사용할 수도 있다. 흔히 A, B 등으로 나누어서 사용한다. 마이크를 위한 XLR 3핀 커넥터를 사용하는 경우도 많은데, 원칙적으로는 옆 그림과 같은 5핀 커넥터를 사용하게 되어 있다. 대부분 조명 컨트롤 콘솔에는 두 커넥터를 같이 가지고 있기도 하다.

 마이크 커넥터를 사용하는 경우도 많지만, 전용 케이블, 또는 CAT5 네트워크 케이블을 사용해서 연결하는 것도 가능하다. 특히 CAT5 케이블을 사용하는 부분에 대해서, 이동이 많은 공연의 경우에는 케이블 자체의 견고성이 떨어져 어려울 수 있지만, 고정되는 영구적 설치의 경우에는 2000년 발표된 ESTA(Entertainment Services and Technology Association)의 테스팅 결과에 의해서 적합할 수 있다는 결과가 나오기도 했다.

 DMX512로 연결되는 모든 조명 장비는 고유한 자신만의 채널 번호를 지정

해야만 한다. 그래야 조명 콘솔에서 10번 채널의 데이터 값을 변경(페이더를 올리는) 경우 10번으로 지정된 조명기의 데이터 값이 변경된다.

모든 DMX 규격의 조명 장비에는 옆의 그림과 같은 DIP스위치가 있다. DIP(Dual In-line Package)스위치는 거의 고정적으로 어떤 값을 지정해놓는 스위치이다. 디지털 방식으로 숫자를 바꾸어가면서 지정하는 방식도 있고, 아예 콘솔에서 원격으로 채널을 바꿀 수 있는 RDMX(Remote DMX) 방식의 제품도 나오고 있다.

*이진법은 왼쪽으로, 딥스위치는 오른쪽으로 번호가 커진다

이 DIP스위치는 정해진 방향으로 2진법에 의해서 채널을 지정하게 된다. 그림과 같은 방향이라면 채널 10번일 경우 이진법으로 1010이니까 스위치의 2번과 4번만 켜놓으면 지정된 조명기가 10번 채널로 된다.

무빙 헤드처럼 내부 채널이 16개가 되는 장비의 DMX스위치를 10번으로 해놓으면 내부의 채널은 10번에서 25번까지의 16개 채널이 지정되게 된다. 만일 조명기 몇 개의 채널을 중복해서 지정해놓으면 똑같은 작동을 하게 된다.

6-9 예배실 조명 설계

조명 설계는 예술의 범위 내에서 다루어야 하는 부분이 많다고 본다. 그 범위에 해당되는 내용은 제대로 조명과 극장에 대해 공부하신 분들의 전문 서적을 통해서 공부하시기 바란다. 조명을 정식으로 배우지 않은 필자의 입장에서 정리하고 설명되는 이야기는 조명에서 이야기하는 기본적인 요소, 그리고 교회에서 벌어지는 여러가지 상황에 걸맞은 부분들이 어떤 것이고 그것에 맞는 조명이 어떠해야 하는지에 대해서만 중점적으로 다루려고 한다.

예배실에서 필요한 조명의 첫 번째 목표는 밝고 선명하게 설교자와 무대위의 출연자를 비추는 것이다. 그리고 또 중요해지는 부분은 영상 시스템을 위한 조명이다. 하지만, 요즘의 목회에서 영상을 고려하지 않은 조명 설계의 결과를 영상을 통해서 보면 안타까운 생각이 많이든다. 목사님 이마 중간은 하얗고 양쪽의 색상은 다르다. 코와 턱 밑은 그림자로 진하게 되어버리고, 역광이 없기 때문에 목사님은 벽 바로 앞에서 설교하시는 것처럼 입체감이 없다. 아마, 이런 내용은 대부분의 교회 인터넷 방송이나 교회 내의 스크린을 통해서 쉽게 볼 수 있다. 영상 카메라의 수준을 높일 수록 더더욱 선명하게 그 문제점은 드러난다.

LIGHTING SYSTEM 조명 시스템

가장 중요한 차이는 공연용 조명으로만 구성되는 조명의 기본적 연색성과 균일한 조도 분포를 예상하지 못하는 상황에서 벌어진다. 게다가, 교회에 제안되는 조명 회사들의 제안서를 살펴보면 조명 전문 회사라고 하면서도 가장 기본적인 제안 조명 시스템에 대한 공간 내의 조도 분포에 대한 시뮬레이션 자료조차도 제시 못하는 상황을 자주 본다.

조명 시스템을 다루면서 늘 안타까운 부분은 한국 교회의 강단의 모습이 문화 공간을 추구하면서도, 기존의 밝은 내부 마감 색채를 벗어나지 못하는 상황을 많이 본다. 효과적인 조명 효과를 위해서는 어두운 계통의 공간이 필수적이다. 천정에 매달리는 조명기, 스피커, 프로젝터,, 아직 그런 것들이 익숙하지 않은 교인들도 많다. 진한 색깔의 바탕이 부담스러운 경우에 반대로 그림의 새들백(Saddleback) 교회처럼 흰색 바탕으로 통일 하는 경우도 있다.

6-9-1 기본 조명

대표적인 기본적인 조명 시스템은 3 포인트 조명을 말한다. 동영상이나 방송을 위한 목적이 포함되는 교회의 상황에서 필자는 4 포인트 조명을 권한다.

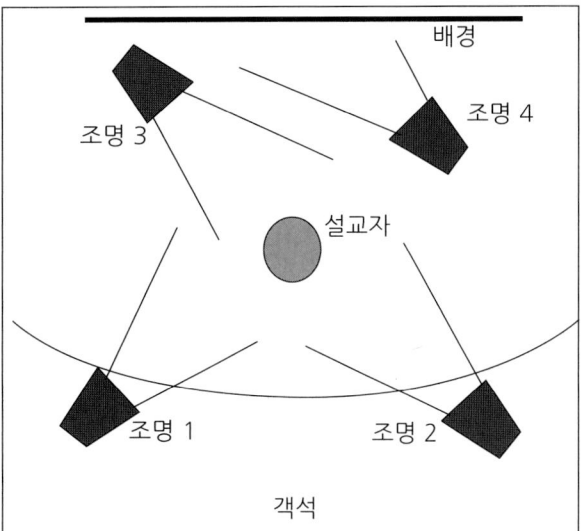

옆 그림에서 조명 1 부터 3까지만을 설치한 조명이 3 포인트 조명이 되고, 거기에 4를 추가한 것이 4 포인트 조명이 되겠다. 대부분 조명 1을 주(Key) 조명으로 정하고, 조명 2를 부(Fill) 조명, 조명 3은 역광(Back), 그리고 조명 4를 배경(Background) 조명으로 그 역할을 정한다.

용어 자체가 설명을 해주는 부분이 많이 있지만, 기본적으로 주 조명은 심리적으로 안정을 주는 역할을 한다. 영화에서는 장면에 동기(Motivation)를 부여하는 조명이라고도 이야기한다. 기본적인 위치로는 설교자로 부터 수직으로 45°, 수평으로 45°에서 설치하여 설교자 얼굴의 3/4정도를 비추는 것에서 시작하는 것이 좋다. 때로 조명 2가 없을 경우에는 설교자 정면에 주 조명을 설치하여야 하겠다.

LIGHTING SYSTEM 조명 시스템

부 조명은 주 조명에서 발생하는 어두운 그림자 부분을 밝히는 목적으로 활용되는 것이 좋다. 교회에서는 아예 조명 2를 조명 1과 함께 주 조명으로 활용해서 설치하는 경우도 많다. 설교와 같은 상황에서는 좋은 선택이지만, 연극과 같은 행사에서는 다분히 연극적인 요소를 살리기 위해서 부 조명으로서의 역할을 부여해야만 한다.

역광 조명은 조명에 신경을 쓰지 않는 환경에서는 설치하지 않는 부분인데, 옆 사진에서 보는 것처럼 인물이나 사물의 형체를 배경으로부터 분리시켜서 영상의 깊이를 만들어 준다.

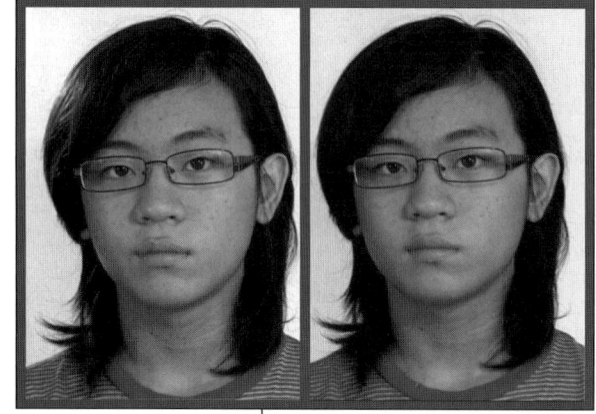

옆 두 사진을 비교해 보면 왼쪽 머리편에 보이는 약간의 역광 조명에 의한 반사가 사진의 공간감을 준다는 것을 볼 수 있다. 이 역광의 효과에 조명 4의 배경용 조명을 추가하면 훨씬 더 깊이를 느낄 수 있는 영상을 만들 수 있다.

옆 그림은 유명한 고 로버트 슐러(Robert Schuller) 목사님이 시무하시던 크리스탈 교회(Crystal Church)의 설교 장면이다. 흰 머리에 비추이는 역광 조명과, 뒤의 배경으로 쓰이는 자연 조명 가운데의 화초를 통해서 훨씬 깊이, 입체감이 있는 영상이 만들어진다.

언급된 기본 조명의 역할을 안다면 전문적인 조명기를 사용하지 않고도 원하는 효과를 거둘 수 있다. 대부분 소형교회나 상가교회 등에서도 할로겐 등과 같은 일반 조명기를 사용해서 효과를 낼 수 있다.

6-9-2 전문 조명 시스템

일정 규모 이상이 되면 전문 조명 시스템이 필요하게 된다. 그냥 환하게 설교단을 비롯한 무대를 비추기만 하던 단계에서 벗어나 앞에서 거론했던 집중과 커뮤니케이션의 단계가 요구될 때 특수 조명 시스템이 필요해진다.

옆 그림은 필자가 사역했었던 교회에서, 비전문가로 이루어진 조명팀만으로

LIGHTING SYSTEM 조명 시스템

*필자가 자랑스럽게 생각하는 부분은 이 공연이 필자가 전임사역을 사임한 후에 팀원끼리 스스로 준비한 공연장면이라는 점이다

완성했던 예전 공연의 사진이다. 전혀 조명에 대해 관심도 없었던 봉사자들을 모아서 조명기를 설치하고 작동방법과 색, 그리고 전체 큐를 만드는 법까지 서로 공부하고 연습해가면서 만들어낸 귀한 작품이다.

사용된 조명 장비는 일반 공연장에 비하면 비교도 할 수 없을 정도의 열악한 장비이지만, 상대적으로 낮은 천정과 효과적인 배치, 그리고 활용으로 공연장 못지않은 효과를 만들어 낸다. 좌/우에 컬러 체인저 4개씩 설치하고, Par Can 몇 개와 125W급의 소형 무빙 헤드 몇 개, 스캐너 몇 개, 그리고 컴퓨터 기반의 소프트웨어 컨트롤러로 모든 행사와 예배를 만들어간다.

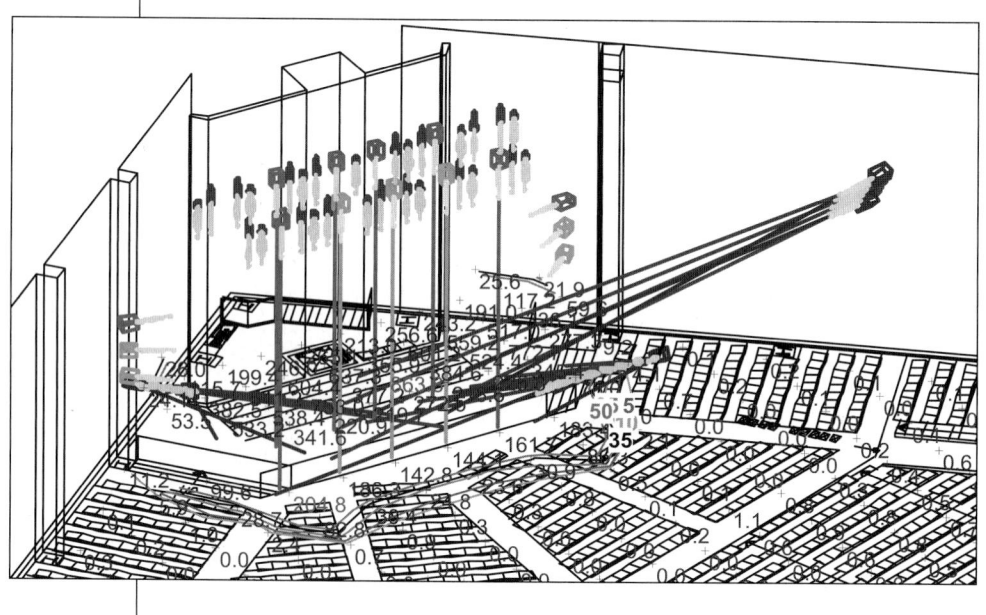

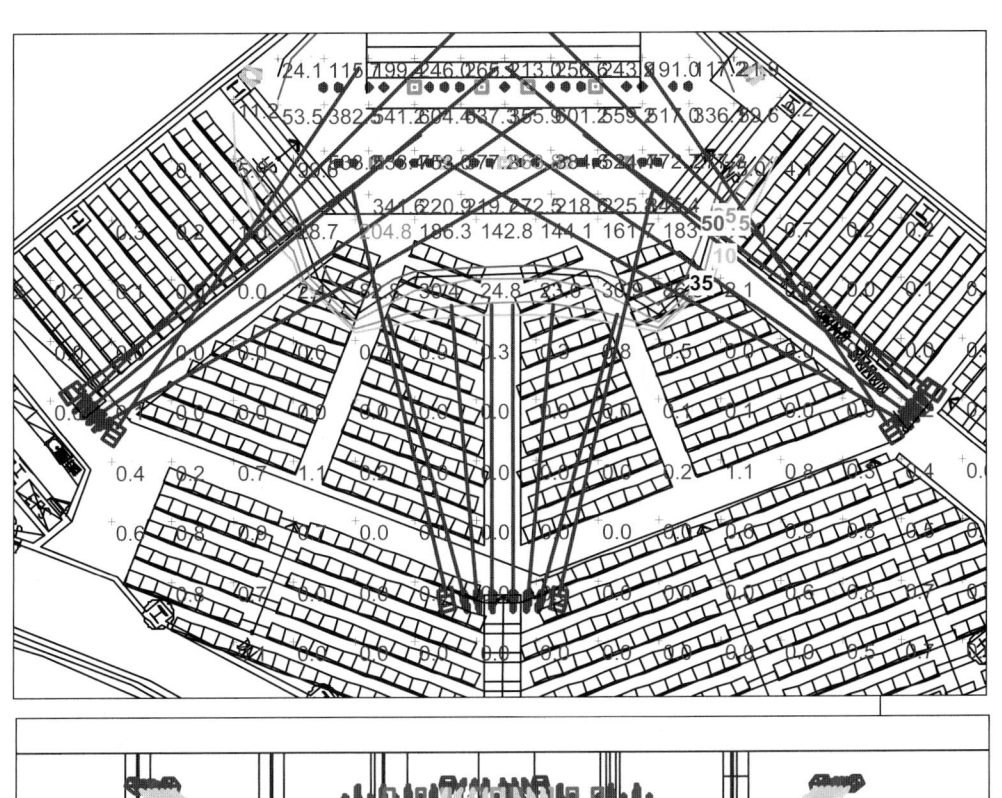

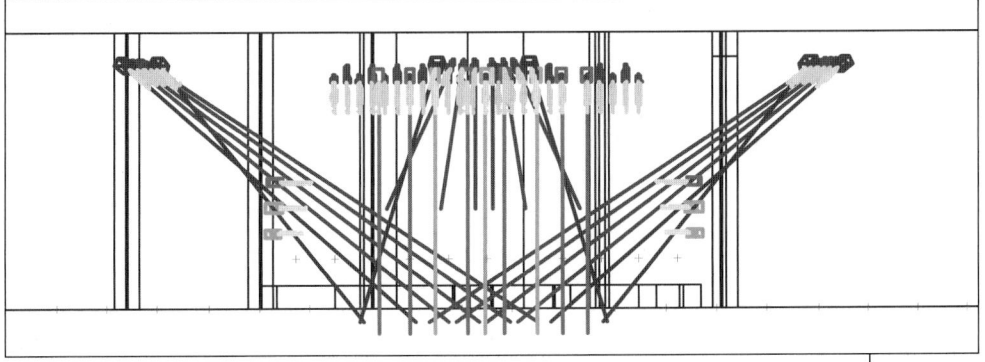

STATISTICS

Description	Symbol	Avg	Max	Min	Max/Min	Avg/Min
Calc Zone #1	+	336.5 fc	863.8 fc	21.9 fc	39.4:1	15.4:1
Calc Zone #2	+	9.4 fc	204.8 fc	0.0 fc	N/A	N/A

LIGHTING SYSTEM 조명 시스템

LUMINAIRE SCHEDULE

Symbol	Label	Qty	Catalog Number	Description	Lamp	File	Lumens	LLF	Watts
	A	13	Source Four PAR EA CE	Wide Flood (WFL)	575w Tungstan Halogen (#PUC05)	S4 PAR WFL 575w-230v_LM6302_07.ies	14900	1.00	575
	B	14	Source Four 15-30 Zoom CE	23 Degree (cosine focus)	575w Tungstan Halogen (#PUC05)	S4 15-30 23 Deg. 575w-230v_LM6302_07.ies	14900	1.00	575
	C	15	Source Four 15-30 Zoom CE	15 Degree (cosine focus)	575w Tungstan Halogen (#PUC05)	S4 15-30 15 Deg. 575w-230v_LM6302_07.ies	14900	1.00	575
	D	8	MAC 250 Wash	MAC 250 Wash Standard	Philips MSD 250/2	MAC250Wash_Standard.ies	18000	1.00	323
	E	7	MAC 250 Krypton	MAC 250 Krypton Standard	Philips MSD 250/2	MAC250Krypton_Standard.ies	18000	1.00	323
	F	6	MAC 700 Profile	MAC 700 Profile Standard Minimum	Osram HTI 700 W/D4	MAC700Profile_Standard_Minimum.ies	54000	1.00	935

*평방피트당 초의 숫자로 계산된 것.

앞 페이지 그림은 필자가 설계 제안한 조명 시스템과 조도 분포도이다. 무대를 중심으로한 조도 계산만 했기 때문에 객석 위치의 조도는 거의 안 나오게 되어있다. 특수 조명을 최대로 키웠을 경우의 조도가 *풋캔들(footcandles, fc)로 기록되어 있다.

3차원 측면도, 평면도, 정면도, 조도 통계, 그리고 조명기에 대한 리스트(물론 실제 도면에는 각 조명기의 위치와 각도 등의 세부 내용도 포함된다)의 순서이다. 조도 통계 내의 평균을 보면 무대 위의 평균 조도가 336.5 fc인것을 볼 수 있다. 일반 TV 방송국의 평균 조도 기준이 100 fc정도인 것을 감안하면 3배 이상

밝은 조도를 최대값으로 가진다고 볼 수 있다. 물론 가장 밝은 곳은 8배 이상의 조도가 나오고 있지만, 실제 이렇게 모든 조명을 다 켜놓을 필요는 전혀 없기 때문에, 전체 조명을 최대로 다 켜놓은 최대 밝기가 어떤 곳은 그렇게 나온다는 정도로 이해하면 좋다.

객석 위에 놓이는 주 조명기는 주로 Source Four로 명기되는 일립소이달 조명과 무빙 헤드이다. 네모 박스가 무빙 헤드이고 길죽한 심볼이 일립소이달 이다. 무대의 천정이 11미터 정도로 비교적 높기 때문에 전동 바텐을 이용해서 두 줄의 다운 조명과 배경을 위한 조명을 두었고, 무대 좌/우 끝에는 3개씩의 무빙 헤드를 두어서 다양한 효과를 낼 수 있게 디자인 했다. 무대 천정에 걸리는 다운 조명기는 파캔, 일립소이달, 무빙 헤드를 적절히 배치해서 다양한 활용을 대비하게 했다. 무빙 헤드의 숫자가 이 정도가 되면 특별히 컬러젤을 파캔이나 일립소이달에 장착할 필요가 없다고 본다.

5600 K정도의 색온도를 가지는 HMI램프를 사용하여 영상에서 필요한 연색성을 만족시키는 점도 고려한 설계이다. 설교자의 얼굴과 무대에 고른 밝기를 유지하는 것도 중요한 설계의 포인트이다.

LIGHTING SYSTEM 조명 시스템

무대 앞면, 모니터 스피커를 놓는 위치에 업라이트를 설치하는 것도 그림자의 제거와 좀 더 화사한 분위기를 만들기 위해서 필요할 수 있다. 모델 사진 촬영 때나 드라마 촬영 때 쓰이는 반사판의 역할을 하기 때문이다. 풋 라이트(Foot Light)라고도 부른다.

조명의 설계에 앞서 도면을 통해서 실제 공간을 이해하고 필요한 목적과 출연자의 동선, 그리고 가장 중요한 전기에 대한 부분을 확인하는 것이 중요하다. 특히, 기존 건물에 조명을 추가하는 경우에는 사용 가능한 전력 용량을 확인해서 충분한 전력 확보가 우선이어야 한다. 이 부분은 여러 번 언급된 바와 같이 전기 업체나, 전기 기사쪽의 확인이 절대적으로 필요하다.

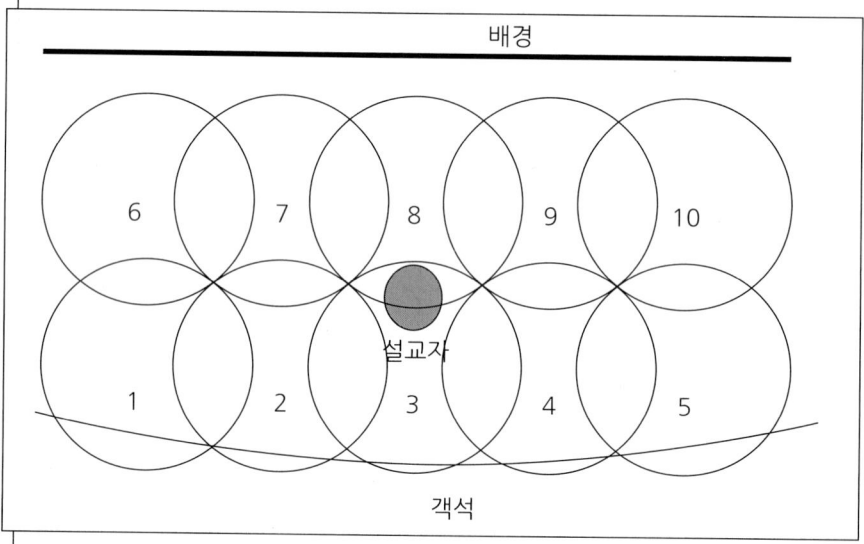

무대의 출연자가 객석을 바라보는 상태에서 오른쪽(객석에서 볼 경우 왼쪽) 을 무대 오른쪽(Stage Right)라고 하고 무대 하수라고도 부른다. 무대 왼쪽을 무대 상수라고도 부르는데, 옆 페이지 그림과 같이 무대 오른쪽 아래쪽 부터 번호를 그림과 같이 정해서 조명 구역을 정하게 된다. 그림에서 보이는 원의 크기는 조명기의 필드 앵글(Field Angle)의 범위가 된다. 필드 앵글은 일립소이달 조명기의 기본 빛의 각도에서 10퍼센트 정도 빛의 세기가 줄어든 바깥의 영역을 말한다. 기본적인 빛의 각도는 빔 앵글(Beam Angle)이라고 한다. 따라서 이 조명 영역은 조명기의 각도와 조명으로부터의 무대까지의 거리에 의해서 달라지게 된다.

조명의 개수는 공연의 경우에 공연 내용과 디자인에 의해서 적합한 개수로 정해질 수 있지만, 교회처럼 활용도가 다양한 경우에는 최대한의 활용도를 예상해서 디자인할 수도 있고, 반대로 고정형의 조명 위주로만 설계하고 나머지는 상황에 따라 대여를 하거나 설치해서 쓰는 경우도 있을 수 있겠다.

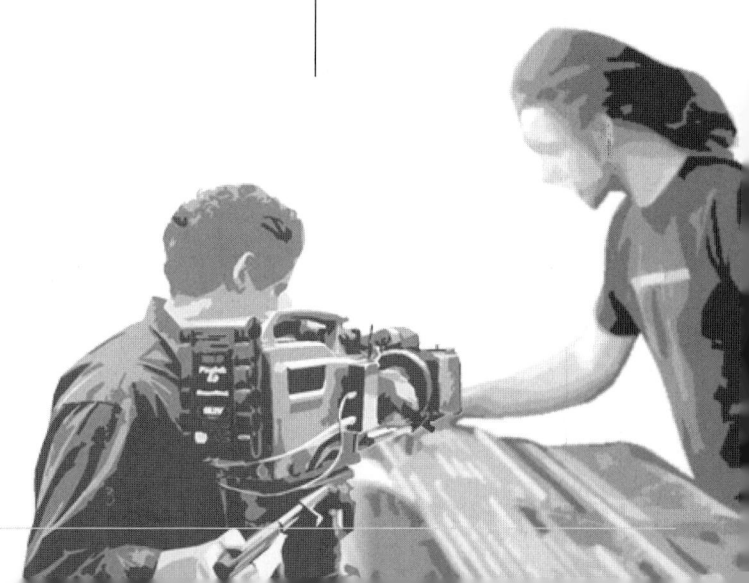

LIGHTING SYSTEM 조명 시스템

NETWORK SYSTEM
네트워크 시스템

요즘 컴퓨터와 네트워크를 빼놓고 어떤 일을 할 수 있는지 참 상상하기 어려운 상황에 살고 있다. 너무 전문적인 내용까지는 다루지 않더라도, 테크니컬 미니스트리의 선에서 필요한 네트워크에 대한 부분을 알아보자.

7-1 네트워크 기초

개별적으로 저마다 정해진 일을 하게끔 설계된 장비와 시스템을 서로 연결하여 필요한 데이터를 주고 받으면서 더 크고 확장된 일을 할 수 있게 한 연결망이 네트워크의 개념이라고 할 수 있다. 서로의 자원(Resource)과 주변장치를 같이 사용할 수도 있고, 음성과 화상을 통한 서로간의 대화, 그리고 아예 전문적인 수준의 음향과 영상의 전송까지 여러면에서 다양한 활약을 네트워크를 통해서 이룰 수 있다.

앞에서 몇 번 **프로토콜**(Protocol)이라는 단어를 사용했었는데, 그 의미는 장비 간에 서로 주고 받는 데이터에 대해서 서로 정해 놓은 약속이라고 말할 수 있다. 즉, 서로 같은 약속 아래에 정해 놓은 방법대로 주고 받아야 서로 이해가 되는 데이터가 될 수 있다라는 것이다. 영어라는 프로토콜을 서로 알고 있어야

Hello라는 말이 서로 이해하는 인사말이 될 수 있다는 이야기이다.

요즘 가장 많이 사용되는 프로토콜의 하나가 TCP/IP이다. Transmission Control Protocol과 Internet Protocol 의 줄임말이 되는데, TCP는 전송에 대한 컨트롤을 위한 것이고, IP는 인터넷에서의 위치와 절차에 대해 정해 놓은 프로토콜이다. 인터넷에 연결되려면 PC이건, 모뎀이건, 핸드폰이건 간에 모두 일정한 IP라는 주소가 부여되고 그것이 인터넷에서 사용될 수 있어야만 된다. 음향, 영상, 조명기기 중에서 네트워크로 연결되고, 조정이 가능한 장비는 모두 이 IP가 네트워크 안에서 존재할 수 있게 세팅이 되어야만 한다.

복잡한 TCP/IP에 대한 공부는 피하자. 현재 IPv4에 의해서 만들어진 프로토콜이 인터넷이 표준 프로토콜이 되는데, 이미 숫자의 한계가 나타나면서 곧 IPv6라는 더 많은 주소가 가능한 프로토콜이 사용될 예정이다.

IPv4는 총 32비트로 구성되는데, 4개의 8비트로 되어있다. 4개의 0~255까지의 숫자를 가지게 된다. 즉, 최대 0.0.0.0에서 부터 255.255.255.255가 사용 가능한 주소가 된다. 중간에 127.x.x.x하고 10.x.x.x, 192.x.x.x 등은 LAN(Local Area Network)으로 지정된 주소이기도 하다. 머리가 복잡해지실 수도 있는데,

이해해보도록 하자.

LAN은 Local의 의미대로 가까운 공간, 이를테면 같은 회사, 교회 등과 같이 일정한 범위내의 네트워크를 의미한다. 반대로 WAN(Wide Area Network)은 인터넷과 같이 넓은 네트워크를 의미한다.

LAN은 앞서 설명된 4개의 8비트 주소 가운데, 마지막 8비트 주소만 다른 컴퓨터와 장비간의 네트워크라고 말할 수 있다. 물론, 같은 LAN 내에서 더 많은 네트워크망을 구축하기 위해 사용되는 서브네트(Subnetwork, subnet)도 있다. 다시 말하면, 같은 네트워크에 직접 연결이 되어 있다고 해도, IP의 구성이 앞 3개의 8비트와 서브네트가 다르다면 LAN에서 인식이 불가능해 진다는 이야기 이다.

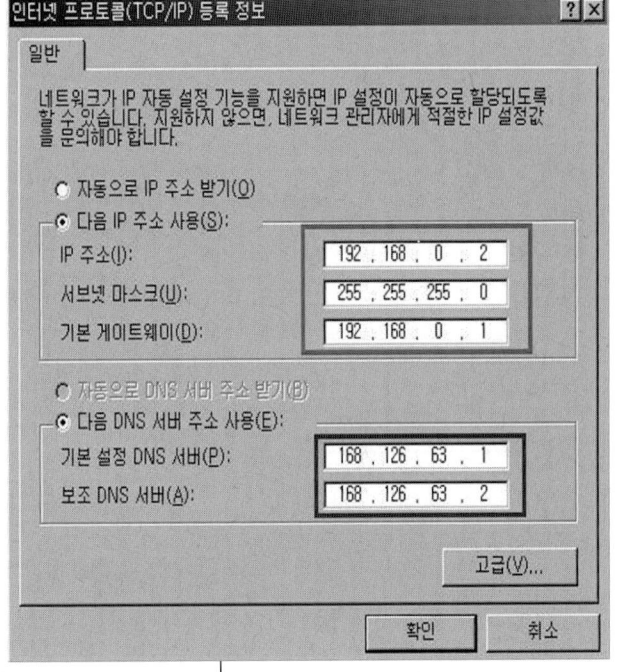

옆 그림은 Windows XP의 네트워크 설정 중의 TCP/IP 설정 윈도이다. 설명이 된 IP 주소가 192.168.0.2로 지정 되어있고, 서브네트가 255.255.255.0으로 되어있다. 기본 게이트웨이는 주어진 네트워크로 부터 다른 네트워크로 접근할 때에

이용해야 하는 통로를 의미한다. 192.168.0.2라는 주소의 PC가 인터넷을 비롯한 다른 네트워크로 접속하려면, 192.168.0.1을 통해서 나가고 들어온다는 이야기이다. 그리고, LAN 안에서 같은 192.168.0.2의 IP를 가지는 다른 컴퓨터나 장비가 존재한다면 데이터를 주고 받는 곳이 중복되기 때문에 오류 메시지가 나오면서 다른 IP를 정하게끔 한다.

DNS(Domain Name Service)는 실제 IP로 구성된 모든 컴퓨터와 네트워크망을 www.hojoonchang.com과 같은 도메인 이름을 가지게 해주는 역할을 한다. 실제 이 DNS 서버가 연결되지 않으면 인터넷 자체를 사용할 수 없다. 웹서버와 같은 서버들이 실제 주소로만 그 존재가 인식되기 때문이다. 대부분 인터넷 서비스를 제공하는 ISP(Internet Service Provider)가 DNS서버 주소를 제공한다.

옆 페이지의 그림은 가장 기본적인 네트워크 망을 보여준다. 모뎀과 라우터는 외부 인터넷망에 접속하여 전송망에 따라 다르게 전달되는 규격의 신호를 네트워크에서 이해할 수 있는 신호로 바꾸어 준다. 라우터는 주로 인터넷 연결을 위해 ISP가 부여한 하나의 IP를 내부에서 여러 개의 IP가 사용할 수 있

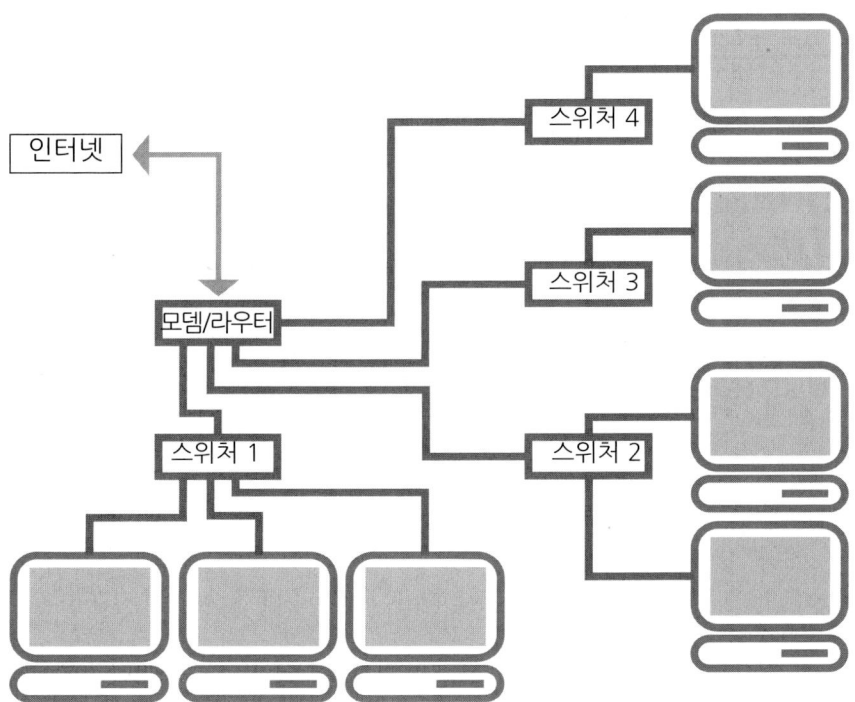

게끔 만들어 주는 장치이다. 대부분 4채널 정도의 스위처를 포함하고 있기도 하다.

  허브(Hub)와 스위처(Switcher)를 같이 통용해서 사용하는 경우가 많은데, 이 둘은 서로 작동하는 방식이 다르다. 기본적으로 네트워크 상의 장비가 둘 이상일 경우 각각의 장비의 연결을 중계 해주는 역할을 하게 되는데, 허브는 데이터 묶음을 그대로 연결된 장비와 컴퓨터에 주고 받는 역할을 하고, 스위처는

NETWORK SYSTEM 네트워크 시스템

데이터 묶음을 조각내서 연결된 장비와 컴퓨터에 정해진 포트를 번갈아가면서(스위칭해가면서) 전달하는 역할을 한다.

DHCP(Dynamic Host Configuration Protocol)는 앞서 말한 IP 주소를 각 장비와 PC가 개별적으로 설정하는 것이 아니라, 지정된 DHCP 서버가 연결되어 IP 주소를 신청하는 컴퓨터와 장비에게 IP 주소를 지정해 주는 것을 말한다. 고정적으로 주소를 지정하는 것보다는 임대의 의미로 지정되면 **유동 IP**라고 한다. 일반적으로 장비쪽은 DHCP보다는 고정된 주소를 지정해서 사용하게 된다. 그래야 해당 장비에 직접 접속해서 활용할 수 있기 때문이다. 반대로 컴퓨터는 DHCP를 많이 사용한다.

앞 그림의 네트워크 상에서 본다면 DHCP서버는 모뎀/라우터에서 지정하게 해주어야 전체 내부 네트워크에서 중복되는 문제가 안생기게 된다. 만일 스위처 1에서 DHCP를 켜놓았을 경우, 스위처 2의 IP에는 해당 DHCP서버에서 정해주는 주소를 받을 수 없기 때문에 같은 교회내에 있으면서도 주소 체계가 다르면 네트워크 연결 자체가 안될 수도 있다. 스위처 1에 연결된 컴퓨터가 스위처 4의 컴퓨터나 장비와 연결을 해야하는 경우가 많기 때문에 고정 IP 지정 또는 유동 IP 지정에 주의해야만 한다. 무선 네트워크를 활용하는 경우에 여러 개의 무선 네트워크 중 다른 네트워크를 컴퓨터들이 선택하면 서로 연결하는데 어려움이 있을 수 있기 때문이다. 실제 이런 문제로 불필요하게 시간 낭비를 하는 경우가 상당히 많이 있다.

언급된 바대로 최근에 거의 기본이 되어가고 있는 여러 미디어 장비의 네트워크 IP는 고정으로 해놓아야 쉽게 접속할 수 있다. 프로세서, 앰프, 믹서, 프로젝터, 통합컨트롤, 심지어 카메라에도 IP 접속이 가능하다.

참고로, 네트워크에는 연결이 되게 해놓지만, 인터넷 접속은 막아놓아야 하는 상황에서는 앞서 이야기한 DNS 서버 주소를 비워놓거나 엉뚱한 주소를 넣어두면 불필요한 인터넷 접속을 막을 수 있다.

7-2 네트워크 연결

CAT5라고 네트워크 케이블을 부른다. 5번으로 분류된 케이블을 의미하게 되는데, 실제 CAT5e로 다시 구분된 케이블이 네트워크의 표준 케이블로 쓰인다. RJ45라고 불리는 8핀 커넥터로 연결되는데, 실제 8P8C가 정확한 이름이다.

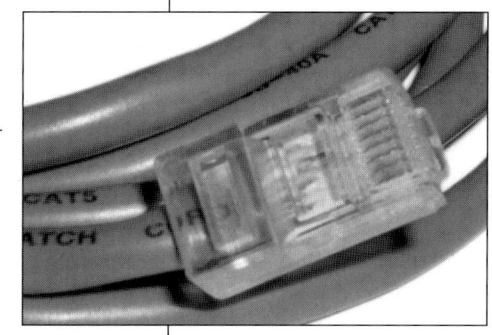

NETWORK SYSTEM 네트워크 시스템

T568A와 T568B의 방법으로 CAT5케이블이 RJ45커넥터에 연결되는데, 주로 T568B가 거의 표준적으로 사용된다. 한 가지로만 통일해서 사용하는 것이 좋다. 옆 RJ45커넥터의 화살표 표시된 곳이 1번 핀이고 아래의 표와 같이 선을 연결하는 것이 T568B 방식이다.

네트워크 커넥터는 **크림프**(Crimp)라고 불리는 전용 도구를 사용해야만 한다. 미디어실에 하나씩은 두고 제작을 해보는 것은 필수라고 본다. 케이블 가격과 커넥터 가격에 비해 완성된 케이블의 가격이 훨씬 더 비싸기도 하지만, 필요한 길이 만큼의 재단된 연결이 더 좋다.

RJ45 핀 연결 (T568B)

핀	색상코드
1	White/Orange
2	Orange
3	White/Green
4	Blue
5	White/Blue
6	Green
7	White/Brown
8	Brown

7-3 네트워크 오디오

네트워크가 일반화되고, 또 오디오 신호 자체도 디지털에 의한 데이터화가 일반화 되면서 등장한 기술이 네트워크를 이용한 오디오 전송이다. 네트워크 오디오의 가장 빛나는 장점은, 기존 오디오 케이블이 가지는 길이에 대한 신호 손실의 부분과 신호 전달에 따르는 고주파 간섭과 같은 잡음 유입, 그리고 음향기기에서 자주 발생하는 그라운드 루프와 같은 저주파 잡음의 발생에 대한 자유로움이다. 전달되는 신호 자체가 디지털 신호라는 것이 그 가장 큰 이유가 된다.

또 하나, 기본적으로 채널 당 두 가닥 또는 세 가닥이 필요한 아날로그 케이블을 32 채널을 주고 받으려면 케이블 자체의 두께와 길이, 그리고 가장 중요한 재정적인 부담이 크게 된다. 하지만, 디지털로 변환된 데이터 전송은 이미 메가비트(Megabit)를 넘어서 기가비트(Gigabit)의 전송이 가능해지고, 또 전송 가능한 길이도 광케이블을 사용하면 몇 킬로미터의 거리도 소화할 수 있게 되었다. 당연히 기존 케이블 자체가 가지는 저항과 정전용량의 문제도 발생하지 않는다.

현재 단테(Dante)가 가장 보편적으로 사용되는 네트워크 오디오의 규격이다. 최대 512채널의 입력과 출력, 총 1024채널을 기가비트 네트워크에서 사용할 수 있다. TCP/IP의 기본 프로토콜을 사용하기 때문에 네트워크망 안에서는 어디에서나 신호를 주고 받을 수 있다. 물론 해당 프로토콜을 사용할 수 있는 장비들이 추가로 필요하다.

7-4 비디오 스트리밍

네트워크 비디오는 주문형 또는 실시간 방송형의 스트리밍(Streaming)방식의 해결책으로 정리가 되어가고 있다. 비디오자체를 네트워크망을 통해서 활용할 수 있는 방법 자체가 파일 공유 같은 개념에서 출발하기 때문이다. 그리고 그 네트워크가 인터넷과 합쳐지면서 단순한 영상의 송출이 국제적인 방송망으로까지 바뀔 수 있게 되는 것을 본다.

이미 따로 미디어 서버를 설치하고, 관련 프로그램이나 장치를 장롱만한 랙에 설치해서 써야만 하던 시기가 지나고, 이제는 옆 그림과 같이 두 손으로 가볍게 들고 다닐만한 장비 하나로 다 끝나게 되는 때가 왔다. 그리고 이제는 IPTV라고 이름 붙여지는 멀티미디어 동영상 방송의 틀까지도 만들어지게 되었다.

비디오 믹서에서 만들어진 영상이 음향에서 전달된 신호와 함께 스트리밍용 장비에 입력되면 원하는 다양한 규격의 영상으로 변환되고 재생되도록 만들 수 있게 된 것이다. 다양한 제품이 저마다 다른 특성으로 나오고 있고, 또 시간이 지나면서 가장 많은 변화가 있는 부분이라서 이 정도로 서술한다.

ORGANIZATION
조직

8-1 조직의 필요성

책의 서두에서 몇 차례 미디어 미니스트리의 구성원에 대한 이야기를 언급했었는데, 이제 본격적으로 그 부분을 다루어 보자.

조직은 긍정적 의미이든 부정적 의미이든 반드시 필요한 것이라고 본다. 부정적이다는 이야기를 언급한 가장 큰 이유는 조직 자체의 구성방법이나 사역 방법을 안 좋은 방법일 수 있는 상명하복이나, 기본적인 리더십 훈련의 부재와 같은 상황에서 발생하는 문제점이 있을 경우를 이야기 한 부분이다. 실제 많은 교회의 조직에서 이런 부분으로 어려움을 겪는 경우를 많이 본다. 특히 20대 젊은 사역자들과 이야기를 해 보면 공통적으로 나타나는 부분들이 있기 때문이다. 일은 가장 많이 하는데 실제 발언권이나 결정권의 범위에는 전혀 참여할 수 없는 경우가 대부분 교회이기 때문이다.

적절한 리더십의 부분은 반드시 필요하다. 출애굽기 18장에, 광야에서 하루 종일 사람들의 이야기를 들어주던 모세의 모습을 보고 장인 이드로가 정리해 준 부분이 리더십에 대한 부분이다. 바른 리더십의 단계들을 세워 놓아야 사역이라는 것이 제대로 이루어진다는 것을 볼 수 있다. 한 가지 더 필자가 추

가하고 싶은 것은, 직분을 만들고 직위를 만드는 것 만큼 전체 팀 멤버가 유기적인 팀 사역원의 일원으로서 각자의 전문성을 가질 수 있게 훈련하고, 사역하게 만들어야 한다는 부분이다.

아주 특별한 경우를 제외하고 대부분의 교회는 전문 엔지니어가 없는 경우가 많다. 필자와 같은 경우, 전문 엔지니어가 없는 교회를 기준점으로 시스템 설계를 한다. 물론 그 시스템을 전문 엔지니어가 있어서 활용할 경우에는 훨씬 더 강력한 힘을 만들어 낼 수 있겠다. 따라서 모든 미디어 미니스트리의 사역자들은 위탁 또는 서약의 범위에서 충실한 사역자로 만들 수 있고, 또 사역할 수 있는 환경을 만들어 놓아야만 한다는 이야기이다.

사실, 오랫동안 무대 뒤에서 사역(또는 직업적인 일)을 해오면서 백스테이져(Back Stager)의 부분에 대한 갈등도 많이 하게 된다. 연극팀이나 찬양팀처럼 조명 받는 곳이 아닌 조명을 비추어 주어야 하는 입장에서 사역해야 하는 사역자에 대한 교회나 목회차원에서의 배려와 격려 또한 중요한 부분이라고 본다. 자주 상담해오는 주제 가운데, 주일 하루 종일 교회에 있지만 일하는 것도 아닌것 같고, 예배를 그렇다고 잘 드린것도 아니고, 게다가 소리가 어쩌니, 영상에서 왜 그림이 잘못 나왔느니, 화면이 어둡다느니, 놀다가 지친 애들은 집에 왜 안가냐고 하고…… 참 공통적으로 어려움을 토로하는 사역자들을 많이 본다. 각 사역자들이 자신의 사역을 진정한 예배의 방법으로 인식하게 교역자들의 인식과 훈련이 더욱 필요하다고 본다.

함께 연합하여 사역하고, 권면하고, 성장하는 그런 미디어 미니스트리 팀이 교회에 세워지기를 바란다.

8-2 조직의 구성

미디어 팀이라고 대부분 이야기하는 조직은 적게는 1~2명에서 많게는 몇 십 또는 몇 백명까지 교회의 크기에 따라 그 인원이 정해지게 된다. 대부분, 미디어에 관심사를 두고 있는 교인들이 자발적으로 또는 교회에서 강권적으로 팀을 구성하게 되는데, 교회가 최소 5백명 이상의 교인이 있는 교회라면 최소 10명정도, 그 이상이라면 최소 20명 정도의 인력이 예배를 위한 미디어 팀으로 필요하게 된다.

미디어 업계에서 실제 일하고 있는 전문가가 같은 일을 교회에서 사역자로 사역할 수도 있다. 필자의 경우에도 섬기는 교회의 예배 음향 엔지니어로

사역하고 있다. 물론 전문적인 음향 엔지니어가 필요할 만큼의 무대 세팅과 연주자의 연주가 있는 상황이라면 당연히 그에 걸맞은 수준의 음향엔지니어가 필요할 수 있다. 하지만, 이런 경우는 전체 교회에서 지극히 적은 퍼센트의 대형 교회, 그리고 거기에서도 찬양이 중심이 되는 예배에 국한된다고 본다. 다른 예배는 정해진 순서에 의해서 진행이 충분히 가능하기 때문에 전문성이 적어도 되기 때문이다.

몇가지 정해질 수 있는 역할을 규정지어 보자.

*Media Director

미디어 디렉터: 미디어 팀 전반을 책임진다. 전임 사역자가 있으면 훨씬 좋은 사역을 할 수 있다.

*Technical Director

테크니컬 디렉터: 기술적인 모든 부분을 책임진다. 미디어 전체의 지식이 당연히 필요하겠다.

*Creative Director

크리에이티브 디렉터: 목회 팀과의 협력하에 창조적인 부분의 책임자. 미술이나 공연 기획쪽의 내용을 알면 도움이 된다.

음향/영상/조명 디렉터: 각 파트의 책임자. 봉사자보다는 조금 더 분야를 알아야겠다.

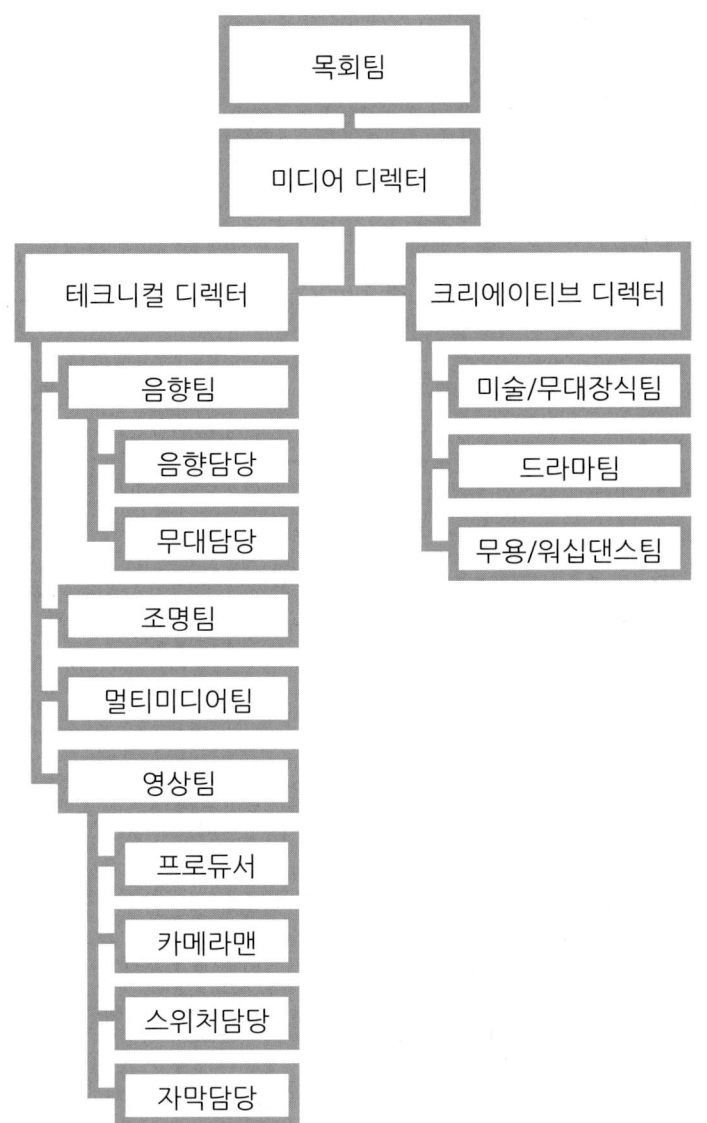

ORGANIZATION 조직

앞 페이지의 조직표는 필자가 생각하는 기본적인 미디어 팀의 조직표이다. 교회의 규모와 목회의 경향에 따라 다르게 조직될 수 있지만, 각 부분에서 필요한 기본적인 틀을 보여준다.

미디어 디렉터는 기본적으로 목회 팀의 하부 조직으로 표시는 되어있지만, 목회 팀원으로 사역하는 것이 맞다고 본다. 목회 팀의 미디어에 대한 필요 또는 동역의 차원에서 기술팀과의 정확한 소통과 결정을 위해서 반드시 목회팀원으로 사역하는 것이 좋다. 대부분 화요일 오전에 열리는 교역자 회의에도 참석하고, 담임 목사, 또는 담당 목회진과의 지속적인 계획과 실행의 한 부분을 담당하는 것이 원칙이라고 본다. 미디어 담당 교역자가 있는 경우, 당연히 미디어 디렉터의 역할을 담당하게 된다.

미디어 디렉터는 전임 사역자가 되는 것이 좋은데, 절반의 사역은 앞서 말한 목회 팀의 일원으로 목회에 필요한 미디어에 대한 부분과 미디어 팀내의 사역자들을 교육과 *관리하는 일이 되고, 나머지 절반의 사역은 장비의 점검, 교체, 신규 계획 등의 기술적인 부분을 담당하게 된다. 미디어 디렉터가 테크니컬 디렉터를 겸하게 되는 경우도 있다. 테크니컬 디렉터의 역할 자체가 기술적인 부분에 대한 감독 역할이기 때문이다. 필자의 경험이기도 하다.

*목자의 위치같은 목양의 의미

음향 팀은 주로 음향 엔지니어 또는 오퍼레이터라고 불릴 수 있는 음향 담당자와 무대 아래 또는 무대 뒤에서 음향에 대한 모든 것들을 책임지는 무대 담당으로 나눈다. 음향 담당은 경우에 따라 녹음 담당이 별도로 세워질 수도 있다. 단순히 CD레코더에 헤드폰 하나 꼽고서 적당한 레벨을 조절하고 미디어를 갈아 끼우면서 녹음만을 전적으로 책임지는 역할이 된다. 기술적인 배경은 전혀 없어도 되는 단순하지만, 목회에서 아주 중요한 역할을 담당하게 된다. 대부분 나이가 좀 드신 어들들 가운데 헌신하시는 경우가 많다. 아예 테이프 사역부 같은 관련 부서에서 파견 나오시는 경우도 있다.

무대 담당은 마이크 준비, 케이블 관리에서부터 무대위에서 벌어지는 모든 음향적인 변동 사항을 담당하는 역할이다. 월로우크릭교회 같은 교회에서 보면 30년 이상씩 검은색 티셔츠에 검은색 바지를 입고 사역하시는 할아버지, 할머니도 계신다. 미리 적당한 마이킹 방법, 케이블 감는 법, 이벤트에 따라 정해져 있는 동선에 설치하는 것들을 교육해서 사역하시게 하면 좋다.

음향 엔지니어와 오퍼레이터의 차이는 기술력에 의한 차이라고 말할 수 있지만, 교회라는 환경에서는 조금 다르게 정하게 된다. 엔지니어가 필요한 것은 예배 전, 연습과 같은 때에 필요한 음색과 믹싱 조정을 해놓고, 실제 예배와

ORGANIZATION 조직

공연에는 다분히 엔지니어 보다는 오퍼레이터라는 자격으로 운영을 해야만 하기 때문이다. 아무리 프로 엔지니어라고 해도, 공연 중간에 미리 준비해 놓지 못한 환경에서 발생하는 음색이나 음량 조정과 같은 엔지니어링 외에는 오퍼레이터로서 정해진 순서에 따라서만 운영을 해야 한다는것이 필자가 생각하는 원칙이다.

조명 팀은 디자이너, 엔지니어, 오퍼레이터,, 등등으로 세부화 시킬 수도 있지만, 교회에서는 조명 팀으로만 정해서 사역하는 것이 일반적이다. 사전에 조명을 디자인하고, 그 디자인된 대로 설치나 변경을 한 후, 원하는 순서대로 프로그래밍해서 실제 공연과 예배에 작동하게 하는 것이 조명 팀의 역할이 된다.

멀티미디어 팀은 흔히 자막 담당으로 불리는 부분인데, 자막 이외에도 설교와 광고, 예배의 특별 순서와 같은 부분에서 필요한 멀티미디어의 재생과 제작에 대한 부분을 담당하게 된다. 예배의 성공 여부는 자막 담당의 손 끝에 있다는 이야기까지 할 만큼, 실제적으로 중요한 위치이다. 영상에 비추어지는 자막 몇 자의 오타가 전체 예배와 설교에 엄청난 영향을 끼칠 수 있기 때문이다.

영상 팀과 음향 팀에서 제작된 자료들의 재생도 담당하게 하는 것이 좋다.

 영상 팀의 프로듀서는 전체 영상의 제작 방향에서부터 실제 방송되는 장면의 선택, 카메라맨들에게 필요한 화면을 주문하고, 필요한 자막이나 그래픽 자료들을 준비하게 하는 전체 감독의 역할을 한다.

 카메라맨은 말 그대로 카메라를 조작해서 원하는 좋은 영상을 담는 역할을 하게 되는데, 실무적인 연습을 많이 해야만 하는 역할이다. 앞서 영상에서 다루었던 지식과 실기가 반드시 필요하겠다. 스위처 담당은 입력되는 카메라 영상 중에서 필요한 영상을 선택해주는 작업을 하게 되는데, 프로듀서가 겸할 수도 있다. 너무 복잡한 장면 전환보다는 단순하게 장면과 장면을 효과 없이 전환하는 것이 교회의 대부분 활용에 맞다. 물론 헌금송이나 찬양과 같은 예술적인 구도가 필요할 경우에는 예외가 된다.

 자막 담당은 언급된 멀티미디어 팀과 같이 구성해서 활용할 수도 있는데, 만일 영상의 출력과 프로젝터에서 나가는 출력을 다르게 한다면 영상 팀내에 독립적인 자막 담당이 있어야만 한다.

기술 팀은 1~2년 정도 일정 기간을 두고 순환 사역을 하게 하는 것도 좋은 방법이라고 본다. 몇 차례 언급한 바와 같이 교회에서 필요한 기술적인 수준 자체가 그렇게 전문적이지는 않기 때문이다. 순환하면서 각각의 기술적인 부분에 대해서 배우고 경험하면서 동시에 리더십의 훈련도 겸할 수 있다. 물론, 단순해지는 사역 자체에 생기를 불어넣는 의미도 있다.

실제적으로 교회에서 필요한 기술은 충분히 자체 또는 외부 초청 강사에 의해서 이루어질 수 있다. 그 정도의 한계를 벗어나는 전문적인 경우는 적다는 이야기도 된다. 일 년에 한두 번씩이라도 관련 분야의 전시회, 교육 프로그램의 연수 등을 교회에서 비용을 부담해서 보내주는 것도 상당한 격려와 동기 부여의 기회가 될 수 있다.

규모가 있는 교회는 때로 해외에서 벌어지는 프로그램이나 전시회에 연수 보내는 경우도 자주 본다. 훈련해서 사역하게 하는 것이 무조건적인 헌신만 요구하는 것 보다 훨씬 좋다라는 것은 부연 설명이 따로 필요 없을 것이다. 물론 휴가의 의미로서 가질 수 있는 사역의 깊이도 중요하겠다. 대부분 교회의 담당자들이 1~2년 정도면 탈진하는 현상이 발생하는 것도 효과적인 조직 관리를 통해서 해결 해야만 하는 문제일 것이다.

교회가 전문 음향 엔지니어, 영상 프로듀서, 조명 엔지니어 등을 직원으로 고용하게 되는 경우에도 고용된 사역자에게 전부 다 맡겨버리는 것보다는 팀장과 같은 위치에서 일반 교인 사역자들과 같이 사역을 하게 하는 것이 더 현명한 방법이라고 생각한다.

쎌 목회, 가정 교회, 소 그룹 등의 개념이 목회에 도입되면서 아예 미디어 팀 자체를 하나 또는 그 이상의 쎌 또는 가정 교회로 묶어 버리는 경우가 생기고 있다. 필자의 경험에도 바람직한 방법이라고 생각하는데, 사역이라는 것이 사역자 본인만의 헌신으로 되는 것보다는 가족이 함께 나눌 수 있는 것이 좋다고 생각하기 때문이다. 완벽한 팀 사역을 위해서 예배 시간에 잠깐 만나서 말도 못하고 각자의 사역만 하고 바로 헤어져버리는 것보다는 서로 삶까지 나눌 수 있는 미디어 팀의 파워는 그렇지 않은 경우보다 훨씬 강하다.

실제, 방송실 내에서 거의 주먹 다툼까지 벌어진다는 간증 아닌 간증을 들었다. 나름대로 알고 있는 기술이 서로 달라서 누가 페이더 올리면 옆에서 내리고, 그러다 실랑이가 일어나고, 설교 중인 목사님이 2층 창 넘어 방송실에서 주먹 다짐을 벌이려고 하는 교인들의 모습을 보게 되었던 실제 일어났던 일이

다. 나중에 필자의 음향 학교에 와서 기술이 정리되며 서로를 이해하게 되었다는 이야기를 나누었다.

기술에 관해서 집중하게 되면, 나이와 관계를 떠나 부딪칠 수 있는 가능성이 상당히 많은 부분이 미디어 팀이다. 깊이를 떠나 일단 엔지니어라고 하면 독불장군이 될 가능성이 상당히 많다. 필자도 그랬었다. 앞서 언급한 바와 같이 삶을 나누고 신앙을 나눌 수 있는 방법이 있다면 활용해야 되지 않을까 생각한다. 특히 목자의 마음으로 팀을 이끌 수 있는 리더십이 있다면, 상당히 좋은 사역체가 될 것이라고 본다.

강력한 리더십은 미디어 팀의 운영에 중요한 부분이 된다. 예를 들어, 행사를 앞두고 각 파트에서 열심히 준비해 최종 리허설을 진행한다고 하자. 순서가 지나가면서 어떤 순간에 미디어 디렉터가 조명 팀에 파란색을 보라색으로 바꾸라고 지시를 한다고 하자. 민주적인 방법에서는 의견을 나누고 협의해서 발전적인 방향으로 가는것이 원칙이겠지만, 행사의 진행에 있어서는 독재에 가까울 정도의 일방적인 지시가 바로 이루어져야만 한다는 것이다. 그래야 일관적인 시야에서 정리될 수 있는 흐름이 생긴다고 본다. 물론, 디렉터로서 인격적이나 감정적인 부분의 접근이 아닌 사역적인 부분에서의 지시라는 것이 전달될 수 있는 관계가 우선되는 것이 더욱 좋은 결과를 만들 것이라고 본다. 리더십의 책임에서 지시되는 부분을 순응해서 실행하는 것도 좋은 팀 사역을 위한 것이다.

리허설 상황에서야 시간이 있어서 이유와 의미를 설명하고, 또 그러면서 교육도 하는 의미가 있겠지만, 실제 행사 중에 디렉터가 별안간 뛰어와서 지시하거나, 인터컴을 통해서 급하게 지시하는 내용이 있다면 이유를 달지 않고 실행하는 것이 정답이 된다.

한가지, 지혜로울 수 있는 부분은 팀장과 팀원이 같이 있을 경우에는 당연히 팀장만 따로 불러서 이야기 하는 것이 더 지혜로울 것이다.

행사중 목회 팀, 특히 담임 목사님이 갑자기 어떤 지시를 내리시는 경우가 있다. 목회 팀에서도 미디어 팀의 리더십 자체를 인정하고 규칙을 지키는 것이 좋을 수 있지만, 어쩔 수 없는 경우가 많다. 하지만, 담임 목사님이 리더십 틀의 가장 윗부분에 있는 역할임을 알고 있다면 특별한 문제는 없을 것이다.

크리에이티브 파트는 여기에서 다루기 곤란한 부분이지만, 테크니컬 미니스

트리와 함께 프로덕션의 개념에서 조직하고 운영하는 경우가 많이 있다. 당연히 좋은 커뮤니케이션과 좋은 관계가 중요하다. 마찬가지로, 찬양 팀, 성가대 모든 출연자와의 관계 역시 미디어 팀이 섬겨야할 중요한 대상이 된다. 일반 업계에서도 미디어업은 서비스 업종에 속한다. 따라서 무언가를 만들어내는 것이 아닌 무언가를 만들어내는 것을 돕는 일이라는 점을 반드시 기억해야만 한다.

8-3 헌신

사역, 헌신, 위탁, 서약 등 목회적 차원에서 개념 지어질 부분을 제외하고, 실제적으로 미디어 조직 내에서 다루어지는 몇 가지 규칙을 알아보자. 대부분 순서와 용어, 문장이 다르지만, 비슷한 내용을 정해놓고 있다.

1. 정해진 일정에 따라서 사역한다. 피치 못할 이유로 사역을 감당하지 못할 경우에는 반드시 팀 리더에게 미리 통보하여 준비할 수 있게 한다. 팀 리더는 미디어 디렉터나 상위 담당자와 협의해서 처리하게 한다. 하지만, 사역자로서의 우선 순위가 어떤지에 대해서는 본인 스스로 자각하고 있어야만 한다.

2. 음료수나 음식물을 사역 장소에 반입하지 않는 것 등의 파트마다 정해진 기본 규칙을 반드시 준수한다.

3. 팀 사역의 근본은 사랑이다. 모든 소통은 권면과 격려에 기반을 두고 실행한다. 선한 협력이 우선이다.

4. 주어진 과제에 책임을 다한다.

5. 예배시작 시간 30분전이 본인의 사역 시작 시간이다.

6. 사역을 위한 훈련 프로그램에 적극 참여한다.

7. 세워진 조직과 리더십을 존중한다.

더 다양한 내용들이 교회마다 있지만, 대강 이 정도의 내용으로 헌신 작정, 또는 위탁을 하게 된다. 당연히 교회마다 있는 새 가족반, 새생명 반 등의 기본 교인 프로그램은 수료해야 자격이 생길 수 있게 하고 있다.

SOUND Q & A
음향관련 질문과 답변

질문은 특별한 순서를 가지고 있지 않습니다. 오랫동안 실제 필자에게 질문되어온 내용과 답변을 모은 것입니다.

Q-1. 소리를 내는 데 기본적으로 필요한 것은 무엇입니까?

A. 음향의 기본은 입력/처리/출력의 3단계입니다. 가장 간단한 음향 시스템인 휴대용 메가폰의 경우도 마이크/앰프/스피커의 3부분을 지니고 있습니다. 소리를 소리 신호로 바꾸어 주고(입력), 소리 신호를 필요한 만큼 키우고(처리), 그리고 키워진 소리 신호를 다시 소리로 바꾸는 장치(출력)가 기본적으로 필요한 장치입니다.

Q-2. 좋은 소리를 내는 데는 스피커가 좋아야 한다, 마이크가 좋아야 한다, 앰프가 좋아야 한다, 믹서가 좋아야 한다, 이퀄라이저가 있어야 한다. 도대체 좋은 소리란 무엇이며 어떻게 해야 좋은 소리를 낼 수 있습니까?

A. 좋은 소리란 주관적인 단어입니다. 좋은 음악이라는 것과 같습니다. 아무리 좋은 록 음악이라도 듣는 대상이 할아버지들이라면 당연히 잡음이겠죠. 주관적인 것에 대한 객관성이 필요합니다. 이 객관성은 대중적이라는 말로도 표현될 수 있겠습니다. 소리를 만지는 사람(엔지니어)은 일단 그 소리를 듣기만

SOUND Q & A **음향관련 질문과 답변**

하는 사람보다는 소리에 대한 더 많은 이해와 조정을 위한 실력이 필요합니다. 좋은 소리를 알려면 일단 소리를 알아야 합니다. 많은 음악을 들어 보시고 지금 이 시대에 객관적으로 정해진 소리들을 개념 지으셔야 합니다. 또 좋은 소리란 일단 그 음원이 되는 사람, 악기, 물건의 소리가 좋아야 합니다. 음향의 첫 번째 기본 목적은 있는 그대로를 크게(공연,연설,설교 등), 저장했다가(녹음), 또는 멀리(방송) 보내기 위한 것이고 그 다음이 조금 더 좋게 들리게끔 기기를 사용하여 조정해 주는 것입니다. 아무리 노력해도 뒷집 아저씨 트로트 노랫소리를 파바로티의 소리처럼 만드는 것은 불가능 합니다.

Q-3. 헤르츠(Hz)나 데시벨(dB),앰프 뒤에 있는 옴(Ω) 등은 무엇을 의미하며 어떻게 사용해야 하는지요, 또 무엇으로 조정할 수 있는지요?

A. 헤르츠는 1초당 움직이는 주파수를 뜻하며 주로 음향에선 소리의 음색을 표현합니다. 데시벨은 소리의 크기를 표현하는 단위 입니다. 옴은 전기에서 저항을 의미합니다. 값이 클수록 전기를 못 흐르게 합니다. 음색은 음색 조정을 위한 기기(이퀄라이저등)를 이용하고, 데시벨은 믹서 내에 있는 게인과 볼륨 등을 이용하여 조정합니다. 옴은 임의로 조정할 수 없습니다.

Q-4. 소리가 찌그러진다고 하는데 무슨 뜻인지요?

A. 찌그러진다는 것은, 입력된 소리가 처리기기가 소화할 수 없는 한계 크기 (Peak)를 넘어설 경우에 손상된 크기로 처리되어 귀에 들리게 되는 것을 말합니다. 즉 기기의 사용상 문제가 있다는 이야기입니다. 정확한 사용법에 의한 조정이 필요합니다. 정확한 사용법이란 기기의 설계와 기능을 최대한 잘 사용하는 것을 말합니다. 즉, 기기를 잘 알아야겠습니다.

Q-5. 하울링은 왜 나며, 어떻게 해야 해결이 되는지요?

A. 하울링은 음향에서 발생하는 피드백(feadback)을 말합니다. 피드백은 입력된 신호가 처리, 출력된 뒤 거의 동일한 시간에 다시 입력되어 또 처리, 출력을 거치면서 계속 증폭되어 순간적으로 출력이 급증하는 것을 말합니다. 이 피드백은 기기와 고막의 손상을 일으킬 수도 있습니다. 피드백을 제어하는 방법은 몇 가지 있겠지만, 가장 기본적인 것은 마이크와 스피커의 위치를 잘 정하는 것입니다. 이 두 장치를 가능한 멀리 떨어뜨리는 것이 좋겠고, 마이크는 스피커의 뒷 편에 두는 것이 좋겠습니다. 그리고 이 피드백은 그래픽 이퀄라이

SOUND Q & A 음향관련 질문과 답변

저나 전문 피드백 제어기를 통해서 어느 정도 제어될 수도 있습니다만, 완벽하게 제거하는 것은 불가능입니다. 공간에서 충분히 들릴 만한 크기의 소리를 피드백 없이 키우는 것이 음향시스템의 바른 운영 방법 중 중요한 하나의 목적이 되겠습니다.

Q-6. 마이크 세팅에서 주의할 점은 무엇이고 어떻게 해야 잘 되는지요? 노하우가 있으면 가르쳐 주세요.

A. 마이크의 설치에서 가장 중요한 것은 먼저 음원(악기이건 사람이건)의 성질을 파악하는 것입니다. 음량과 음색을 들어 보고 가장 잘 받아들일 수 있는 (안 망가뜨릴 수 있는) 마이크를 설치하는 것입니다. 귀를 직접 그 위치에 대어 놓고 소리를 들어 보는 것이 좋습니다. 플루트 이곳에, 기타는 저곳에 하는 마이킹 방법들이 많이 있지만 그것 역시 정답들은 못 됩니다. 추천할 만한 곳일 뿐이지요.

Q-7. 마이크를 잘못 잡으면 70년대 메가폰 소리가 난다는데 이유가 뭐지

요? 어떻게 사용해야 할까요?

A. 가장 보편적인 단일 지향성 마이크는 마이크 옆면의 조그만 구멍을 이용하여 그 특성을 만들어 냅니다. 그런데 이 부분을 손으로 막으면 지향성 자체가 변합니다. 아울러 음색도 변하게 됩니다. 마이크는 헤드 부분과 손잡이 부분으로 구성되는데 당연히 손잡이 부분을 잡고 사용해야 되겠습니다. 헤드는 흡음을 위한 부분이니까요.

Q-8. Speach용과 Music용 마이크가 정말로 따로 있습니까? 있다면 종류와 어떻게 다른지 설명해 주세요.

A. 마이크의 용도에 따른 구분은 추천 사항일 뿐입니다. 전용 마이크라는 것은 없습니다. 다만 가장 많이 쓰이는 곳이 정해진 어떤 부분이라는 것이죠. 베이스 드럼(킥드럼)에 가장 많이 쓰이는 EV사의 RE-20이라는 마이크는 라디오 프로 DJ들이 가장 좋아하고 많이 쓰는 마이크이기도 합니다.

SOUND Q & A **음향관련 질문과 답변**

Q-9. 교회 문학의 밤 행사 때, 연극이나 드라마 같은 데서 사람들이 대사를 할 때가 가장 고민스럽습니다. 어떻게 해야 합니까? 물론 성능 좋은 롱핀 같은 마이크나 무선 마이크가 전혀 없습니다. 천정에 주렁주렁 매달아 보았지만 별효과가 없습니다. 그냥 가지고 있는 보통 마이크로 해결하는 방법은 없을까요?

A. 가장 기본적이고 효과적인 마이크의 사용방법은 음원(악기건 사람이건)에 가깝게 대는 것입니다. 브로드웨이의 뮤지컬 같은 최고의 공연에서는 일일이 개인에게 소형 마이크를 달아 줍니다. 이마에 조그마한 마이크를 붙이고 그 위에 화장을 해 가리는 방법을 쓰기도 합니다. 즉, 교회의 행사 같은 규모에서는 마이크를 천장에 매다는 것 보다는 차라리 무대 바닥에 몇 개 설치를 해 놓는 것이 더 효과적입니다. 그만큼 음원에서 가까울 테니까요. 그리고 마이크와 무대 바닥 사이에는 고무 같은 것을 놓아 진동에 의한 울림을 어느 정도 막아 주는 것이 필요합니다. 믹서에서 아예 100HZ 정도 이하는 줄여 놓는 것이 좋습니다. 차라리 변사 형태로 한다면 훨씬 재미있고, 음향도 쉽겠다는 생각이 듭니다. 대부분의 엔지니어들이 전문가가 아니니까요.

Q-10. 중창할 때나 목사님이 설교하실 때 마이크를 어떻게 조정하는 것이 가장 효과적으로 들을 수 있을까요?

A. 녹음 스튜디오와 같이 녹음을 위한 전문적인 설치 이외의 모든 라이브 상황에서 마이크의 설치는 가장 효과적인 흡음과 발생할 수 있는 피드백의 방지에 초점을 맞추어 진행되어야 합니다. 앞서 나온 답변과 같이 일단 음원을 파악하시고 그 음원의 좋은 처리를 위한 기기를 통해서 작업을 하셔야 합니다. 김 목사님에게 좋은 마이크가 박 목사님, 최 목사님에게 모두 좋을 수는 없습니다. 사람마다 음색과 볼륨이 다르고, 또 동일한 사람도 그 음색과 볼륨의 변화가 매우 다양합니다. 대략 2,3분 정도 동일하게 유지 될 수 있는 볼륨을 기준으로 삼으시면 됩니다.

Q-11. 무선 마이크를 두 개 이상 사용할 때, 어떻게 설치해야 됩니까?

A. 무선 마이크는 마이크마다 사용하는 주파수가 정해져 있습니다. 즉, 같은 회사의 마이크도 몇 가지 다른 주파수로 조정되어 있는 마이크를 구비하고 있습니다. 서로 다른 주파수를 사용하는 마이크와 리시버를 사용하셔야 합니다.

그리고 무선 마이크는 지역적으로 무선 간섭의 유무에 따라 그 퀄리티가 다르게 나타납니다. TV, 라디오, 심지어는 고속도로를 달리는 트럭의 생활 무선 주파수 등도 영향을 줍니다. 아울러 한 두 개의 무선 마이크를 사용할 때보다는 10여개 이상의 무선 마이크를 사용할 때가 더 어렵습니다. 아무래도 숫자가 많아지면 고급품으로 가는 것이 훨씬 실패할 가능성이 적습니다. 고급품의 경우, 자동적으로 주파수를 선택해서 사고를 미연에 방지하는 기능까지 있으니까요. 무엇보다도, 무선보다는 유선이 훨씬 좋다는 것이 중론입니다.

Q-12. 핀 마이크는 어디에다가 부착해야 잘 달았다고 소문이 날까요?

A. 핀 마이크(라발리에라고 부릅니다)는 설교나 강의와 같은 상황에 가장 잘 어울리는 마이크 입니다. 항상 입과 마이크의 거리가 고정될 수 있기 때문에 그렇습니다. 넥타이 매듭 아래 정도의 위치이면 적당합니다. 경우에 따라 조금 위아래로 움직이면서 위치를 조정해 보는 것도 좋습니다. 핀 마이크는 반드시 단일 지향성을 사용하여 원하는 쪽의 소리만 흡음되게 합니다. 더러 음색 변화가 작은 무지향성 마이크를 원하는 경우도 있습니다. 연극이나 뮤지컬 등에서 활동이 많을 경우 단일 지향성의 지향각 범위를 벗어나기도 합니다.

Q-13. 마이크의 선은 어느 정도의 길이가 가장 적당한지요?

A. 음향에서 가장 중요한 원칙은 모든 신호의 흐름은 최대한 짧게 하라입니다. 길면 길수록 신호도 약해지고, 기본적인 저항과 콘덴서의 성질이 신호를 변화시키게도 합니다. 대략 30미터가 넘을 때에는 반드시 선의 정전 용량, 접지 상태, 피복과 같은 보호 상태를 보고 좋은 것으로 선택해야 합니다.

Q-14. On/Off 버튼이 달려 있는 마이크와 없는 마이크가 있는데 어떤 차이가 있나요?

A. 콘덴서 마이크와 같이 전원이 필요한 마이크에서 On/Off 전원을 껐다 켰다 하는 기능을 하지만 대개 콘솔에 있는 뮤트의 역할을 마이크의 스위치가 합니다. 실전에서 보면 차라리 스위치가 없는 편이 편합니다. 꺼져 있는데도 이를 확인 못하고 계속 엔지니어 쪽을 보고 손을 흔들거나, 엔지니어 탓만 하는 경우가 종종 있거든요.

SOUND Q & A 음향관련 질문과 답변

Q-15. 마이크 음성 변조 필터를 시중에서 손쉽게 구할 수 있나요?

A. 어떤 용도로 쓰는가에 따라 그 필터도 결정되겠지만, 가장 많이 쓰이는 이펙터인 야마하의 SPX 시리즈와 같은 멀티 이펙터에는 기본적으로 Pitch Shifter, Harmonizer, Vocoder, Chorus, Phaser등의 이펙터가 내장되어 있습니다. TV에서 가장 많이 쓰이는 피해자의 증언 같은 효과는 이들 기기를 통해 쉽게 만들어 낼 수 있습니다. 전화 목소리는 음색의 저음과 고음을 줄이고 중음만 들리게 하면 간단히 만들어 낼 수 있습니다.

Q-16. 스피커에서 말하는 음압이란 무엇인지요?

A. 음압은 소리의 압력을 말합니다. 스피커의 출력이 몇 와트냐 하는 이야기를 많이 하는데 이것은 자주 사용하는 틀린 이야기입니다. 스피커는 허용 입력이 몇 와트다라고 이야기 해야 합니다. 그리고 음압으로 그 성능을 이야기하게 되는데 이것은 허용 입력과는 다릅니다. 출력이나 허용 입력이 얼마만큼의 힘이 필요하냐에 해당한다면, 음압은 얼마만큼의 결과를 낼 수 있느냐에 해당합니다. 즉 같은 400와트의 허용 입력을 지니는 스피커라도 음압이 1 m전방에서

90 dB SPL인 것과 130 dB SPL인 것은 전혀 다릅니다. 가격도 몇 배이상 차이가 나고요. 음압이 클수록 더 큰 소리입니다. 멀리 나가기도 합니다.

Q-17. 파워 앰프에 전기를 연결할 때 주의할 점은 무엇인지요. 무턱대고 연결하면 안된다고 하는데 그 이유와 방법에 대해서 설명해 주세요.

A. 음향 기기에 전원을 넣을 때에는 믹서/이퀄라이져/앰프의 순서로, 끌 때에는 반대의 순서로 합니다. 그리고 앰프는 반드시 스피커와 입력 잭의 연결이 끝난 다음, 볼륨을 최소로 줄인 다음 켜도록 합니다. 앰프 전 단계에는 아주 조그마한 신호라도 일단 앰프를 통과하면 크게 증폭이 되기 때문에 스피커나 고막을 망가뜨릴 수 있습니다. 순차 전원기라고 몇 단계의 시간차를 가지게 만들어서 하나의 버튼으로 전체 전원을 안전하게 켜고 끌 수 있는 장비가 사용되기도 합니다.

Q-18. 스피커와 앰프의 거리가 멀 경우 꼭 두꺼운 선을 사용해야 되는지

요? 그렇다면 그 이유는?

$A.$ 거리가 멀 경우보다는 출력이 클 경우가 정확한 답이 되겠습니다. 물론, 발이나 의자에 밟히는 것 같은 물리적인 충격에 강할 수 있게 두꺼운 선을 쓰는 것도 이유가 되겠지만 그보다는 출력이 크다는 것은 그만큼 큰 전압이 지나간 다는 이야기가 되기 때문입니다. 일반적으로 선의 길이가 길어질수록 선 자체의 저항이 커지게 되어서 선의 길이가 멀수록 굵은 선을 사용합니다. 스피커 선의 경우에는 워낙 전달되는 신호의 크기가 크기 때문에 저항값의 영향보다는 앞서 말한 전압을 이길 수 있는 용량이 더 중요해 집니다. 선은 저마다 허용 전압이 정해져 있습니다.

Q-$19.$ 큰 스피커와 작은 스피커가 여러 개 있을 때, 어떻게 배합해서 사용하는 것이 좋은지요? 그리고 연결은 어떻게 하는지요? 또, 앰프끼리 직렬 연결이 되어 출력이 커질 수 있는지요? 또 스피커끼리 어떻게 배치해야 구석구석 소리가 잘 날 날까요? 서로 소리가 잘 간섭하지 않고 고루고루 잘 들릴 수 있도록 하려면 어떻게 배치해야 되나요? 또 스피커를 분산해서 설치하는 것과 한 곳에 집중해서 설치하는 것의 차이와 어떤 것이 더 좋은지요 아니면 장소마다 차이가 나는지요? 하나 더, 출력이 큰 스피커 하나와 그것에 맞먹는

출력을 여러 개의 작은 스피커를 모아서 사용할 경우, 어떤 것이 더 효과적으로 소리를 잘 낼 수 있습니까?

A. 긴 질문이군요. 스피커는 물리적인 크기 보다는 음압과 같은 소리 크기나 재생하는 음색의 범위에 따라 잘 섞일 수 있도록 배치하는 것이 가장 중요합니다. 스피커에는 고음/중음/저음의 각각 전용 스피커가 있고, 또 필요한 음량에 따라 수십 개, 수백 개까지도 설치할 수 있기 때문에 크기나 종류보다는 우리 귀에 들리는 소리의 정확한 음색, 음량적 균형을 갖추는 데 초점을 두어야 합니다. 앰프끼리 직렬 연결을 한다고 그랬는데, 직렬로 연결한다는 말은 쓰지 않고 링크(Link-연결)해 쓴다고 합니다. 직렬이냐 병렬이냐는 또 다른 중요한 문제이니까요. 앰프는 아무리 출력이 커져도 3 kW이상의 앰프는 사실 만들기 어렵습니다. 적은 출력 앰프 여러 개가 가격도 훨씬 싸죠. 고출력이 필요한 경우 저출력 앰프를 여러 개를 브리지 모드로 해서 사용합니다. 여기서 링크한다는 것은 입력을 연결한다는 것입니다. 출력쪽의 링크는 앰프와 스피커의 연결에 해당하는 것입니다. 스피커의 직렬 연결은 총 저항을 크게 만듭니다. 그만큼 앰프의 출력은 적어지겠고, 병렬 연결은 총 저항을 적게 만듭니다. 그럼 부하가 적으니 출력은 커지겠죠. 조금 긴 설명이 필요한데 본 책자의 음향 부분을 참조하시기 바랍니다. 스피커의 배치는 전적으로 청중에게 초점을 맞추어 설치해야

SOUND Q & A 음향관련 질문과 답변

합니다. 청중이 보다 더 좋게 정확하게 들을 수 있는 설치가 정답이니까요. 여러 개의 스피커를 설치할 경우 가장 신경 써야 하는 것은 각각의 스피커의 소리 출력이 서로 부딪치지 않는 각도로 설치되어야 합니다. 분산해서 설치하는 것은 가능한 피하는 것이 좋습니다. 소리는 1초에 340m를 간다는 사실을 기억합시다. 가운데에서 청중이 듣는 소리가 여러 다른 장소에 설치된 소리를 전부 다 듣는다면 그건 여러 번의 울림으로 들릴 수 있으니까요. 그래서 여러 군데 (가로축에 해당하는 설치 말고 세로축에 해당하는 설치의 경우, 교회의 중간 벽과 뒤쪽에 설치하는 경우와 같은)에 설치할 경우에는 반드시 기본이 될 무대의 스피커와의 거리를 재고, 그 거리에 따른 시간 차이를 계산하여 그만큼의 시간 차이를 기기적으로 만들어 출력이 되게끔 해야 합니다. 이 때 쓰이는 것이 Delay라는 기기입니다. 그 거리가 20m라면 1초:340m=X초:20m X=20m/340m=0.588초. delay 시간을 0.588초로 해야 뒤에서 듣는 사람이 울림이 없는 자연스러운 음향을 들을 수 있습니다.

스피커의 크기에 대한 문제는 사실 별 의미가 없습니다. 한 명이 이야기하건 열 명이 이야기하건 듣는 귀는 자신의 귀 하나가 기준이니까요. 하지만 이런 것은 있습니다. 하나의 스피커를 쓸 경우는 이미 공장에서 정해 놓은 각 음역별로의 세팅에 의한 소리가 들릴 것이고 여러 개를 쓸 경우에는 각각의 소리가 다르므로 이것들을 일정한 기준이 되게끔 조정해 줄 필요가 있습니다. 최근의 거의 모든 공연에는 같은 회사의 스피커를 대게 풀레인지와 저음의 투웨이의 조합으로 수십 개를 사용합니다. 라인어레이나 포인트 소스등의 대형 시스템이 사용된다는 것이죠. 중요한 점은 소리가 잘 나온다는 것은 기기에 의한 것이 절대로 아닙니다. 기기를 다루는 사람에 의한 것입니다.

Q-20. Delay Machine은 언제 쓰는 것이며 무슨 역할을 하는 것이고 꼭 필요한 것인지, 아니면 있으면 좋은 것인지, 어떻게 사용하는 것인지, 이런 저런 여러 가지 단추들이 있는데 그 각 기능에 대한 설명을 부탁합니다.

A. 자연적인 울림을 임의로 기기를 사용하여 만들어 주는 것입니다. 입력 되는 소리를 얼마만큼의 시간 뒤에 출력하는가를 정하는 버튼과 반복되는 횟수 등의 기능이 있겠습니다.

Q-21. 스피커에서 쉬-' 소리가 나는데 어떻게 하면 없앨 수 있을까요? 신경이 너무 쓰여서 아무것도 할 수 없을 정도입니다. 스피커의 문제입니까,

앰프 문제입니까? 아니면 믹서나 다른 것들 때문입니까?

A. 표현하신 잡음은 기기마다 가지고 있는 잡음 레벨에 있는 잡음을 귀에 들릴만큼 많이 키워서 사용하기 때문입니다. 특별히 잡음이 심한 기기 때문이라기 보다는 세팅상의 문제입니다. 잡음이 심한 기기라면 더더욱 사용하지 않는 것이 좋겠습니다. 정확한 표준 라인 레벨 세팅에 의한 사용이 요구됩니다. 본 책자의 앞 부분에 자세한 설명이 있습니다. 스피커는 문제가 없을 것 같습니다. 스피커는 다만 변환기입니다. 무언가를 만들어 내는 것이 아닌……

Q-22. 스피커 선이나 마이크 선의 수명이 있습니까? 있다면 어느 정도입니까?

A. 물론 있죠. 영구적인 것은 없으니까요. 다만 어떻게 쓰느냐가 중요합니다. 습기도 문제가 되겠고, 심하게는 천장과 같은 곳에서 쥐가 갉아 버리는 경우도 있으니까요. 잘 쓰면 10~20년 정도도 가겠죠?

Q-23. 스피커 선이나 마이크 선을 보관할 때 어떻게 해야 될까요? 감고 풀고 하는데 무슨 좋은 방법이 없을까요? 풀 때마다 엉켜서 나중에는 선이 울퉁불퉁해집니다. 정말 심각합니다.

A. 가장 흔하게 감는 방법은 팔을 구부려서 그 팔에 감는 방법, 또는 그냥 둥글게 말아 감는 경우가 있는데 둘 다 선을 상하게 합니다. 교과서적인 방법은 먼저 왼손으로 손바닥이 보이게 하여 선 끈 부분을 잡고 오른손으로 선을 시계 반대 방향으로 한 바퀴를 감아 왼손으로 거머쥡니다. 이때 오른손은 손 등쪽이 보이게 되겠죠. 계속 선을 잡고 있는 오른손을 이번에는 손바닥 쪽이 보이게 오른쪽으로 틀면서 역시 시계 반대 방향으로 감습니다. 그리고 다음에는 손 등쪽, 다음은 바닥 쪽, 이렇게 감으면 선은 스프링처럼 감기는 것이 아니라 그냥 긴 일직선의 선을 모아 놓은 형태가 됩니다. 나중에 풀 때는 끝에 매듭져 놓은 쪽을 잡고 휙 던지면 마술처럼 쫙 펴집니다. 잘 읽어 보시고 자꾸 반복해서 아예 습관을 들여 놓으시면 좋습니다. 물론, 찬양 팀과 관계자들이 다 알아야 하는 기본기 중의 하나가 되겠습니다.

Q-24. 믹서의 위치와 소리 조절은 어디서 하는 것이 가장 좋습니까?

SOUND Q & A 음향관련 질문과 답변

A. 믹서의 위치를 잡는 것은 상당히 중요합니다. 음향이 좋지 않은 경우의 대부분은 방송실을 따로 두는 경우입니다. 방송실 안에서는 바깥의 상황을 알기가 힘듭니다. 아무리 창문을 열어도 대부분의 청중이 듣는 소리를 모니터하기 힘듭니다. 따라서 믹서가 놓여야 할 곳은 대개 로열 박스라고도 불릴 수 있는 장소입니다. 경우에 따라서 약간 뒤쪽도 괜찮지만, 정확한 곳은 대부분의 청중이 소리를 들을 수 있는 곳에 위치하는 것이 좋습니다. 객관성을 위해서죠.

Q-25. 디지털 믹서와 아날로그 믹서가 있다는데 어느 것이 더 좋은가요? 또 어떤 특성이 있는지요?

A. 이렇게 비교할 수 있습니다. 샤프가 좋으냐? 연필이 좋으냐?, 또는 주판이 좋으냐? 계산기가 좋으냐? 둘다 장단점이 있습니다만 다루는 사람이 어떻게 다루냐가 더 중요한 문제입니다. 주산 8단이면 계산기가 더 느리겠죠. 디지털 믹서의 제일 큰 장점은 조정할 수 있는 모든 스위치나 볼륨 등의 부분이 다만 데이터의 조정만을 위한 것이라는 점입니다. 아날로그 믹서처럼 진짜 소리가 지나가는 부품이 아니기 때문에 부품에 의한 직접적인 잡음 유입에 대한 가능성이 적어지고, 또 데이터라는 것은 소프트웨어적으로 훨씬 다양한 조작이 가능

할 수 있기 때문에 작은 규모의 믹서로도 대형 아날로그 믹서에서만 가능한 기능을 갖출 수가 있는 것입니다. 아날로그 믹서의 장점은 이미 엔지니어들에게 익숙한 사용법이라는 최대의 장점과 아날로그 기기만의 고유한 특성들을 보여 준다는 것입니다. 디지털 믹서의 경우 가장 좋은 점은 메모리 기능이라는 것입니다. 전문 엔지니어가 한번 세팅해놓은 상태를 마치 카메라로 찍어놓는 것처럼 저장하여 라이브러리로 만들어서 원하는 내용을 마음대로 언제든지 불러올 수 있다는 것입니다. 아예 잠금장치를 해 놓을 수 있는 믹서도 있습니다. 일정한 암호나 USB 메모리 키를 꼽지 않으면 게스트 모드에서 그냥 목사님 마이크와 CD 재생만 하게 해서 새벽 예배와 같은 때에 꼭 필요한 기능으로만 사용하게 할 수 있습니다.

Q-26. 이퀄라이저는 꼭 필요한 것인지요, 아니면 있으면 더 좋은 것인지요? 또 어떻게 사용하면 효과적인지요?

A. 이퀄라이저는 *같게 만들어 주는 것*이라는 뜻입니다. 질문의 내용으로 볼 때 *그래픽 이퀄라이저*를 말씀하시는 것 같은데, 그래픽 이퀄라이저는 음색의 보정을 위한 것이 아니라 공간에 의해 변해 버린 음향적인 상태를 변하기 전의

상태, 즉 기기 안에서의 음색처럼 만들 수 있는 기기입니다. 이 작업이 잘되면 당연히 피드백(하울링)도 제어가 됩니다. 어려운 만큼 반드시 필요하고, 또 반드시 정확하게 사용되어야 합니다.

Q-27. 에코는 어떠한 기능을 담당하며 어떻게 조절하는 것이 가장 좋은지요? 어느 정도 조정하고 어떻게 해야 부드럽게 소리를 만들어 낼 수 있는지요?

A. 에코는 관광 버스 등에서 가장 많이 볼 수 있는 딜레이의 한 종류입니다. 부드럽게 소리를 만들어 내는 기기는 아닙니다. 에코나 리버브, 딜레이 등은 시간을 기준으로 한 효과기(Effector)입니다. 즉, 공간성을 만들어냅니다. 자신이 목욕탕, 좁은 방, 큰 교회, 벌판 가운데에 있다고 생각하고 그 울림을 상상해 봅시다. 그리고 자신이 필요한 공간성을 만들어 내는 것이 이들 기기를 사용하는 방법입니다.

Q-28. 어떤 때는 소리가 너무 탁하게 들립니다. 아무리 조정해도 너무

건조하게 들릴 때는 어떻게 해야 합니까?

A. 다분히 주관적인 질문인데, 일단 탁하다는 이야기는 소리의 선명도가 떨어진다고 볼 수 있습니다. 항상 그렇다면 스피커의 고음부가 고장이 난것일 수 있습니다. 그리고, 음향에서 건조하다는 표현은 공간감이 없다는 표현으로 쓰입니다. 이 경우 리버브와 같은 기기를 통해 적당한 공간감을 부여하면 편하게 들리겠죠.

Q-29. 소리가 잘 나오다가 갑자기 '삑-'하는 엄청난 고음의 소리가 납니다. 믹서에는 빨간불이 들어오고 정신이 하나도 없이 그저 전원을 꺼 버리고 맙니다. 뭐 근본적인 대책은 없습니까?

A. 엄청난 고음의 소리가 갑자기 들리면 그건 하울링, 전문 용어로 피드백입니다. 전원을 그저 끄면 더 곤란해지겠고 빨간 불이 들어오는 채널을 빨리 찾아 레벨을 삑 소리만 제거될 때까지 줄였다가 다시 레벨을 조정합니다. 근본적인 대책은 정확한 게인 조정과 연주자에 대한 피드백을 예방하기 위한 방법을 교육 받는 것입니다. 사전에 미리 피드백을 피하면서 키울 수 있는 가장 큰

SOUND Q & A 음향관련 질문과 답변

소리를 만들어놓는 작업이 필요합니다.

Q-30. 여러 가지 악기가 있습니다. 드럼, 기타, 베이스 기타, 일렉 기타, 오베이션 기타, 키보드, 그리고 싱어들, 하나의 믹서기에 연결하면 서로 소리를 먹는다고 하는데 그것이 무엇을 뜻하는 것인지요?

A. 서로 소리를 먹는다고 말하는 경우가 많습니다. 정확한 것은 어떤 소리가 어떤 소리를 먹는 것이 아닌 제대로 된 발란스를 만들지 못한다는 이야기로 설명될 수 있습니다. 더러 드럼이나 베이스 기타처럼 소리가 큰 악기는 믹서에 입력하면 고장 난다고도 말하시는 분들이 있습니다만, 전혀 그렇지 않습니다. 그것은 우리가 듣는 음악에 들어 있는 드럼이나 베이스도 같은 믹서에 입력된 소리입니다. 똑같은 48색 크레파스라고 해도 피카소가 그리는 그림과 4살 꼬마가 그리는 그림이 완전히 다르겠지요.

Q-31. 허스키 보이스, 하이 보이스, 로우 보이스, 남녀 보이스에 따른 마이크 믹싱법이 있나요? 믹서기에 Volumn, Echo, Treble 같은 버튼의 기능과 사

용법을 알려 주세요.

A. 마이크 믹싱법이라는 것은 없습니다. 그런 용어는 만들려고 해도 만들 수 없습니다. 마이크와 믹싱은 서로 다른 것이니까요. 질문에 가장 근접한 답변은 음색을 조정하는 방법을 알려 드리는 것 같습니다. 질문하신 각각의 보이스는 서로 음색이 다릅니다. 음역대가 다르다는 것입니다. 그러면 각각의 부분에 대한 조정도 달라야 하겠지요. Volumn은 입력된 신호의 크기를 조정하기 위한 부분을 말하고, Echo는 질문으로 봐서는 몇몇 믹서에 내장된 Echo 이펙터의 양을 조정하기 위한 부분을 말하는 것 같고, 그리고 Treble은 음색 조정을 위한 이퀄라이져의 고음 부분을 일컫는 용어입니다. 사용법은 음향의 기본에 해당하는 것입니다. 본 책자의 앞부분이나 필자의 다른 서적인 *음향시스템 핸드북* 또는 강의를 통해 정확하게 배우시기 바랍니다.

Q-32. 챔버라고 부르는 것이 있던데 그건 또 뭐에 쓰는 물건인지요? 그것이 정식 명칭인지 아니면 그냥 쓰는 속어인지요.

A. Chamber란 소규모의 공간을 의미합니다. Echo Chamber라고 불리던

SOUND Q & A 음향관련 질문과 답변

예전에 쓰이던 에코 머신에서 유래된 것이라고 생각됩니다. 딴따라 용어라고 보시면 됩니다. 근래에는 리버브라는 용어로 통칭해서 사용합니다. 기기적으로 공간성을 더하기 위해 사용되는 기기입니다.

Q-33. 녹음을 해야 하는데 스튜디오를 사용할 형편이 안됩니다. 어떤 환경에서 녹음하는 것이 좋을까요? 또 사용 장비는 어떤 것이 필요한가요?

A. 일단 녹음이라는 것은 비용을 들여야 원하는 만큼의 퀄리티가 나온다고 생각하시면 됩니다. 만일 일반 녹음실에서 필요한 녹음 기술 이상의 실력이 있다면 전체 그림을 보실 수 있으니 어느 정도 요즘 유행하는 얼터너티브 음악 같은 창고 작업이 가능하겠지만, 녹음 기술이 그냥 카세트에 녹음하는 정도의 실력이라면 아무리 잘 만들어도 기념 녹음 수준을 넘기는 힘듭니다. 괜히 믹서에 마이크에, 전부 다 뜯어 와서 세팅하고 녹음하는 것이 그냥 마이크 두 개로 바로 녹음기나 카세트에 녹음하는 것보다 안 좋을 수 있습니다.

Q-34. 기본적인 세팅 방법과 작동 순서를 가르쳐 주세요.

A. 이미 앞 이 책의 앞부분에 설명이 되어 있습니다만, 한번 더 정리를 해보죠. 가장 중요한 게인 작업을 설명하면, 믹서에 연결되는 입력은 같은 크기가 하나도 없습니다. 하나의 채널에 연결된 한 사람의 소리도 늘 변합니다. 믹서는 프리앰프의 개념을 가집니다. 프리앰프는 앰프라는 증폭기가 작동하는데 필요한 적당한 크기의 입력 레벨을 잡아 줄 수 있는 또 하나의 앰프를 말합니다. 마이크와 같은 입력 장비의 출력은 아주 작습니다. 이 작은 출력을 기준 레벨이라고 정해 놓은 레벨만큼 키워서 사용해야 하는데, 이때 이 키우는 부분이 게인 (Gain)입니다. 기준 레벨은 음향 기기의 사용에 있어서 대단히 중요한 개념입니다. 각각 서로 다른 특성을 보이는 기기의 접속에 기준이 될 수 있는 크기입니다. 즉 이 크기에 알맞게 키우거나 줄여서 다음 기기로 연결되어야 좋은 사용이 됩니다. 16채널 믹서에 연결되는 16개의 입력 신호들은 전부다 게인 작업을 통해 같은 기준 레벨만한 크기로 정해 놓은 다음 볼륨이라고 불리는 페이더 (Fader)를 사용하여 각각의 밸런스를 정합니다. 이렇게 섞인 소리는 앰프와 스피커를 통해 우리의 귀에 들리게 됩니다.

Q-35. 다 연결했는데, 앗 소리가 나지 않는다. 무엇을 제일 먼저 점검을 해야 하나요? 다시 다 풀어서 연결할 시간이 없는데….

A. 먼저 소리가 아예 안 난다면 일단 믹서의 레벨 미터에 레벨이 뜨는지 확인합니다. 헤드폰이 꽂혀 있어도 소리가 안 들리죠? 그래도 안 들린다면 채널마다 정확히 입력되고 있는지 확인해 봅니다. 뮤트(mute) 되어 있는지 확인도 하고 앰프의 스피커 선이 빠져 있을 수도 있습니다. 정확한 연결과 세팅이 되어 있다면 원인을 찾기 쉽겠죠. 어느 한 채널만 안 나온다면 그 채널에 연결되어 있는 입력 장비를 체크해 봅니다. 기타나 베이스 기타 내에 있는 건전지의 상태, 선의 단선 유무, 건반의 볼륨이 어떤지, 마이크의 스위치가 꺼져 있는지.... 의외로 가장 흔한 경우는 채널의 메인 믹스 출력 스위치, 버스라고도 하는 스위치가 꺼있는 경우가 많습니다. 새벽 예배 때 비상이라고 불려나갔다가 스위치 하나 누르는 경우가 종종 있죠.

Q-36. 공간에 맞는 출력의 크기는 어떻게 알 수 있나요? 교회 좌석 수나 공연자의 좌석 수로 알 수 있다면 어느 정도가 적당한지 대충이라도 가르쳐 주세요. 또 천장의 높이와도 상관이 있는지도요. 또 사람이 있을 때와 없을 때 출력 차이를 어떻게 계산해야 하나요?

A. 출력은 그만큼의 전력을 쓰든지, 만들어내든지 할 때 쓰는 용어입니다. *이 정도 공간에 이 정도 출력의 시스템을 썼더니 괜찮더라* 라는 말은 가능해도 몇

평은 몇 와트라는 법칙은 존재할 수 없습니다. 밥을 한 번에 10그릇 먹는 사람이 한 그릇 먹는 사람보다 일을 많이 한다고 할 수 없기 때문입니다. 집에 있는 100와트 오디오 시스템의 볼륨을 절반 이상 올리는 경우는 거의 없습니다. 소리의 크기와 출력은 조금 다른 이야기입니다. 천장이 높으면 그만큼 공간이 커지겠죠. 공간이 크면 그만큼 채워야 할 소리도 많이 필요하겠습니다. 대부분의 업자들이 지니는 기준이 있습니다. 참고는 하셔도 되는데 너무 믿지는 마시길 바랍니다. 사람이 있다면 그만큼 소리가 더 필요하긴 합니다만 일단 음량을 정하는 것은 사람이 있는 것을 기준으로 해야 겠지요. 어차피 사람이 들어야 하는 것이 음향이니까요. 그리고 앞서 이야기 된 것처럼 출력과 만들어내는 소리의 크기는 정확한 상관관계가 없습니다. 장비마다 효율성이 전혀 다르기 때문입니다. 밥을 똑같이 먹어도 일하는 양은 서로 다를 것입니다.

Q-37. 갑자기 휴즈가 끊어졌습니다. 여분은 없습니다. 좋은 방법 없을까요? 듣기에 전선 한 가닥을 연결하면 된다는데 또 껌 은박지로 연결한다는 분도 계시고, 정말 갑갑합니다.

A. 맥가이버식의 방법이 말씀하신 방법이겠는데 휴즈는 기기를 보호하기 위

SOUND Q & A 음향관련 질문과 답변

해서 설치한 부품입니다. 반드시 정격 용량의 휴즈를 쓰시기 바랍니다. 주위에 사용하지 않는 기기에서 빼 보는 것도 한 방법이겠습니다. 아주 급한 상황이면 몰라도 몇 십원짜리 때문에 몇 백만 원짜리 기기를 망가뜨릴 수 있겠습니다.

Q-38. 음향 기기들을 오래 쓸 수 있도록 잘 관리하는 법을 알려 주세요.

A. 교회 물건만큼 주인이 많고 또 주인이 없는 것이 없습니다. 기기는 습기나 온도, 먼지에 약합니다. 가능한 하드 케이스를 만들어 사용하는 것이 좋습니다. 연주 여행이 잦은 경우는 특히 더 주의해야 할것입니다.

Q-39. 300w짜리 Dart 앰프와 300w 짜리 EV스피커가 강단 양 옆에 설치되어 있는 600석 규모의 예배당의 음향을 관리하고 있습니다. 1)출력이 약하다고 느껴지는데 원인이 무엇일까요? 앞에서는 크게 들리는데 뒤에서는 옹알거린다고 합니다. 2)믹서를 모두 중립에 맞춰 조절을 했는데도 고음이 거슬릴 정도로 크게 들립니다. 원인과 해결 방법을 알려 주세요. 3)마이크 잭이 모두 8개인 믹서에 7개를 동시에 꽂고 사용했더니 잘 들리지 않습니다.

1개만 꽂으면 잘 들리는데 몇 개까지 꽂는 것이 적당한가요? 다 잘 들리게 할 방법은 없을까요? 4)스피커의 적당한 개수와 배치 디자인을 어떻게 하는 것이 좋을 지 알려 주세요.

A. 1)출력이 약하다는 것, 출력과 음압은 서로 다릅니다. 가능하면 음압이 큰 스피커를 쓰시는 것이 좋습니다. 무조건 출력만 키운다면 앞 자리는 너무 크겠죠. 스피커를 천장에 매달아 사용하시는 것이 가장 좋습니다. 강단 위 천장에 매달면 스피커와 예배당 좌석 사이에 어느 정도 일정한 거리가 골고루 생깁니다.

2)믹서기를 모두 중립에 맞추었다는 것보다는 이퀄라이저 부분을 그렇게 사용했다는 것이 정확하겠습니다. 이 경우는 믹서의 퀄리티 보다는 스피커의 음색 균형이 안 맞거나 그 공간이 고음을 더 많이 반사하는 두 가지 경우입니다. 정확히 말하면 스피커 쪽이 더 유력하겠습니다. 그래픽 이퀄라이저를 쓰신다면 음악을 틀어 놓고 그래픽 이퀄라이저를 통해 한 번 고음/중음/저음의 균형을 조정해 보시는 것이 필요하겠습니다.

3)마이크 잭이 8개면 8채널 믹서인데, 믹서는 1채널만 사용하든 8개 채널을 다 사용하든 음량 또는 음색의 차이가 없어야 합니다. 믹서가 고장난 것 같습니다.

SOUND Q & A 음향관련 질문과 답변

4) 적당한 개수는 스피커의 종류, 정확히 말하면 어느 정도 음압을 가지는가에 따라 다릅니다. 같은 허용 입력(출력이라고 잘못 말하는)이라도 20개가 필요한 공간에 2개만으로 충분한 스피커도 있습니다.

Q-40. 구즈넥 마이크에 대해 질문이 있습니다. 강대상에서 구즈넥 마이크를 2개 사용하고 있습니다. 그런데 두개를 다른 제품을 사용하니 서로 감쇠 현상이 일어나는것 같습니다. 같은 제품 2개로 설치하니 증상이 없어졌습니다. 예전에는 같은 제품을 사용하여도 그런 현상이 발생했던 것으로 기억하고 있습니다. 원인과 해결방법을 좀 알고싶습니다. 좋은 조언 부탁드립니다.

A. 같은 소리라도 마이크에 따라 만들어내는 전기신호가 다를 수 있겠죠. 기기마다 주파수 응답이라는 것이 다르기 때문에.. 좀 비싼 마이크는 그러한 이유로 스테레오 매치드페어(Matched Pair)라고 거의 같은 주파수 응답을 가지게 만든 두 개의 마이크를 세트로 판매하기도 합니다.

Q-41. 장비 청소는 어떻게 해야 하는지요. 에어콤프레셔가 있어서 그것으로 먼지 털어내도 괜찮은거죠? 그리고 페이더에서 잡음이 나는 이유는 무엇인가요? 페이더를 움직이면 지지직하고 잡음이 납니다. 심한 채널에서는 접촉 불량도 있던데요. 성질나서 왔다 갔다를 막 반복했더니 잡음이 거의 줄긴 했습니다만 이유를 알고 싶네요.

A. 에어컴프레서는 괜찮습니다. 일단 페이더 같은 가변저항은 금속판의 접점이 있는 부품이기에 먼지의 영향이 많습니다. WD40같은 윤활제를 사용하시면 큰일 납니다. 공기로 털어내고, 가급적이면 자주 하루 한번 이상 솔로 털어내는 것이 좋습니다. 아예 진공청소기로 빨아내는 것도 좋은 아이디어입니다.

Q-42. 얼마 전에 교회에서 Ampeq 베이스 앰프를 구입했는데요. 처음에 몰랐는데 앰프에서 자꾸 라디오 방송이 나옵니다. 얼마전에 예배 시간 도중에 갑자기 랩 음악이 나와서 엄청 당황했습니다. 베이스 케이블을 끼워도 소리가 나고 빼도 소리가 납니다. 케이블을 끼우면 마치 기타가 안테나 역할을 하는 것처럼 소리가 더 잘 나구요. 아웃렛도 다른 곳으로 끼워 보고 앰프의 여러

SOUND Q & A 음향관련 질문과 답변

가지도 조절해 봤는데 영 달라지질 않네요. 무엇이 문제이고 어떻게 해결해야 할까요? 앰프를 잘못 산 것일까요?

A. 당황되죠? 옛날 교회에서 설교시간에, 고교야구 중계가 들렸었던 기억도 있는데 RFI라고 고주파간섭현상입니다. 주로 그라운드(접지)불량이 원인이 되고요. 220볼트일텐데, 전원의 접지도 확인하시기 바랍니다. 생각에는 입력단에서 문제가 있는것 같네요. 일단 구입처에 가셔서 똑같이 라디오 소리나는지 확인하고 바꿔보는것이.. 그외 시스템의 그라운드 부분은 조금 복잡하지만, 점검을 하셔야합니다.

Q-43. 교회본당의 울림이 (약3초) 너무나 긴 시간이죠! 나름대로 아날라이저를 이용해서 울리는 주파수를 낮추고 반사되는 대역을 죽였지만(그래픽 EQ사용) 여전히 울림은 남아있고, 소리 또한 맹한 느낌입니다. 이럴땐 어떻게 해야하나요?

A. 공간자체의 울림은 음향시스템으로 해결하기 어려운 문제입니다. 이 문제는 음향시스템이 아닌 건축자체에서 해결해야 합니다. 음향 반사판(혹은 흡음판), 커튼 등을 이용하여 공간 자체에서 소리의 산란과 반사, 상쇄 등을 만들어

야 합니다. 많이 사용하는 방법은 큰 음압을 이용하는 것입니다. 반사음 자체를 큰 직접음으로 밀어버린다고 생각하면 쉽겠죠.

Q-44. 라이브 레코딩을 계획 중입니다. 좋은 아이디어와 방법 좀 알려주세요. 장비는 24채널 야마하 서브믹서, 8채널 하드레코더, 오닉스1620(파이어와이어 옵션 장착 계획)을 사용할 계획입니다. 코러스 녹음은 24채널 서브믹서에 마이크를 꽂아서 하드레코더에 연결해서 2채널로 녹음할 생각이구요. 엠비언스녹음은 Zoom H4로 녹음할까 합니다. 좋은 생각 올려주세요.

A. 라이브 레코딩은 철저하게 준비해도 워낙 변수가 많죠. 엔지니어의 실력이 출중하다고 해도, 연주자나 보컬, 심지어는 관객도 도와주지 않으면 안됩니다. 옛날 라이브 레코딩을 하려 했다가 박치(박자를 못마추는)님께서 연방 박수를 시도 때도 없이 치는 바람에 살리지 못했던 기억도 있습니다. 가급적이면 멀티채널을 많이 하는것이 좋은데요. 코러스도 2채널보다는 더 많이 하고, 인터페이스를 빌려서라도. 오닉스가 최대 18채널까지도 컴퓨터로 전송하니까, 거기에 8채널, 2채널, 총 28채널을 할 수 있겠습니다.

Q-45. 추천해 줄 만한 음향에 대한 도서가 있다면? 배울 수 있는 곳을

알려 주세요.

A. 일단 필자의 음향시스템 핸드북이 교과서로 많이 쓰이고 있습니다. 장호준음향워크샵이라는 페이스북 그룹이 활성화되어 있기도 합니다. 국내에 번역되거나 저술된 책이 몇 종류 있습니다. 번역서인 경우 가능하면 원본이 미국이나 영국 쪽의 책을 고르시기 바랍니다. 일본보다는 미국, 영국 쪽이 더 이론적인 정립이 좋습니다. 지금 시대를 살아가면서 80년대에 발간된 책을 볼 필요는 없겠지요. 지난해와 금년이 또 다릅니다. 가장 최신의 정보와 정확한 내용의 책을 고르십시오. 짜집기성의 책은 가능한 피하는 것이 좋습니다. 저자의 실제 경험과 정확한 이론적인 설명이 처음부터 일정한 흐름을 지니는 책을 구하시길 권합니다.

Q-46. 음향 전기는 따로 빼놓은 상태인데(15k). 조명 부분은 어떻게 전기 배선을 준비 해놓는 것이 좋은가요? 음향 전기는 따로 빼놓기만 하면 되는지? 아님 접지 부분도 고려 하거나 특별히 준비해 놓아야 하는 부분이 있는지?

A. 음향/영상을 위한 전기는 Isolation 되있는 전기가 있어야 합니다. 전용 배전반에 입력되는 3상 전원이 그 앞에 Isolation Transformer, 차폐트랜스 같은 것인데, 차폐는 그라운드쪽을 이야기하는 것 같고, 어쨌건 그 앞에 연결되는 모든 전기와 분리가 되는 전원을 가져야 합니다. 접지보다 이 문제가 더 중요한데,, 접지는 공통접지와 독립접지, 양쪽 다 그 장단점을 이야기 합니다. 안전을 위한 것은 공통접지 쪽이고, 성능을 위한 것은 독립 접지라고 하지만, 깊숙이 들어가면 복잡해집니다. 일반 전기 업체가 해결 못하는 내용일 수도 있습니다.

Q-47. 무선마이크를 사용중인데요. 리시버에서 계속 피크가 납니다. 물론 좀 크게 지를때요. 마이크에서 게인을 거의 내려도 소리를 지를때면 리시버 LED에 피크가 납니다. 피크를 안나게 할 수 있는 방법이 없을까요?

A. 트랜스미터의 게인을 줄이시죠. 마이크에서 게인을 내린다는 것이 트랜스미터의 게인을 줄였다는 거죠? 확실하게 줄여보시고, 싱어보고 크게 노래를 하라고 하고, 다시 세팅을 하시면 됩니다.

SOUND Q & A **음향관련 질문과 답변**